唯识经典直解丛书

瑜伽师地论真实义品直解

林国良 / 著

上海古籍出版社

图书在版编目(CIP)数据

瑜伽师地论真实义品直解 / 林国良著. ——上海：上海古籍出版社, 2022.12（2024.6重印）
（唯识经典直解丛书）
ISBN 978-7-5732-0531-5

Ⅰ.①瑜… Ⅱ.①林… Ⅲ.①唯识宗—佛经②唯识论—研究 Ⅳ.①B946.3

中国版本图书馆CIP数据核字（2022）第211024号

唯识经典直解丛书
瑜伽师地论真实义品直解
林国良 著
上海古籍出版社出版发行
（上海市闵行区号景路159弄1-5号A座5F 邮政编码201101）
（1）网址：www.guji.com.cn
（2）E-mail：guji1@guji.com.cn
（3）易文网网址：www.ewen.co
上海天地海设计印刷有限公司印刷
开本890×1240 1/32 印张15.875 插页6 字数315,000
2022年12月第1版 2024年6月第3次印刷
印数：3,151—4,200
ISBN 978-7-5732-0531-5
B·1287 定价：88.00元
如有质量问题，请与承印公司联系

三、《本地分·真实义品》主要思想 ⋯⋯⋯⋯⋯⋯⋯⋯ 21
　（一）简说二种真实与四种真实 ⋯⋯⋯⋯⋯⋯⋯ 21
　（二）了知第四真实 ⋯⋯⋯⋯⋯⋯⋯⋯⋯⋯⋯⋯ 22
　（三）证第四真实 ⋯⋯⋯⋯⋯⋯⋯⋯⋯⋯⋯⋯⋯ 27
　（四）四种真实优劣 ⋯⋯⋯⋯⋯⋯⋯⋯⋯⋯⋯⋯ 29
　（五）本品的离言名言一切法体系 ⋯⋯⋯⋯⋯⋯ 29
四、《摄抉择分·真实义品》主要思想 ⋯⋯⋯⋯⋯⋯ 35
　（一）五事抉择 ⋯⋯⋯⋯⋯⋯⋯⋯⋯⋯⋯⋯⋯⋯ 35
　（二）三自性抉择 ⋯⋯⋯⋯⋯⋯⋯⋯⋯⋯⋯⋯⋯ 41
　（三）五事和三无性的密意说 ⋯⋯⋯⋯⋯⋯⋯⋯ 46

本地分·真实义品 ⋯⋯⋯⋯⋯⋯⋯⋯⋯⋯⋯⋯⋯⋯ 1
一、真实义类别 ⋯⋯⋯⋯⋯⋯⋯⋯⋯⋯⋯⋯⋯⋯⋯⋯ 5
　（一）二种真实义 ⋯⋯⋯⋯⋯⋯⋯⋯⋯⋯⋯⋯⋯ 5
　（二）四种真实义 ⋯⋯⋯⋯⋯⋯⋯⋯⋯⋯⋯⋯⋯ 7
　　1. 世间极成真实 ⋯⋯⋯⋯⋯⋯⋯⋯⋯⋯⋯⋯⋯ 10
　　2. 道理极成真实 ⋯⋯⋯⋯⋯⋯⋯⋯⋯⋯⋯⋯⋯ 25
　　3. 烦恼障净智所行真实 ⋯⋯⋯⋯⋯⋯⋯⋯⋯⋯ 28
　　4. 所知障净智所行真实 ⋯⋯⋯⋯⋯⋯⋯⋯⋯⋯ 30
二、了知并证第四真实（所知障净智所行真实）⋯⋯⋯ 32
　（一）了知第四真实 ⋯⋯⋯⋯⋯⋯⋯⋯⋯⋯⋯⋯ 32
　　1. 所了：无二所显真实 ⋯⋯⋯⋯⋯⋯⋯⋯⋯⋯ 32
　　2. 能了：所知障净智 ⋯⋯⋯⋯⋯⋯⋯⋯⋯⋯⋯ 38
　　　（1）证无上菩提之广大方便 ⋯⋯⋯⋯⋯⋯⋯ 38

　　　　（2）离言自性内涵 ……………………… 41
　　　　（3）法无我智功德 ……………………… 42
　　　　（4）依真智修六波罗蜜 ………………… 45
　　3. 离言自性的理证 …………………………… 49
　　　　（1）离言自性是有 ……………………… 49
　　　　（2）假说自性非有 ……………………… 54
　　　　（3）破增益执和损减执 ………………… 63
　　　　（4）了恶取空和善取空 ………………… 69
　　4. 离言自性的教证 …………………………… 72

　（二）证第四真实 ……………………………… 81
　　1. 所断：八分别等 …………………………… 81
　　2. 能断：四寻思四如实智 …………………… 93
　　3. 了不了如实智得失 ……………………… 101
　　　　（1）缺如实智过失 …………………… 101
　　　　（2）得如实智利益 …………………… 103

三、四种真实优劣 ……………………………… 108

摄抉择分・真实义品 ………………………… 109
　一、五事抉择 …………………………………… 114
　（一）第一颂 …………………………………… 114
　　1. 五事名称 ………………………………… 115
　　2. 五事涵义 ………………………………… 115
　　3. 五事有无 ………………………………… 122
　　4. 五事假实 ………………………………… 126

5. 五事与二谛 …………………………………… 129
6. 五事之生 ……………………………………… 132
7. 五事非异非不异 ……………………………… 134
8. 五事特征 ……………………………………… 141
9. 五事类别 ……………………………………… 143
10. 五事与诸法 ………………………………… 155
    (1) 五事与五位法 …………………………… 155
    (2) 五事与七善巧 …………………………… 156
    (3) 五事与四缘 ……………………………… 159
    (4) 五事与四依 ……………………………… 161
    (5) 五事与有色、无色 ……………………… 163
    (6) 五事与有漏、无漏 ……………………… 165
    (7) 五事与有为、无为 ……………………… 167
    (8) 五事与有诤、无诤等 …………………… 168
    (9) 五事与世间、出世间等 ………………… 169
    (10) 五事与四对 …………………………… 171
    (11) 五事与有执受、无执受 ……………… 175
    (12) 五事与同分、彼同分 ………………… 176
    (13) 五事与因、非因等六对 ……………… 178
    (14) 五事与有所缘、无所缘等 …………… 183
    (15) 五事与有上、无上 …………………… 185
    (16) 五事与三世、非世 …………………… 186
    (17) 五事与界系 …………………………… 186
    (18) 五事与三性 …………………………… 188

（19）五事与三慧 ……………………………… 189
　　（20）五事与三三摩地 …………………………… 191
　　（21）五事与戒定慧 ……………………………… 195
　　（22）五事与三学 ………………………………… 198
　　（23）五事与三断 ………………………………… 200
　　（24）五事与四念住 ……………………………… 202
　　（25）五事与舍恶法 ……………………………… 205
　　（26）五事与入定 ………………………………… 206
　　（27）五事与根等 ………………………………… 208
　　（28）五事与解脱、胜处 ………………………… 212
（二）第二颂 ……………………………………………… 219
　1. 五事思择 ……………………………………………… 220
　　（1）五事与安立谛、非安立谛 ………………… 220
　　（2）五事相互关系 ………………………………… 222
　　（3）分别依何而起 ………………………………… 223
　　（4）思维真如与观真如 ………………………… 225
　　（5）思维相与观相 ……………………………… 227
　2. 五事自性 ……………………………………………… 229
　　（1）五事与一切法 ………………………………… 229
　　（2）破外执 ………………………………………… 231
　　（3）答外难 ………………………………………… 238
　3. 五事与取 ……………………………………………… 244
　　（1）五事与能取所取 ……………………………… 244
　　（2）五事与三类取 ……………………………… 245

（3）有相取和无相取因缘 247
　　（4）无相取之辨 249
　　（5）取之因果辨 252
　　（6）遣有相证无相 255
　4. 五事与萨迦耶等 266
　5. 五事与四种真实 267
　6. 五事与四寻思四如实智 269
　7. 五事与密意说 270
　8. 五事次第 287

二、三自性抉择 289
（一）第一颂 289
　1. 三自性名称和定义 290
　2. 三自性所依 294
　3. 遍计所执自性与遍计所执 297
　　（1）遍计所执自性类别 297
　　（2）遍计所执自性依止 301
　　（3）遍计所执自性执 304
　　（4）微细执着类别 306
　　（5）依名言执有自性 307
（二）第二颂 315
　1. 三自性与相等五法 316
　2. 三无性 318
　3. 三自性的遍知、永断、证得 320
　4. 三自性与无生法忍、三解脱门 322

5. 三自性与凡圣智……………………………… 324

6. 三自性的悟入、随入与除遣………………… 326

7. 三自性的类别………………………………… 329

8. 三自性的依止………………………………… 331

（三）第三颂…………………………………… 333

1. 三自性若无之过……………………………… 334

2. 三自性作用…………………………………… 335

3. 三自性粗细…………………………………… 337

4. 三自性有体、无体转………………………… 339

5. 三自性生与不生……………………………… 341

6. 三自性有执、无执…………………………… 343

7. 三自性本质和类别…………………………… 346

8. 三自性染净等………………………………… 350

9. 三自性所由等………………………………… 353

参考文献……………………………………………… 357

佛典经论缩略名……………………………………… 361

后　　记……………………………………………… 362

"唯识经典直解丛书"总序言
——根本唯识论三阶段唯识思想探微

林国良

唯识论源头的经典,作为一个具有内在联系的整体来看待,可分为三个阶段。本文以下要探讨的是:三阶段唯识思想的根本特征,以及由此而展开的唯识了义观、唯识无境观、唯识真实观、唯识缘起观、唯识修行观、唯识如来藏观等思想内涵。

一、根本唯识论三阶段的唯识义

唯识论的源头,是唯识系佛经和弥勒、无著、世亲的唯识论典,相比以后的唯识论,源头的唯识论可称为根本唯识论。

唯识教理的复杂,是由于在源头已出现了诸多不同教法,导致修学者难以形成整体性理解而顾此失彼。如"相、名、分别、正智、真如"五法与三自性的关系,就有众多不同说法。如《楞伽经》说,相与名属遍计所执性,分别属依他起性,正智与真如属圆成实性。《瑜伽师地论》(以下简称《瑜伽论》)和《显扬圣教论》说,相、名、分别、正智都属依他起性，真如属圆成实性。《辩中边论》说，名属遍计所执性，相与分别属依他起性，正智与真如属圆成实性。世亲《摄大乘论释》则说，名属依他起性，（名之）义属遍计所执性。

除了单个概念诠释的差异，在一些根本义理上，根本唯识论的典籍也有种种不同说法。例如，《摄大乘论》（以下简称《摄论》）说，一切法是阿赖耶识现起的十一识，十一识都有自己的种子。而《大乘百法明门论》（以下简称《百法论》）说，一切法是五位百法。再按《瑜伽论》的说法，并非一切法都有种子，如心不相应行法就没有种子。那么，究竟一切法是十一识，还是五位百法？是否一切法都有种子？此外，其他唯识经论还有更多关于一切法的论述，又应如何看待？

本文力图将根本唯识论作为一个整体来研究，理清在根本义理上，根本唯识论各种说法的差异表述及内在联系，由此形成对唯识论的准确的、整体性的理解。

笔者认为，根本唯识论，从教理的逻辑来看，可分三阶段：第一阶段建立了初步唯识义，主要典籍是《解深密经》《楞伽经》和《瑜伽论》等（《显扬圣教论》思想与《瑜伽论》相近，不独立论述）；第二阶段建立了强化唯识义，主要典籍是《辩中边论》、《大乘庄严经论》（以下简称《庄严论》）、《摄论》等；第三阶段建立了圆满唯识义，主要典籍是《唯识三十颂》（以下简称《三十颂》）、《百法论》等。由于《三十颂》简略，所以本文在论述第三阶段唯识思想时，会经常引用《三十颂》的释论《成唯识论》（以下简称《成论》）。[1]

（一）第一阶段的初步唯识义

第一阶段唯识经典的首要任务是确立自宗的特色，并理顺与其他系经的关系。

后世唯识论尊奉的唯识经，号称有六经。但六经中，《如来出现功德庄严经》《大乘阿毗达磨经》未传译；《华严经》，主要是其"一切皆心造"的观点为唯识论奠定了教理基础。此外，《大乘厚严经》，一般认为就是《大乘密严经》，但此说可存疑，因为在《成论》和窥基的所有著作中，多处引用《厚严经》，但无一处引用《密严经》。而且，即使《密严经》就是《厚严经》，但《密严经》的思想与《楞伽经》有许多相似处，所以本文对此经也不作独立论述。

因此，六经中，与唯识教理直接相关的是《解深密经》和《楞伽经》。

学术界一种观点，基于"大乘非佛说"，认为唯识类经都是后出。如《楞伽经》，《中国大百科全书》说，"此经一般认为在无著以后所成立"；《佛光大辞典》说，"其成立年代约于

---

[1] 此总序言是在2019年写成，其中的核心思想是论述唯识理论的三阶段演变。但在此之后，笔者在这方面的思想又有了发展，提出了唯识理论的两大主题（"辨空有"与"成唯识"），又详尽讨论了唯识论各种一切法体系与三阶段两大主题的关系，更深入地探讨了唯识理论的演变。笔者的这些论述，分别在一些讲座和论文中发布，并写进了后续的（包括待出版的）《瑜伽师地论真实义品直解》、《成唯识论直解》（修订本）和《佛教唯识论》等著作中，此处不再赘述。

西元四百年前后"。但在佛教唯识论看来,唯识论是成佛之道。如果唯识经是后世某位不知名的佛教徒所写,一个尚未成佛的人所写的成佛之道,那还有什么可靠性?所以,即使从佛教实践来说,也必须坚持大乘经和唯识经是佛所说。因此,在六经中,真正作为唯识教理源头的,是《解深密经》和《楞伽经》。此外,在唯识论典中,《瑜伽论》是"一本十支"之"一本",对唯识论来说,也属源头之经典。此二经一论对唯识论的奠基作用是:

第一,会通了唯识系思想之前的般若系思想和如来藏系思想。具体说,《解深密经》以"三时教法"会通了般若系思想,确立了唯识论的了义教地位;《楞伽经》以"如来藏藏识"会通了如来藏系思想(详见下文)。

第二,破恶取空。唯识论的三自性论强调,只有遍计所执性是无,圆成实性和依他起性是有,因此,并非一切法皆无自性。《解深密经》和《瑜伽论》更提出离言法性(离言自性)概念,强调其是有,以此破恶取空。

第三,建立唯识论的基本理论框架。《解深密经》和《瑜伽论》都以明确的境、行、果架构来组织理论体系,这是以修行为中心的理论体系:境是修行的所观境,行是所修行,果是所证果。《瑜伽论》的境、行、果体系十分庞大。《解深密经》则较为简明,境是胜义谛和世俗谛,以及三自性和三无性;行是闻思修,修则是修止观、修波罗蜜多;果是证佛果(吕澂先生对《楞伽经》也作过境、行、果的科判)。

在唯识义("唯识无境")方面,《解深密经》没有直接的

"唯识无境"论述，但有两个相关论述。一是本经提出了一切种子心识中藏有"相、名、分别"等一切法种子的观点，为第二阶段阿赖耶识中藏有一切法种子、一切法即是识性开了先声。二是本经提出"识所缘，唯识所现"的观点，虽然此观点在本经中只是就六识而言，但为第三阶段唯识论成立普遍的"唯识无境"说提供了一条根本性的判别原则。

《瑜伽论》也没有"唯识无境"的直接论述，但本论将色法等都归入五识身地和意地来论述，间接地表达了"唯识无境"的思想。此外，本论详述法相，为普遍的"唯识无境"说奠定了法相基础。

《楞伽经》则明确阐述了唯识无境之义。本经的唯识无境，包括无外境和无能取所取。其无外境思想，在其后的唯识论中得到普遍的认同；而无二取，其后有不同的表述（详见下文"唯识无境观"）。此外，就三自性与唯识无境来说，三自性指明一切法（包括心法和色法等）都存在（是依他起性），唯识无境进一步指明一切法（如色法）并非离识而独立存在。

（二）第二阶段的强化唯识义

此阶段的唯识教理，主要是沿《楞伽经》确立的唯识无境与阿赖耶识缘起思想发展，并结合《解深密经》一切种子心识中藏有"相、名、分别"等一切法种子的观点，建立了"一切法即是识"的唯识观。

此阶段的唯识义，以《摄论》为例，该论说，由阿赖耶识生起十一识。十一识就是一切法，包括传统的诸转识、根境等色法和若干心不相应行法，但由于十一识在阿赖耶识中都有自己的种子，都由阿赖耶识中的自种生起，所以可说，都以阿赖耶识为性。也就是说，一切法都以识为性；更直接地说，一切法（十一识）都是识。

此"一切法即是识"的观点是唯识论的强有力的表达，但此观点还面临着两个问题需要解决。一是阿赖耶识中是否有一切法的种子？或者说，是否一切法都有种子？在此问题上，《瑜伽论》的法相研究表明，并非一切（有为）法都有种子。一切（有为）法可分为实法与假法，实法有种子，假法没有种子，如心不相应行法就没有种子，假法是在实法基础上形成的（如聚集假、分位假等）。这样，就不能说阿赖耶识中有一切法的种子，能生起一切法。

二是阿赖耶识中的种子生起前七识，但现行阿赖耶识是否变现前七识？在此问题上，《解深密经》提出过一个原则："识所缘，唯识所现。"这意味着，识所缘就是识所变，或者，识所变就是识所缘。因此，如果说现行阿赖耶识变现前七识，那么，阿赖耶识应该缘前七识。但《瑜伽论》论述阿赖耶识所缘，只说缘种子、根身、器世间，不说阿赖耶识缘前七识。《成论》解释说，如果阿赖耶识变现并缘前七识，那么，前七识就是阿赖耶识的相分。作为相分，前七识只是影像，没有真实的认识功能。

因此，从逻辑上可以说，由于上述两个问题，导致了第三阶段圆满唯识义的形成。

（三）第三阶段的圆满唯识义

此阶段的唯识教理，依三能变思想，建立了"一切法不离识"的唯识观，解决了第二阶段强化唯识义所遗留的问题，从而使唯识观臻于圆满。

此阶段的经典，是《三十颂》，还可包括《百法论》。《三十颂》的文字已明说了三能变（"此能变唯三"）；而《百法论》的五位百法，体现了一切法"不离识"的思想（但明确论述一切法"不离识"及三自性"不离识"的，则是《三十颂》的释论《成论》）。

三能变，指第八识为第一能变，第七识为第二能变，前六识为第三能变。用后来的相分说来说，三能变各自变现各自的相分，并能缘各自的相分。即第八识变现种子、根身、器世间为相分，并缘此相分；第七识变现第八识见分为自己的影像相分，并缘此相分；前六识变现六境为各自的影像相分，并各缘各自的相分。

三能变唯识义，将《解深密经》"识所缘，唯识所现"的原则，从六识推广到八识，即第八识和第七识也符合所缘即所变的原则。这样，八识三能变的每一能变，都变现其所缘对象，三能变各变各的，所变即所缘，所缘即所变，这就使《解深密经》的上述原则成为普遍的原则。同时，三能变唯识义也圆满解决了《瑜伽论》的两个观点（即假法没有种子，以及第八识不缘前七识）对识变理论造成的困难。

首先，关于第八识不缘前七识的问题，三能变理论中，第七识和前六识是独立的能变，不由第八识所变，所以也不为第八识所缘；第八识的所变与所缘只是种子、根身与器世间，第八识不变也不缘前七识。

其次，关于假法没有种子的问题，三能变理论是从现行识变现一切法来说唯识，所以，三能变理论不需要一切法都有种子。从现行识变现一切法来说，有种子的实法是第八识和前五识（还有五俱意识）的所变和所缘；没有种子的假法是第六识（独头意识）的所变和所缘。由此而得的是"一切不离识"的唯识义（此外，窥基的《成唯识论述记》提出了实种与假种的概念，实种是真实种子，能生诸法；假种是方便说，实际不起现行。这样就对上述"一切法都有种子"与"并非一切法都有种子"两种教法作了会通）。

综上所说，从唯识弘教史[1]的角度来说，三能变理论解决了第二阶段强化唯识义理论还需进一步说清的问题，使唯识观臻于圆满。

以上三阶段唯识经论的各种思想，下文各种唯识观中还将作进一步展开。

（四）阿赖耶识一能变能否成立

第二阶段唯识观的特点，就是阿赖耶识现起能取和所取

---

[1] 所谓"唯识弘教史"，意谓佛陀、弥勒、无著等都是已见道的圣者，了知唯识实相，但在弘扬唯识教法时，各部经论各有侧重点，同时呈现出教法不断深化的趋势。

一切法，乃至阿赖耶识中有一切法的种子，能生起一切法，那么，由此能否成立与三能变相对应的阿赖耶识一能变？

这就需要明确阿赖耶识一能变的含义。既然是与三能变相对应，那么，阿赖耶识一能变如果成立，阿赖耶识应该能变现一切法，并缘所变的一切法。

但如前所说，由《瑜伽论》的两个结论——阿赖耶识不能变现一切法（如心不相应行法），也不缘前七识——来看，从理论上说，阿赖耶识一能变不能成立。

但从此期经论来看，继《楞伽经》之后，《中边论》《庄严论》都说阿赖耶识现起能取与所取，能取与所取就是一切法；《摄论》则更明确说，阿赖耶识生起十一识，十一识就是一切法，十一识在阿赖耶识中都有自己的种子。这样的论述都具备了将其理解为阿赖耶识一能变的可能性。

再从后世对此期经论有关内容的翻译和解释来看，真谛和玄奘表现出了两种不同倾向。如《中边论》的一首颂，真谛的翻译是"尘根我及识，本识生似彼"，即阿赖耶识生起能取的转识和所取的五根五境，这是基于阿赖耶识一能变思想来翻译和解释此颂。此外，真谛翻译的世亲《摄论释》（卷五）[1]更明确了其一能变思想。如："由本识能变异作十一识，本识即是十一识种子。"这里明确说本识（阿赖耶识）是能变，"能变异

---

[1] 本序言大量引用原典，若都要注明引文在大藏经中的册、卷、页、行，本书将有密密麻麻的出处注释。现为简便，本书采用传统的注释方式，只以夹注方式标明引文在该典籍中的卷数。

作十一识"。又如:"如此等识,即显十一识及四识。一切法中唯有识,更无余法故,唯识为体。"所以,《摄论》的十一识,与《中边论》的四识是同样性质,是由阿赖耶识所变。再如:"唯是一识,或成八识,或成十一识故。"所以,根本上,只有一识(阿赖耶识),变现七识,就成八识;或由一识变现成十一识。由此来看,真谛的一能变思想是明确的、一贯的。

玄奘的《辩中边论》(卷上)则将该颂译作"识生变似义,有情我及了"。窥基在《成论述记》(卷三)中解释说,其中的"识",不是第八阿赖耶识,而是全部八识,意思是说,能取八识,变现所取四境。窥基并批评真谛的翻译为错误。由此可见,玄奘与窥基是基于三能变思想来翻译解释此颂,因为,如果按一能变思想来翻译和解释,则阿赖耶识变现前七识,就要缘前七识,而这在教理上是错误的。

综上所说,阿赖耶识一能变,在教理上是不能成立的。但在有关经论中,有此倾向;而翻译和解释此类经论的真谛,则是明确的阿赖耶识一能变思想。

二、唯识了义观

《解深密经》(卷二)提出了"三时教法",由此成立了唯识了义说。

"三时教法"是将佛陀的教法分为三个时期,按本经的说法,第一时中,佛陀为发心求声闻乘者,说四谛等教法,属不了义；第二时中，佛陀为发心求大乘者，密意说"一切法无自性"等教法，仍属不了义；第三时中，佛陀为三乘修行者，显了说"一切法无自性"等教法，是真了义。

"一切诸法皆无自性、无生无灭、本来寂静、自性涅槃"，是般若经的根本教义。本经认为，般若经的此类说法只是密意说，是佛陀第二期的说法，是不了义。

唯识论的"密意"，指相应的教法只强调法义的某一点或某一方面，尚未全面充分完整地说明法义，因此是"密意"的方便说，不是"显了"的究竟说。密意说不显了，因此也被说成是不了义。

密意说主要建立在唯识论的三无性上，而三无性又是建立在三自性上，即依遍计所执性立相无性、依依他起性立生无性、依圆成实性立胜义无性。

就三自性与三无性的关系来说，唯识论的立场是：三自性是本，三无性是末。其理由如下：一、如《解深密经》说，三无性一一依三自性而立。二、如《解深密经》说："非由有情界中诸有情类，别观遍计所执自性为自性故，亦非由彼别观依他起自性及圆成实自性为自性故，我立三种无自性性。然由有情于依他起自性及圆成实自性上，增益遍计所执自性故，我立三种无自性性。"（卷二）即三无性并非要一一否定三自性，实际要否定的只是遍计所执自性，因为三自性并非都没有自性，实际只是遍计所执自性没有自性。

密意说，实质上是唯识论为与佛教其他教理作会通的一种说法。例如，般若经说无性，唯识经说有性，那么两种说法如何会通？唯识论用密意说与显了说来会通，即第二阶段，佛陀在般若经中说"一切法无自性"，只是密意说，没有充分全面完整地展开此说的内涵；到了第三阶段，佛陀显了说此教法，才真正展开了此说的内涵，即实际只是遍计所执自性无自性，依他起自性和圆成实自性是有自性。

其次，"一切诸法无生无灭、本来寂静、自性涅槃"，也是密意说。唯识论认为，这是依相无性（遍计所执性）和一分胜义无性（圆成实性）而说，因为遍计所执性（相无性）的一切法，本来就没有；而圆成实性（胜义无性）的一切法（真如、涅槃），确实是"无生无灭、本来寂静、自性涅槃"。但"一切诸法无生无灭、本来寂静、自性涅槃"，不能依生无性（即依他起性）说，因为依他起性的一切法（一切有为法），无论从什么意义上，都不能成立"无生无灭、本来寂静、自性涅槃"。由于"一切诸法无生无灭、本来寂静、自性涅槃"只是部分成立，不是无条件地完全成立，所以也只是"密意说"。

因此，佛陀第二时的"一切诸法皆无自性、无生无灭、本来寂静、自性涅槃"教法，是密意说，是不了义；第三时对此的完整的说法，才是了义说，即唯识论是了义教法。

综上所说，本经以三自性和三无性为基础，判佛陀的教法为"三时教法"，由此确立了唯识论为了义教的地位。而"三时教法"，是唯一的佛经中说到的判教方法，作为圣言量，具有无可争辩的权威性。

此外,《解深密经》还论述了一乘密意说、三乘了义说的观点,

一乘究竟还是三乘究竟,这在佛经中有不同说法。《解深密经》依三无性,认为三乘是究竟,而将"唯有一乘"归为"密意说",这可从修行论来论证,本经说三无性的意趣,也是为了指导修行。

本经(卷二)指出,从修行位次来看,世尊先对资粮位(或从十信至十回向)的佛弟子说生无性(即依他起性),以明诸法缘生道理,使他们通过修行,最终使种善根等五事具足。继而,世尊对加行位修行者说相无性和胜义无性,使他们生起真正的厌离心,依两种无自性性作观,最终证入通达位(见道位)。进而,在修习位(即修道位)中,诸菩萨仍依两种无自性性,勤奋修行,最终证入佛位。

由于所有修行者都依三无性修行(道一),并最终都能证得(无余依)涅槃(果一),所以世尊密意说"唯有一乘"。但实际上,修行者的根机不同,其中,有定性二乘,他们最终还是不能证得大乘的无住涅槃;同时也有不定性的二乘,他们能回向大乘。所以,就不定性二乘,也可说"唯有一乘"。但因为还有定性二乘,所以"唯有一乘"只是密意说。

本经的《地波罗蜜多品》也说一乘是密意说:"善男子,如我于彼声闻乘中,宣说种种诸法自性,所谓五蕴,或内六处,或外六处,如是等类;于大乘中,即说彼法同一法界、同一理趣故。我不说乘差别性。于中或有如言于义妄起分别,一

类增益，一类损减；又于诸乘差别道理，谓互相违。如是展转递兴诤论，如是名为此中密意。"（卷四）

所以，此一乘说，只是依同一法界、同一理趣说的，是密意说，实际上还是三乘究竟。

三、唯识无境观

唯识无境思想是唯识观的核心内容，但此唯识无境思想在三阶段中的表现有所不同。

（一）第一阶段的唯识无境思想

此阶段中，《解深密经》没有明确的唯识无境的表述，但有两个相关的表述；《楞伽经》详说唯识无境；《瑜伽论》本身也没有唯识无境的表述，但该论收入了《解深密经》全文，所以，在此问题上，该论同《解深密经》。因此，本文以下主要论述二经的唯识无境思想。

1.《解深密经》

本经关于唯识无境的两个相关表述：一是"识所缘，唯识所现"；二是一切种子心识执受"相、名、分别言说戏论习气"。

（1）"识所缘，唯识所现"

本经《分别瑜伽品》提出"识所缘，唯识所现"（卷三），在经中，这首先是讨论定中所缘境，进而推广到散位所缘境，意谓定位和散位的认识对象（"所缘"），都是由识变现。但这里说的"识",是指六识(更严格说是第六意识)的定位和散位认识,并不涉及第八识,当然也不涉及第七识。此观点到第三阶段,被推广到所有八识,形成了八识三能变的"唯识无境"教法。

(2)一切种子心识执受"相、名、分别言说戏论习气"

本经《心意识相品》提出,一切种子心识执受"相、名、分别言说戏论习气"(卷一),换言之,即第八识藏有"相、名、分别"种子,[1] 这是取"相、名、分别、正智、真如"五法体系的染法部分,就染法来说,一切法就是"相、名、分别"。第八识藏有"相、名、分别"种子,可推出两个结论:一、一切法都有种子,例如,"名"也有种子。二、第八识藏有一切法种子。由此来看,《摄论》的十一识都有种子,实际上是源于本经。

本经上述两论述,虽不是唯识无境的直接表述,但都可间接推出唯识无境的结论。

2.《楞伽经》

本经主旨,经文一开始便已明示:"其诸菩萨摩诃萨,悉已通达五法、三性、诸识无我,善知境界自心现义。"(卷一)其中,五法三自性、八识二无我,是本经的教理体系;而"境界自心现",即唯识无境,则是本经的宗旨,此宗旨贯穿于本经的所有教法中。

---

[1] 种子概念,经部就有,所以说有种子,不意味着唯识;但说第八识藏有一切法种子,那一定是唯识论观点。

能从果能变来说其唯识。但无为法是一切法本性，也是识的本性，真如不能脱离一切法存在，当然也不能脱离识存在，所以真如（无为法）"不离识"。

由此可见，《成论》的一切法"不离识"，与《摄论》的一切法（十一识）"皆是识"形成了鲜明对比。即一切法"皆是识"是从因能变角度强调阿赖耶识生一切法，而一切法"不离识"是从果能变角度强调八识（三能变）变现一切法。

（三）从"辨空有"到"成唯识"

笔者在《"唯识经典直解丛书"总序言》中提出，唯识思想的演变，可分为三阶段。关于此三阶段，该文有详细论述，此处仅就从"辨空有"到"成唯识"的角度，对该文中的说法略作补充。

第一阶段，成立初步唯识义，主要经典是《解深密经》《楞伽经》《瑜伽论》等，这些经典理论体系主要是"辨空有"，而其唯识思想虽不系统，但都是开创性的，成为其后唯识思想的源头。

先看《解深密经》，该经提出的一切种子心识藏有"相、名、分别"一切法种子的思想，成为因能变唯识的源头，直至《摄论》，该论仍说阿赖耶识藏有十一识一切法种子。该经提出的"识所缘，唯识所现"的思想，成为果能变唯识的源头，虽然在该经中此说法只是指第六识，但《成论》将其发展到八

（卷六）。

本经的无二取论述之所以复杂，是因为本经的总体思想是"五法三自性，八识二无我"，无二取在这些思想背景下，呈现了极为复杂的面目。

（1）五法与二取

本经说："三性、八识及二无我，悉入五法。"（卷五）所以，五法是本经教理体系的核心。五法就是"相、名、分别、正智、真如"，其中，"相、名、分别"是染法，"正智、真如"是净法。无二取涉及分别与正智。

首先，二取源于分别。本经说"诸法唯心所现，无能取所取"（卷三），"能取所取法，唯心无所有"（卷四），"迷惑妄分别，取所取皆无"（卷六），"凡夫妄分别，取三自性故；见有能所取，世及出世法"（卷七），"分别于诸蕴，能取及所取"（卷七），故二取由分别而起。

其次，无二取源于正智。本经说，圣智有三相：一、无影像相，据吕澂《入楞伽经讲记》释，影像依二乘和外道执着生起，以大乘正见熟习二乘和外道之学，蠲除其影像，即得最上正智。二、一切诸佛愿持相，即由诸佛本愿力加持而得生起之正智。三、自证圣智所趣相，即由不取一切法相，成就如幻三昧，所证之正智。（卷二）

此外，正智依所证法的自相和共相，而有差别相。外道依自相和共相所立的差别相，执有执无，落入边见；圣智知一切法唯心所现，离有离无，其差别相不堕边见。

（2）八识与二取

五法中的"分别"，就是三界心和心所，所以，八识就是五法中的"分别"。但"分别"是就八识的相同性而言；如果涉及八识的不同处，就需将八识分开说了。

本经对八识与二取关系的论述，就是如此，有时是将八识都作为能取；有时是将七识作为能取，藏识（第八识）现起能取所取。

A. 八识都是能取。如本经说"依彼分别，心心所法俱时而起"（卷五），即八识都由分别而起。又如"于自心所现生执着时，有八种分别起，此差别相皆是不实，惟妄计性"（卷五），所以，八识的八种分别，即八种能取，都是遍计所执（"妄计性"）。

八识都是能取的说法，可看作是五法与二取关系的延伸，如上所说，二取由分别起，分别就是心、心所，所以，八识都是能取，都是遍计所执。

B. 藏识起二取。本经有时说藏识起二取。关于二取的种类，本经有明确论述："身资及所住，此三为所取。意取及分别，此三为能取。"（卷六）即所取是根身，包括净色根与浮尘根（"身"），还有资生物品（"资"）及器世间（"所住"）。能取是"意""取""分别"，参照魏译本等，大体可确定，能取是第七识、第六识和前五识，即能取是前七转识。

而转识作为能取，其源头在藏识（第八阿赖耶识），如"譬如海水动，种种波浪转；藏识亦如是，种种诸识生"（卷二),"阿赖耶识如瀑流水,生转识浪"(卷二),"若无藏识,七识则灭。何以故?因彼及所缘而得生故"(卷五),即藏识生七转识,如水生波,无藏识则无七识。

进而,二取都由藏识而起,如"知身及物并所住处,一切皆是藏识境界,无能所取及生住灭"(卷一),"身及资生器世间等,一切皆是藏识影像,所取能取二种相现"(卷二),即能取所取也依藏识而起。这与前文说二取由"心所起"相通:"藏识说名心,思量以为意;能了诸境界,是则名为识。"(卷六)所以,二取由心起,也可说是二取由藏识起。

关于八识是能取或七识是能取两种说法,可以这样认为,在五法体系中,八识都是分别,所以八识都是能取;在八识体系中,由第八识现起能取和所取,所以七识是能取。

(3)三自性与二取

首先是三自性与五法的关系,本经说:"名及相是妄计性;以依彼分别,心心所法俱时而起,如日与光,是缘起性;正智、如如不可坏故,是圆成性。"(卷五)所以,五法中,相与名是遍计所执性("妄计性"),分别是依他起性("缘起性"),正智与真如是圆成实性。

就三自性与二取的关系来说,唯识论通常以三自性来表达诸法有无,即遍计所执性是无,依他起性是(幻)有,圆成实性是(真实)有。这样的话,无二取就是认为二取是遍计所执性。但本经关于二取是否是遍计所执性,有时又有不同的论述。

先看本经三自性定义中的遍计所执性与依他起性定义："妄计自性从相生。云何从相生？谓彼依缘起事相种类显现，生计着故。大慧，彼计着事相，有二种妄计性生，是诸如来之所演说，谓名相计着相，事相计着相。大慧，事计着相者，谓计着内外法；相计着相者，谓即彼内外法中计着自共相：是名二种妄计自性相。大慧，从所依所缘起，是缘起性。"（卷二）

即依他起性是缘起法，遍计所执性是在"内外法"上执着其自共相，这样，"内外法"本身不是遍计所执性，而应是缘起法，是依他起性。而执着"内外法"实有自性，那被执着的自性就是遍计所执性。所以本经说："自性名妄计，缘起是依他。"（卷七）

上述"内外法"，根身是内法，器世间是外法。以根身为例，按此定义，根身应该是依他起性。本经其他地方也说"身是依他起，迷惑不自见；分别外自性，而令心妄起"（卷六），即根身是依他起性，但分别将其作为外境。又如"身形及诸根，皆以八物成。凡愚妄计色，迷惑身笼槛。凡愚妄分别，因缘和合生"（卷六），即根身由八物（色、香、味、触及四大种）而成，因而是因缘和合，凡夫在此妄计，使其成为遍计所执色。

但本经又说："身及资生器世间等，一切皆是藏识影像，所取能取二种相现。"（卷二）所以，根身属二取。"我了诸法唯心所现，无能取所取"（卷三），所以，二取是无，相当于二取是遍计所执性；根身属二取，那么根身也是遍计所执性，是无。

同样的例子，如"蕴、界、处"就是"内外法"，应该是依他起性。但本经又说"蕴、界、处是妄计性"（卷二），"妄计性"就是遍计所执性。

再如五法中的"相"，按本经所说的五法与三自性的关系，"名及相是妄计性"，即相是遍计所执性。但经中还有不同说法："依于缘起相，妄计种种名；彼诸妄计相，皆因缘起有"（卷三），"分别迷惑相，是名依他起；相中所有名，是则为妄计"（卷六）。这样，"相"又成了依他起性。

（4）从三层面看二取

应该如何看待本经上述二取的不同说法？笔者认为，可从存在论、认识论与修证论三层面来看待关于二取的不同说法。

首先，二取应是认识论层面的用词，二取就是能认取和所认取。而在存在论层面上，存在的法，实际是能变现的心法与所变现的色法等（包括心不相应行法），由于无外境，所以色法等不是心外独立的存在，而是由心变现，因此两者的关系是能变与所变，但为论述的统一和方便，也可称是二取。此外，就心法的功能来说，一是能变现，二是能了别，所以，心法在变现色法等时，其了别功能也同时起用，而在了别时，能变所变的关系，就成了能取所取的关系。

由此来看本经关于二取的不同说法，当说二取是依他起时，这是在存在论层面说的；当说二取是遍计所执时，这是在认识论层面说的。

如本经说："一切凡愚分别诸法，而诸法性非如是有，此但妄执，无有性相；然诸圣者以圣慧眼，如实知见有诸法自性。"（卷四）此处，圣者如实见的诸法自性，是存在论层面的诸法自性，属依他起性；凡夫不能如实见存在论层面的诸法自性，而是起分别，其妄执的诸法自性，就是遍计所执性。

上述诸法自性，若参照《解深密经》和《瑜伽论》的离言自性（或离言法性），就不难理解了。即圣者所见所证的是诸法离言自性，是缘起性，是离言依他起性；但一旦进入认识思维领域，意识会为其安立名言，成名言法。凡夫不能认识诸法的离言依他起性，凡夫认识的，只能是由名言表达的诸法，并执着由名言法而起的诸法名言自性，这就是遍计所执性。

所以，说根身、蕴处界等诸法是依他起性，是就其离言依他起性而说；说诸法是遍计所执性，则是从诸法进入认识领域而成为能取所取而说。

但由于本经的遍计所执性，是依妄计性来定义的，即由诸识的妄计而起遍计所执性，这样，遍计所执性不再由名言自性来定义，因此，本经也不提离言自性，即不用名言、离言两分法来分判诸法了。

最后，在修证层面上，本经说是无二取：

复次，大慧！我今当说妄计自性差别相，令汝及诸菩

萨摩诃萨善知此义，超诸妄想证圣智境，知外道法，远离能取所取分别，于依他起种种相中，不更取着妄所计相。（卷三）

云何名为知一乘道？谓离能取所取分别，如实而住。（卷三）

若知境界但是假名都不可得，则无所取，无所取故亦无能取，能取所取二俱无故不起分别，说名为智。（卷四）

所以，在修证层面上，无论二取是依他（存在论的）还是遍计（认识论的），二取都是要遣除的。因为见道是根本无分别智证真如，而有漏的、有分别的世俗谛法，则一无所得，所以遍计的二取，与依他的二取，都要遣除。

此三层面中，修证论的无二取，为所有唯识典籍一致公认，即在修证层面上，唯识论都说见道要遣所取和能取；而在存在论和认识论层面上，诸唯识典籍就说法不一了。

（二）第二阶段的唯识无境思想

1.《辩中边论》

本论对无外境的论述较少，如"唯识生时现似种种虚妄境故"（卷上），即境由识变，故外境非有。

本论更多的是从无二取来说唯识无境。本论首先是总说："虚妄分别有，于此二都无。"其长行解释是："虚妄分别有者，谓有所取能取分别。于此二都无者，谓即于此虚妄分别，永无

所取能取二性。"（卷上）

进一步分析，本论说"三界心心所，是虚妄分别"（卷上），所以，虚妄分别是指识与心所。此外，二取指能取与所取。关于能取，本论说"能取诸识"（卷上），即能取就是诸识。但这样的话，能取就是虚妄分别，为何本论对虚妄分别，说"虚妄分别有"；而对二取，说"永无所取能取二性"，后文又更明确说"无二，谓无所取能取"？对此，如果用存在论二取与认识论二取来讨论，就可明了。

先看本论的一个说法，本论说有三种色："一、所执义色，谓色之遍计所执性。二、分别义色，谓色之依他起性，此中分别以为色故。三、法性义色，谓色之圆成实性。"（卷中）即色法有三类：遍计色（"所执义色"）、依他色（"分别义色"）、圆成色（"法性义色"）。上述二取无，意味着二取是遍计。但如果色法就是二取中的所取，那么，色法应该只是遍计色，谈不上有依他色。而如果按上文对存在论层面的二取所作的分析，存在论层面的所取与能取，实际上就是所变与能变，这样，存在论层面的色法就是依他色。此外，蕴处界等都有如此三义，其依他义，应该也都是存在论层面上说的，即在存在论层面上，存在着所变的蕴处界诸法。

由此来看"虚妄分别有"，这是在存在论层面上说的，即能变现的诸识是有。而诸识的能变功能与能了别功能是同时现起的，所以，能变诸识变现所变诸法的同时，其了别功能也就使能变与所变成了认识论层面的能取与所取。所以，本论说

"无所取能取",即无二取,就是在认识论层面上说的。

本论的相关论述可证实上述分析。首先,二取由何而来?"乱识似彼所取能取而显现故。"(卷下)此"乱识",实际就是"虚妄分别"的诸识,因诸识变现虚妄境,所以称"乱识"。那么,"乱识"是如何"似彼所取能取而显现"?

本论说:"识生变似义,有情我及了。"(真谛的《中边分别论》的译文不同,思想不同,此处不讨论。)长行解释说:"变似义者,谓似色等诸境性现;变似有情者,谓似自他身五根性现;变似我者,谓染末那与我痴等恒相应故;变似了者,谓余六识了相粗故。"(卷上)所以,"义""有情""我""了"四境都是所取。按窥基《辩中边论述记》解释,"义"(五境)、"有情"(根身)是第八识的所缘境,"我"是第七识的所缘境,"了"是前六识的所缘境。

由上可知,"识生"时,会变现"似义"等四境,这可以认为是存在论层面的变现(顺便说下,"识生变似"五境和根身时,此五境和根身色法应是依他色,若此色法是遍计色,则依他色无着落)。同时,在认识论层面上,"似现"的四境就是似所取,能变的诸识也就成了似能取。似二取实无,这是认识论层面的无二取。

最后,"此境实非有,境无故识无"(卷上),这是修证层面的无二取。"谓所取义等四境无故,能取诸识亦非实有",即修证的过程,先遣所取,再遣能取。

总的来看三层面的二取,本论说:"唯识生时现似种种虚

妄境故，名有所得。以所得境无实性故，能得实性亦不得成。由能得识无所得故，所取能取二有所得平等俱成无所得性。"（卷上）

这就是说，在存在论层面上，由诸识变现诸境；同时的认识过程中，二取即形成；修证过程中，了知所取境不实，继而了知能取识不实，最后证二取无所得（无相）。

2.《大乘庄严经论》

本论的唯识无境思想，首先是无外境。本论说："一切诸义悉是心光。"（卷二）其中，"义谓五尘"（卷三），"心光"意谓由心似五尘显现。所以，外尘（外境）由心变现。

关于二取，本论也有不同说法。颂云："所取及能取，二相各三光。不真分别故，是说依他相。"（卷五）所以，二取属依他起性。

二取三光，由阿赖耶识而起："所取相有三光，谓句光、义光、身光。能取相有三光，谓意光、受光、分别光。意谓一切时染污识。受谓五识身。分别谓意识。彼所取相三光及能取相三光，如此诸光，皆是不真分别故，是依他相。"（卷五）即所取有句光、义光、身光，相当于器世间、五尘、根身；能取有意光、受光、分别光，相当于第七识、前五识、第六识。"如此诸光"，都是依他相。

但本论也有二取属遍计的说法："离二者，谓分别性真实，由能取所取毕竟无故。迷依者，谓依他性真实，由此起诸分别故。"（卷四）所以，遍计所执性（"分别性"）的二取毕竟无，其由依他起性上起分别而来。

综合上述说法，依他起二取是存在论的二取；执着其为实有，就是遍计所执性的二取。（《庄严论》对遍计与依他有更复杂的说法，详见下文"唯识真实观"。）

此外，本论也有修证层面二取无的说法："第三见道位，如彼现见法界故，解心外无有所取物；所取物无故，亦无能取心。由离所取能取二相故，应知善住法界自性。"（卷二）即见道时，心外无有物，所取无，故能取也无。

3.《摄大乘论》

本论的唯识无境思想，首先是无外境。本论说，一切法就是十一识，十一识由阿赖耶识中的种子生起，所以是以（阿赖耶）识为性；进而可说，十一识即是识，所以识外无境。

关于二取，本论中直接的论述只有两处。一处说："若名若义，自性差别假，自性差别义，如是六种义皆无故。所取能取性现前故，一时现似种种相义而生起故。"（卷中）这是在认识论层面上说无二取。

另一处说："如是住内心，知所取非有，次能取亦无，后触无所得。"（卷中）这是在修证层面说无二取，即先遣所取，次遣能取，最后证"无所得"真如。

另外，本论说十一识有见识与相识，可认为其作用相当于能取和所取，而见识与相识属十一识，所以都是依他起性，这可以看作是存在论层面的二取，是有。

（三）第三阶段

关于无外境，《三十颂》说："由假说我法，有种种相转。彼依识所变，此能变唯三。"所以，一切法都由识所变，不存在识外之法。

《三十颂》的释论《成论》则明确说："实无外境，唯有内识似外境生。"（卷一）

关于无二取，《成论》也有两种说法。一是在修证层面上，本论也说无二取："在加行位能渐伏除所取能取引发真见。"具体地说："如是暖、顶依能取识观所取空，下忍起时印境空相，中忍转位于能取识如境是空顺乐忍可，上忍起位印能取空，世第一法双印空相。"（卷九）

但在存在论乃至认识论层面上，本论不说无二取。按本论的说法："此二取言显二取取，执取能取所取性故。"（卷九）即其他经论中说的无二取，实际上是无"二取取"，"二取取"就是对二取的取，也就是对二取的执着。而二取本身不是遍计所执。

"有漏心等不证实故，一切皆名虚妄分别，虽似所取能取相现，而非一切能遍计摄。勿无漏心亦有执故，如来后得应有执故。"（卷八）所以，显现的能取和所取，不都属遍计所执，否则，如来的后得智也有见分和相分，也属遍计所执了。至于有漏心称为虚妄分别，这是因为有漏心还未证真如，而不是因为有漏心都有执着（《成论》认为只有第七识和烦恼性的第六识是遍计所执)。

另一方面,"诸心、心所,依他起故,亦如幻事,非真实有。为遣妄执心、心所外实有境故,说唯有识。若执唯识真实有者,如执外境亦是法执"(卷二)。所以,虽然有漏心(诸心、心所)不都是遍计所执,但都如幻,不能执为真实有,见道时仍需遣除。

综上所说,本论认为,二取属依他起性,在认识论乃至存在论层面上,不能说无二取;就修证层面说,需要遣二取。

四、唯识真实观

唯识典籍关于真实,有种种不同说法。一般的说法,或依二谛说,则胜义谛为真实;或依三自性说,则圆成实性是真实。比较特殊的,是将三自性中的依他起性也说成是真实,因为依他起性是有。甚至,将二谛中的世俗谛说成是真实,如《瑜伽论》四种真实中的第一世间极成真实,说的完全是世俗谛法。在传统的二谛说中,世俗谛是虚妄,绝不说是真实,而《瑜伽论》也说其是真实(原因下文分析)。但另一方面,《庄严论》则说:"非有者,分别、依他二相无故。"(卷二)即遍计所执性与依他起性皆无,似乎依他起性也不存在,因而依他起性不是真实。进而,"分别、依他二性摄者即是世谛"(卷十二),所以,世俗谛也是无,也不真实。

上述真实观中,单依三自性的圆成实性说真实的,或通说三自性的圆成实性和二谛的胜义谛为真实的，都比较简单明白。下文分析一些比较特殊的真实观。

（一）《瑜伽论》的真实观

本论《本地分·真实义品》说有两种真实或四种真实。两种真实，是尽所有性与如所有性。尽所有性，《解深密经》（卷三）举例，"如五数蕴、六数内处、六数外处"，所以是一切世间法；如所有性是真如。所以，两种真实包括了世俗谛与胜义谛。

四种真实是世间极成真实、道理极成真实、烦恼障净智所行真实、所知障净智所行真实。四种真实中，两种净智所行真实，相当于二乘与大乘所证真实，所以属胜义谛；道理极成真实，是现量、比量和圣言量境界，所以包括世俗谛与胜义谛二谛。世间极成真实则需仔细分析：

> 云何世间极成真实？谓一切世间，于彼彼事随顺假立，世俗串习，悟入觉慧所见同性，谓地唯是地非是火等，如地如是，水火风、色声香味触、饮食衣乘、诸庄严具、资产什物、涂香华鬘、歌舞伎乐、种种光明、男女承事、田园邸店宅舍等事，当知亦尔；苦唯是苦非是乐等，乐唯是乐非是苦等，以要言之，此即如此非不如此，是即如是非不如是，决定胜解所行境事。一切世间从其本际展转传来，想自分别共所成立，不由思惟筹量观察然后方

取，是名世间极成真实。(卷三十六)

所以，世间极成真实，实际就是世间一切事物，人们约定俗成地为其安立名称，形成共识，就是世间极成真实。

在三自性中，如果是遍计所执性，那就是不存在，是无；如果是依他起性，那就是存在，是有。那么，世间极成真实属何性？

本论对依他起性举例说："问：依他起自性当云何知？答：当正了知一切所诠有为事摄。云何一切所诠事耶？所谓蕴事、界事、处事、缘起事、处非处事、根事、业事、烦恼事、随烦恼事、生事、恶趣事、善趣事……"(卷七十四)所以，五蕴、十二处、十八界都属依他起性，即世间一切事物都属依他起性，因此，世间极成真实应是依他起性。

但另一方面，《辩中边论》(卷中)说："若事世间共所安立，串习随入觉慧所取，一切世间同执此事，是地非火色非声等，是名世间极成真实。此于根本三真实中，但依遍计所执而立。"所以，世间极成真实依遍计所执性立，那就是说，此真实为遍计所执性。但《瑜伽论》明明是立四种真实，如果是遍计所执性，为何还称其为真实？或者说，二论的说法为何不同？实际上，这是因为二论的遍计所执性含义不同。

在《辩中边论》中，名属遍计所执性，相与分别属依他起性。世间极成真实，实际是安立了名称的世间一切事物，所以，依名而言，世间一切事物都是遍计所执性。[1] 但在《瑜伽论》中，相、名与分别都是依他起性，所以，无论诸事还是诸名，都是依他起性。

另外还可以有一种解释。《瑜伽论》说，色等一切法中，既有名言自性，也有离言自性。这样，两部论说法不同的原因在于，《瑜伽论》是从离言自性角度，说其是真实（即色等一切法中蕴含了离言依他起性）；《辩中边论》则从名言自性角度，说其是遍计。

最后，本论说四种真实，"初二下劣，第三处中，第四最胜"（卷三十六），即最殊胜的是第四种真实，是胜义谛真如。第一、二种真实"下劣"，因为前二真实是世俗谛（第二真实，虽包括圣言量，可认为属真谛，但主要是俗谛）。但反过来说，虽然世俗谛下劣，毕竟也是真实，所以世间极成真实也是一种真实。

世间极成真实，实际上就是依他起性，而且包含了依他起性中的假法。在唯识论中，依真妄而论，依他起性是妄，不能说是真实；但就有无论真实，依他起性是有，所以也可说是一种真实。

---

[1] 但另一方面，《辩中边论》也说，五蕴、十二处、十八界都有三义，如色蕴的三义："一、所执义色，谓色之遍计所执性。二、分别义色，谓色之依他起性，此中分别以为色故。三、法性义色，谓色之圆成实性。"即色蕴或色法有三种，即遍计色、依他色、圆成色。总的来说，"世俗谛有三种：一、假世俗，二、行世俗，三、显了世俗"（卷中）。此三世俗依三自性而立，所以，世俗也并非都是遍计所执性，也有依他起性。

(二)《楞伽经》

本经没有专门章节谈真实观，其真实观散见全经论述中。本经的真实观，主要表现在以下两方面。

首先是胜义谛真实。本经说："真实之法离文字"（卷五），"真实离诸相"（卷六）。这是在胜义谛上说真实，即存在着离文字、离诸相的真实之法。

其次是世俗谛真实。本经说："三性、八识及二无我，悉入五法。"（卷五）由此可见，五法是最根本的范畴。经中说："五法为真实，三自性亦尔。"（卷三）即五法与三自性都是真实。五法是相、名、分别、真如、正智，因此，五法包含了世俗谛与胜义谛。同样，三自性也包含了世俗谛与胜义谛。这就是说，本经认为，世俗谛与胜义谛都是真实。再看五法与三自性的关系，本经认为，相与名属遍计所执性，分别属依他起性，正智和真如属圆成实性。因而，具体地说，在世俗谛中，只有分别是真实，相与名不是真实。

再看八识，五法中的分别，就是心与心所，所以八识在五法中就是分别。经中又说："世尊，唯愿为我说心、意、意识、五法、自性相众妙法门，此是一切诸佛菩萨入自心境离所行相，称真实义诸佛教心。"（卷二）即八识与五法、三自性一样，都属真实，而八识是世俗谛，因此，世俗谛也是真实。

综上所说，本经的真实观，不但认为胜义谛真实，世俗谛也是真实。但具体地说，世俗谛只是指分别，即八识是真实，不包括相与名，因此，与《瑜伽论》的真实观有所差异。

（三）《大乘庄严经论》

本论真实观也有其特殊性。本论说："分别、依他二性摄者即是世谛。"（卷十二）进而，"非有者，分别、依他二相无故；非无者，真实相有故"（卷二）。这似乎是说，遍计（分别）、依他是世俗谛，遍计、依他无，所以世俗谛是无。但实际并非如此简单。

本论又说："幻者、幻事无有实体，此譬依他、分别二相亦无实体，由此道理即得通达第一义谛……幻者、幻事体亦可得，此譬虚妄分别亦尔，由此道理即得通达世谛之实。"（卷四）所以，依他、分别二相无，只是说无实体，犹如幻者、幻事，但这是在胜义谛意义上说的；在世俗谛意义上，"幻者、幻事体亦可得"，即幻者、幻事虽无实体，但有幻体，或者说，在世俗谛中，一切法虽无实体，但仍有幻像可得。因此，本论也并非说世俗谛法完全不存在，而是说世俗谛法没有实体。

对此幻体，本论有这样的说法："此二偈以十四种起成立内法诸行是刹那义。一者初起，谓最初自体生。二者续起，谓除初刹那余刹那生……若最初起时因体无差别者，则后时诸行相续而起亦无差别，因体无差别故。由因有差别故，后余诸行刹那得成。"（卷十一）即心、心所（"内法"）最初就有自体生起，其后每一刹那都有自体生起。而心、心所每一刹那的自体即是如上所说的"幻体"。"外法四大及六种造色是刹那"(卷十一),所以,同理可知,四大和所造色每一刹那也都有自体("幻体")生起。

对此处的幻体,可作如是理解:能变心法与所变色法,每一刹那都存在,就其存在性,可说其有体;但心法与色法刹那生灭,就其刹那生灭,可说其(体)如幻。

进而,"分别、依他二相无故"(卷二),是否是说,本论的遍计所执性与依他起性全无不同?也并非如此,分别、依他在本论中也并非没有差别。

首先是名称上的差别:"一、无体空,谓分别性,彼相无体故。二、似体空,谓依他性,此相如分别性无体故。"(卷七)所以,遍计是"无体",依他是"似体"。

其次是二者实质上的差别:"此中诸菩萨,以无义是无常义,由分别相毕竟常无故;以分别义是无我义,由分别相唯有分别:此二是分别相,由无体故。不真分别义是苦义,由三界心、心法为苦体故,此是依他相。"(卷十一)由此可知,遍计("分别")是毕竟无;依他是苦,一切行皆苦,一切行以三界心、心所为体,所以,依他起性还是有。

最后,在修证上,"初真实应知,第二真实应断"(卷四),即遍计"应知",依他"应断"。而"应断"的当然不是一个无,而是有东西可断,由此可见,遍计是无,依他是有,而这又与一般唯识论的说法并无二致。

五、唯识缘起观

唯识论的缘起观,一般都说是阿赖耶识缘起观。阿赖耶识缘起,如果按本义来说,就是一切法都由阿赖耶识生起。严格地以此标准来评判,根本唯识论阶段,诸唯识经论的缘起观,并不都属阿赖耶识缘起,而是有三类缘起:依他缘起、依阿赖耶识缘起与依三能变缘起。诸经论中,《解深密经》和《瑜伽论》是依他缘起;《楞伽经》,及其后的《中边分别论》《庄严论》《摄论》都是依阿赖耶识缘起;而《唯识三十颂》及其释论《成论》是依三能变缘起。

《楞伽经》说,"缘起是依他"(卷七),所以缘起观与依他起性密切相关。诸经论的依他起性定义,可以作为其缘起观的一个重要判别依据。

(一)依他缘起

1.《解深密经》

本经没有正面论述缘起。本经《心意识相品》说,阿赖耶识(一切种子心识)中有"相、名、分别"等一切法的种子,又说阿赖耶识执受根身与种子,还说阿赖耶识生起六识,但本经没有直接的阿赖耶识生起一切法的论述。

而本经的依他起性定义是:"云何诸法依他起相?谓一切法缘生自性,则此有故彼有,此生故彼生,谓无明缘行,乃至招集纯大苦蕴。"（卷二）此定义是宽泛的，此定义只说由他缘而起的就是依他起性，如十二缘起的前后支，后支依前支而起，就是依他起性。进而本经举例，由眩翳过患起眩翳众相，眩翳过患比作遍计所执性，眩翳众相比作依他起性，即依遍计所执性而起的，也是依他起性。故一切依"他缘"而起的，都是依他起性。

因此，虽然本经关于阿赖耶识的论述，为阿赖耶识缘起观奠定了基础，但本经的缘起观主要表现为依他缘起。

2.《瑜伽论》

本论的《摄决择分》详论阿赖耶识，包括依阿赖耶识建立流转相与还灭相。但就生起一切法来看，本论说的与《解深密经》基本相同，包括阿赖耶识之所缘，内是种子与根身，外是器世间。

再看本论的依他起性，其定义也与《解深密经》相同："依他起自性者，谓众缘生他力所起诸法自性，非自然有，故说无性。"（卷六十四）由此定义，本论说五蕴、十二处、十八界都是依他起性："问：依他起自性当云何知？答：当正了知一切所诠有为事摄。云何一切所诠事耶？所谓蕴事、界事、处事……色类事……"（卷七十四）而依他即是缘起："复依他义，是缘起义。"（卷九）

关于缘起的类别，本论说了八门："缘起门云何？谓依八门缘起流转。一、内识生门。二、外稼成熟门。三、有情世间死生门。四、器世间成坏门。五、食任持门。六、自所作业增上势力受用随业所得爱非爱果门。七、威势门。八、清净门。"（卷九）此八门缘起，间接地当然也都可归结到阿赖耶识上，但严格地说，仍不是阿赖耶识缘起观。

由此可见，本论为阿赖耶识缘起观奠定了更为厚实的基础，但由本论的依他起性定义与八门缘起可知，本论的缘起观主要也是依他缘起。

关于依他缘起与后来的依阿赖耶识缘起的差别，如上所说，本论区分了实法与假法。如五位法中，识法、心所法、色法是实法，有种子，可说是阿赖耶识缘起，也是依他缘起；而假法，如心不相应行法，是依识法、心所法、色法三位假立，没有种子，不能说是依阿赖耶识缘起，但是依他缘起。

（二）依阿赖耶识缘起

《楞伽经》《中边分别论》《庄严论》《摄论》都说阿赖耶识生起能取所取一切法，故其缘起观，都属依阿赖耶识缘起。

1.《楞伽经》

《楞伽经》说阿赖耶识现起能取和所取。二取的种类，如前所说，所取是根身（包括净色根与浮尘根），及器世间；能取是"意""取""分别"，即前七转识。"一切皆是藏识影像，所取能取二种相现。"（卷二）故二取都是阿赖耶识的影像，都由阿赖耶识现起。

本经的缘起观，除阿赖耶识缘起观外，似乎还有随顺先前教法的依他缘起观。如"蕴、界、处，离我我所，唯共积聚爱业绳缚，互为缘起，无能作者"（卷二），即五蕴、十二处、十八界，由众生贪爱的共同业力，互相作缘而生起。又如"身形及诸根，皆以八物成"（卷六），即根身由四大种与色、香、味、触而成。

但本经的根本观点是自心现起一切法——蕴、处、界及根身等，根本上说属二取，"一切皆是藏识境界"（卷一）。所以，本经的缘起观最终可说是阿赖耶识缘起。

2.《中边分别论》与《庄严论》

此二论对缘起观的论述，比较简单，所以合在一起说。

真谛译的《中边分别论》说："尘根我及识，本识生似彼。"（卷上）即阿赖耶识（"本识"）生起"尘"（五境）、"根"（五根）、"我"（第七识）和"识"（前六识），故色法与前七识都由阿赖耶识生起（"生似彼"）。（玄奘译的《辩中边论》属三能变缘起，详见下文。）

《庄严论》说："能取及所取，此二唯心光。"（卷五）其中，"心谓阿梨耶识"（卷十二）。"光"，吕澂注：《唯识论》七译此句云，'许心似二现'，故'光'即'似现'之异译。"所以，二取都由阿赖耶识现起。二取的类别："所取相有三光，谓句光、义光、身光。能取相有三光，谓意光、受光、分别光，意谓一切时染污识，受谓五识身，分别谓意识。"（卷五）因此，所取相三光——句光、义光、身光，分别对应器世间、五尘、根身；能取相三光——意光、受光、分别光，分别对应第七识、前五识和第六识。所以，诸转识和一切色法都由阿赖耶识现起。

所以，此二论的缘起观，也属阿赖耶识缘起观。

3.《摄大乘论》

本论对阿赖耶识缘起，有较充分的论述。首先，本论的一切法，就是由阿赖耶识生起的十一识，此十一识在阿赖耶识中都有自己的种子。如《摄论》说："此中何者依他起相？谓阿赖耶识为种子，虚妄分别所摄诸识。"（卷中）此处"诸识"共十一识，"此中身，身者，受者识，应知即是眼等六内界。彼所受识，应知即是色等六外界。彼能受识，应知即是眼等六识界。其余诸识，应知是此诸识差别。"（卷中）所以，十一识主要是六根、六境、诸转识，及在前三者基础上形成的诸法。

"如此诸识，皆是虚妄分别所摄，唯识为性。"（卷中）所以，根、境、转识等十一识一切法，都属虚妄分别；因为都由阿赖耶识中的种子生起，所以都以（阿赖耶）识为性。

其次，本论对依他起性的定义是："从自熏习种子所生，依他缘起故名依他起；生刹那后无有功能自然住故，名依他起。"（卷中）所以，依他起性有两个条件，一是依自种，二是由他力缘起。

由此来看本论的缘起观。本论说缘起，先说有两种缘起："一者分别自性缘起，二者分别爱非爱缘起。此中依止阿赖耶识诸法生起，是名分别自性缘起，以能分别种种自性为缘性故。复有十二支缘起，是名分别爱非爱缘起，以于善趣恶趣能分别爱非爱种种自体为缘性故。"（卷上）所以，第一种缘起——分别自性缘起，就是一切法依止阿赖耶识而生起，实际上就是说，一切法由阿赖耶识中的自种（依他缘）而生起。此缘起完全符合本论上述依他起性定义。第二种缘起——分别爱非爱缘起，这是传统的十二支缘起，似乎与本论的依他起性定义不相干，但实际上，在本论的体系中，一切法就是十一识，十一识在阿赖耶识中都有自种，所以，传统的十二支，在本论中仍可归结为十一识，十二支都有自种，十二支的前支对后支都起增上缘作用，所以，十二支缘起，仍是由自种依他缘而生起。

本论后又补充了第三种缘起，即受用缘起。世亲《摄论释》："六转识名受用缘起。"（卷二）所以，受用缘起就是六识的受用。受用缘起也完全符合上述依他起性定义，即六识有自种，能依六根，受用六境。

《摄论》三种缘起的相互关系：分别自性缘起指明了一切法（心法与色法、有情与非情）生起的原因；分别爱非爱缘起（或业感缘起）指明了有情轮回六道的原因，即有情因造善造恶的伦理活动而轮回；受用缘起指明了有情伦理活动的因缘，即有情因六识的认知活动进而产生伦理活动。因此，三种缘起中，第一种缘起是根本，而第一种缘起实际就是阿赖耶识缘起。

由此来看，本论的阿赖耶识缘起观与传统的依他缘起观相比，本论增加了依自种的条件，而一切法的自种在阿赖耶识中，所以，归根结底，一切法是依阿赖耶识缘起。

综上所说，阿赖耶识缘起，由《解深密经》和《瑜伽论》奠定基础，以《楞伽经》为开端，而至《摄论》为完备。

（三）依三能变缘起

但上述依阿赖耶识缘起，还是如前所说，有若干问题需解决，即假法没有种子、第八识不缘前七识，由此可说第八识不缘起一切法，即第八识不缘起假法，第八识现行不缘起前七识。进而发展出的三能变缘起，解决了此二问题。

三能变出自《唯识三十颂》："由假说我法，有种种相转。彼依识所变，此能变唯三。"此颂意谓，有情与非情有种种表现形态，这些表现形态都由识变现，能变现的识有三类，即第八识、第七识和前六识。

依三能变的缘起观，首先，在实法假法的缘起上，此缘起观认为，第八识缘起（即变现）根身和器世间等实法；前五识依第八识变现的器世间，各自缘起（变现）各自的所缘境（色声香味触），也是实法；第六识可缘起（变现）实法，也可缘起（变现）假法，如依色而成的长短方圆等形状。这样解决了假法生起的问题。

其次，在现行阿赖耶识不缘起（变现）前七识的问题上，此缘起观认为，前七识作为第二和第三能变，独立于第八识（第一能变），不由现行第八识缘起（变现）。三能变各自缘起

(变现)各自的所缘境,各各不同,所以是三能变。

再从《成论》的三自性定义来说,虽然其遍计所执自性的定义与《摄论》相同,能遍计(第六识和第七识)在所遍计(依他起性)上遍计的结果,就是遍计所执自性;但其依他起自性的定义是:"依他起自性,分别缘所生。"此定义从形式上看,与《解深密经》的定义有相似之处,都是"缘生",但不同的是,此定义说到了"分别"。《解深密经》依他起性定义中"缘生",是泛指一切缘;《成论》定义中,"分别缘所生","分别"就是心和心所,结合三能变来说,"分别"就是三能变,所以,《成论》的依他起性,是指三能变所生的一切法。由此进一步表明,第三阶段的缘起观是依三能变缘起。

(四)三种缘起总结

依他缘起,是佛教缘起论的最基本形态,在唯识论之前的缘起观都属依他缘起。《解深密经》与《瑜伽论》的缘起观主要是依他缘起,但此二经论对阿赖耶识的论述,为阿赖耶识缘起观奠定了基础。

依阿赖耶识缘起,在《楞伽经》《中边论》《庄严论》中,主要表现为阿赖耶识现起能取和所取,二取就是一切法;在《摄论》中表现为阿赖耶识生起十一识,十一识在阿赖耶识中都有自种。此阿赖耶识缘起说,是唯识论强化了自己的特色,唯识论以建立阿赖耶识为特色,阿赖耶识是根本识,故由此识生起一切法，似乎也是应有之义。

依三能变缘起，是依三类因（三能变）来说明缘起，而非如阿赖耶识缘起那样，只是依单一因（阿赖耶识）来说明缘起。此类缘起的实质，主要不是从种子生起一切法（因能变）来说缘起，而是从现行八识变现一切法（果能变）来说缘起，圆满解决了阿赖耶识缘起还需进一步说清的问题。

此三种缘起，虽然笼统地说，都可称为阿赖耶识缘起，因为《解深密经》和《瑜伽论》也都说到了阿赖耶识的作用，而三能变中的第二（第七识）、第三（前六识）能变也都由阿赖耶识中的种子生起，但如前分析，三者还是有若干重要的义理差异。

六、唯识修行观

唯识宗的修行，是佛教大乘修行，所以既有与佛教和一般大乘修行的理论和方法相同处，也有其独特处。

（一）唯识修行概说

1. 修行成就的保障

唯识宗依自宗特有的五种姓论，认为修行成就的保障是种姓，即要有大乘种姓和不定种姓，大乘修行才能成就；若缺此二种姓，不能证得佛果。

如《解深密经》说："若一向趣寂声闻种姓补特伽罗，虽蒙诸佛施设种种勇猛加行方便化导，终不能令当坐道场证得阿耨多罗三藐三菩提。何以故？由彼本来唯有下劣种姓故。"（卷二）所以定性声闻不能修成佛果。

又如《瑜伽论》说："安住种姓补特伽罗，种姓具足能为上首，证有余依及无余依二涅槃界……声闻种姓以声闻乘能般涅槃，独觉种姓以独觉乘能般涅槃，大乘种姓以无上乘能般内涅槃。"（卷三十八）所以，定性二乘只能修成二乘果，大乘种姓才能修成佛果。

《解深密经》又说："若回向菩提声闻种姓补特伽罗，我亦异门说为菩萨。"（卷二）所以，三乘不定种姓中的回向二乘，也能修成佛果。

2. 修行主体

止观修行要有一个主体，但此主体是什么？窥基在《义林章》中说："于大乘中，古德或说七识修道、八识修道，皆非正义，不可依据。若能观识，因唯第六。《瑜伽》第一云，能离欲是第六意识不共业故，通真俗三智。余不能起行总缘观理趣入真故。"（卷一）所以，说第七识或第八识修道的，都不是正确观点。在凡夫位（因位），修行的主体是第六识。

进一步说，第六识有善、恶、无记三性，修行主体无疑应是善性第六识，即与善心所相应的第六识。此外，第六识有相应心所，在止观修行中，与第六识相应的心所，除各种善心所，至少有五遍行心所、慧心所和寻、伺心所，所以，修行主体是善性的第六识心品（即包括各种心所的善性第六识）。

在各种心所中，最重要的是慧心所。窥基《义林章》说：

"能观唯识，以别境慧而为自体……若别显者，略有二位：一、因，二、果。因通三慧，唯有漏故，以闻思修所成之慧而为观体。此唯明利简择之性，非生得善。"（卷一）

所以，进一步说，能观的主体是与第六识相应的慧心所。因为就八识心王来说，第八识没有慧心所，前五识没有或只有作用极微弱的慧心所，第七识只缘第八识见分，所以，与此慧心所相应的只能是第六识。因此，第六识及其相应慧心所，是观的主体；而简略说时，可略而不说第六识，只说慧心所。

上述《义林章》引文又说，修行主体分因位和果位。因位，首先是凡夫位，此慧"通三慧"，即闻慧、思慧、修慧。此三慧是由听闻佛法、深入思考和记忆、依之修证而成。因位的三慧都是有漏，此有漏三慧是凡夫修出世间解脱的主体。

凡夫位后是十地菩萨位和佛位（果位）。佛位已无修行，十地修行的慧心所是无漏性的，包括根本无分别智和后得智，那么，此二智是什么关系？五地后根本智与后得智能同时生起，那是否意味着同时有两个无漏慧心所生起？

《成论》说："缘真如故是无分别，缘余境故后得智摄。其体是一，随用分二。"（卷十）由此可见，根本智与后得智的"体是一"，只是就作用来说，分为二智。所以，实际上就是一个无漏慧心所，在缘真如时，此无漏慧称为根本智；在缘一切有为法时，此无漏慧称为后得智。最难的是，此无漏慧同时缘无为真如和诸有为法，这称为根本智与后得智同时生起，"其体是一"，即仍是那个无漏慧，所以，《成论》称二智最初同时现行的五地为"极难胜地","真俗两智,行相互违,合令相应,极难胜故"(卷九)。

而有的经论说修行主体是寻、伺心所,如修行可分为有寻有伺、无寻唯伺、无寻无伺,实际上,寻、伺心所是依思、慧心所假立,《成唯识论义蕴》说:寻、伺"并用思、慧一分为体"(卷七)。所以,寻、伺的体就是慧心所,这样,说修行主体是寻、伺心所,又是一种简略的说法,或依一定需要的说法。

修行要始终保持那个对主体意识的自觉性。有那个主体意识,就在修道;没有那个主体意识,就在放逸,乃至在作恶。进而,有那个主体意识,就能静中、动中时时检点自己的身口意三业;没有那个主体意识,就会忽冷忽热,保持不了精进状态。

而保持主体意识,实际就是作意。此作意不是五遍行心所中的作意心所,而是指一种心理努力的状态,相当于现代说的意志力,或者说意愿。佛教中谈作意的很多,如大乘修行要保持大乘作意,即要保持自利利他的意愿,不能只有自利的意愿;要保持追求菩提果的意愿,不能追求速证无余依涅槃的意愿,如《解深密经》所说的"不舍阿耨多罗三藐三菩提愿"(卷三)。

修行中要保持主体意识,在禅宗来说,就是要提起主人公,只是那个主人公,禅宗认为是真心(自性、佛性)在起作用[1];而唯识认为,凡夫位的修行主体,只能是有漏的第六识及

---

[1] 如《天如惟则禅师语录》卷三:"只是你日用常行见成受用底,强而名之唤作自性天真佛,又唤作自己主人公。"《聚云吹万真禅师语录》卷上:"参得自性,念佛底主人公。"

慧心所等，无漏心在凡夫位是不会起作用的。

3. 修行的一般途径

佛教修行的一般途径是闻思修。如《胜天王般若波罗蜜经》说："闻思修慧，通达般若波罗蜜。"（卷二）其中，"般若波罗蜜"，也就是唯识论所说的根本无分别智。

所谓闻思修，闻就是听闻佛法，包括佛教教理和修行方法；思就是对所听闻的佛法，如理思维，正确把握，牢记不忘；修就是依闻思的佛法修行，修行的基本方法是止观。

此过程，如《解深密经》所说："如我为诸菩萨所说法假安立，所谓契经……菩萨于此善听，善受，言善通利，意善寻思，见善通达。即于如所善思惟法，独处空闲，作意思惟。复即于此能思惟心，内心相续，作意思惟，如是正行，多安住故，起身轻安，及心轻安，是名奢摩他。"（卷三）

4. 唯识修行的基础方法

无著的《六门教授习定论》说了三种修行所缘境："一、外缘，二、上缘，三、内缘。外缘谓白骨等观所现影像，是初学境界。上缘谓未至定缘静等相。内缘谓从其意言所现之相为所缘境。"

此三种所缘境就是三种修习方法，或者说，是唯识宗修行的三阶段。第一种是"白骨等观"，也就是五停心观（不净观、慈悲观、缘起观、界差别观、数息观），这是第一阶段的修行。第二种是"未至定缘静等相"，也就是从未至定开始的四禅四无色定，这是第二阶段的修行。第三种是观一切法都是意言境，这是第三阶段的修行。

三种方法中，五停心观是小乘的基本修行方法；四禅四无色定不但是小乘的也是外道的基本方法，外道修至四禅或四无色定就认为已证得解脱，已证涅槃；第三种是唯识特有的观法，即唯识观。

就唯识修行三阶段来说，第一阶段修五停心观，是为证得四禅等；第二阶段修四禅等圆满，是要以此为基础，修第三阶段的唯识观；第三阶段修唯识观，是为了见道。见道后还有修道位的修行，直至成佛。

因此，上述第一、第二种方法是唯识修行的基础方法，而此两种方法，小乘经典中有详尽论述，如修四禅四无色定的方法是"六行观"，即观下地苦、粗、障，观上地净、妙、离。

总有人说唯识宗只谈教理，不谈修行，实际上，这些基础方法，小乘已讲得详尽而清楚，本不必多说，只要照之修行即可，就如大学阶段学习微积分，不会再去讲解小学的加减乘除四则运算，也不会再去讲解中学的代数、几何。而唯识观涉及唯识教理，不清楚唯识教理就无法修行，所以唯识论详尽讨论的是唯识教理。

唯识观也就是唯识宗见道方法，以下重点讨论。

（二）唯识见道方法

唯识见道方法，通常说得最多的是四寻思四如实智。论述此法的相关唯识典籍有：《瑜伽论》、《显扬论》、《摄论》、《集论》（包括《杂集论》）、《成论》。其中，《显扬论》的说法，同

《瑜伽论》；《集论》的说法，同《摄论》。

《瑜伽论》的见道方法（四寻思四如实智），实际上可追溯到《解深密经》的见道方法，虽然《解深密经》的方法名称不是四寻思四如实智，但本质上有相通之处。

《成论》虽不属根本唯识论，但此论是《三十颂》的展开，且此论的四寻思如实智有总结的性质，故一并考察。

此外，窥基法师的五重唯识观，也是人们常说的唯识修行见道方法，本文也将此见道方法一并加以比较。

现先将上述主要经论的见道方法列表如下。

表　唯识经论见道方法比较

	名　称	内　涵	依名言、离言两分法见道	依三自性见道
解深密经	缘总法止观（由真如作意）	若于其名及名自性，乃至于界及界自性无所得，亦不观彼所依之相。	遣（名言）诸法及诸法名言自性。不观离言法性。（证离言法性）	
解深密经	总空性相	远离遍计，于此（名言依他、圆成）都无所得。		断（除）遍计所执（性），遣（名言）依他、圆成。（证离言法性）
瑜伽师地论	四寻思四如实智	名：增益执。事：性离言说。自性：似显现。差别：可说性非有性，离言说性非无性。	破增益执与损减执。（证离言自性）	

续表

	名称	内涵	依名言、离言两分法见道	依三自性见道
摄大乘论	四寻思四如实智	名义自性差别皆不可得。悟入唯有识性。		断（除）遍计所执（性）。证世俗唯识性（一切法即是识）。（证胜义唯识性）
成唯识论	四寻思四如实智	寻思名义自性差别假有实无。遍知此四离识及识非有。		遣所取能取。证世俗唯识性（一切法不离识）。（证胜义唯识性）
大乘法苑义林章	五重唯识	1. 遣虚存实：遣遍计（虚），存依他、圆成（实）。证离言法性。 2. 舍滥留纯：舍外境留内境。 3. 摄末归本：观相分、见分由自证分起。 4. 隐劣显胜：观心所依心王起。 5. 遣相证性：遣依他证圆成。		1. 观空有。观一切法不离识。 2. 观境心。观境通内外，唯识依心不依境。 3. 观用体。观相见是用，自证是体。唯识依体不依用。 4. 观所王。观唯识依王不依所。 5. 观事理。观唯识依理不依事。

由上表可知，见道方法有两大类：一是依名言、离言两分法来论述见道，如《解深密经》的缘总法止观、《瑜伽论》的四寻思四如实智；二是依三自性来论述见道，如《摄论》和《成论》的四寻思四如实智。此外，《解深密经》的总空性相，形式上是依三自性，实质上还是依名言、离言两分法。

依名言、离言两分法类见道方法，主要是将一切法分为名言境（名言诸法及诸法名言自性）与离言法性（或离言自性，下同，据《瑜伽论》，包括真如与唯事）。见道就是遣（断）名言境，证离言法性。

依三自性类见道方法，一般的表述是：断（除）遍计所执（性），证圆成实性，即断了遍计所执，自然除了遍计所执性，从而证得圆成实性。但此过程中，实际还涉及断我执、法执二执，断烦恼障、所知障二障，遣所取、能取二取等。

诸经论见道方法，与各经论的唯识教理背景有关。此外，这些方法，除不同处外，相互间也有相似处，即都可用断染证净来表述。依名言、离言两分法见道就是：断名言境染法，证离言法性净法。依三自性见道就是：断（除）遍计所执（性）染法，证圆成实性净法；或者，更广义地说，断一切有漏染法，证一切无漏净法。

1. 依名言、离言两分法类见道方法

如上所说，属此类见道方法的，有《解深密经》缘总法止观、《瑜伽论》四寻思四如实智等。

（1）《解深密经》的缘总法止观

缘总法止观通加行位、见道位、修道位。加行位的缘总法止观，是由真如作意，本经对其定义是："由真如作意，除遣法相及与义相。若于其名及名自性无所得时，亦不观彼所依之相，如是除遣。如于其名，于句于文，于一切义，当知亦尔；乃至于界及界自性无所得时，亦不观彼所依之相，如是除遣。"

(卷三)

此法中，从"名"至"界"，指安立了名言的一切法，可称名言诸法；从"名自性"至"界自性"，指诸法名言自性。"除遣法相及与义相"，就是除遣名言诸法及诸法名言自性，至"无所得"。进而，名言诸法及其名言自性，所依是离言法性，因为诸法依离言法性安立名称。据《瑜伽论》，离言法性（离言自性）包括真如与唯事，由此推断，依真如可安立无为法，依唯事可安立有为法。而"不观彼所依之相"，就是不观离言法性。

执实有名言诸法及诸法名言自性，是增益执，因为离言自性本无名，也无名言自性；遣除名言诸法及其名言自性，即破增益执。不观离言自性，即破损减执，因为离言自性是有，无需破也无法破，只是在加行位中暂时不观。此不观正是见道后所证，即见道后所证是离言法性，如果细致地说，是在见道位证真如（圆成实性），在修道位证唯事（离言依他起性）。但由于缘总法止观不是依三自性说，而是依名言、离言两分法说，所以不再区分圆成实性和离言依他起性，而是总说见道后证离言法性。

（2）《瑜伽论》的四寻思四如实智

《瑜伽论》的见道方法是四寻思四如实智。《瑜伽论》对四寻思说得较为简单，四如实智则能体现其内涵的根本特征。

首先，关于名寻思所引如实智，《瑜伽论》说："谓诸菩萨，于名寻思唯有名已，即于此名如实了知，谓如是名，为如是义，于事假立，为令世间起想起见起言说故。若于一切色等想事，不假建立色等名者，无有能于色等想事起色等想；若无有想，则无有能起增益执；若无有执，则无言说。若能如是如实了知，是名名寻思所引如实智。"（卷三十六）

因此，名寻思所引如实智的要点是：名是为表示义，而在事上假立。所以名对事是增益，执着名实有是增益执，如实智是破增益执。

若对此作更深层次分析，本论《摄决择分·真实义品》抉择五法、三自性。若据"相、名、分别"五法体系分析，名是在相上安立，所以是对相的增益。进而，名是增益，由名而来的名言自性，更是增益。若三自性分析，《瑜伽论》中，名是依他起性，名言自性是遍计所执性。但在名言、离言两分法中，无论是依他起性名，还是遍计所执性名言自性，都是增益；执着名和名自性实有，就是增益执（依他起性也是幻有，不是实有），是名寻思所引如实智之所破。

其次，关于事寻思所引如实智，《瑜伽论》说："谓诸菩萨，于事寻思唯有事已，观见一切色等想事，性离言说，不可言说。若能如是如实了知，是名事寻思所引如实智。"（卷三十六）

这显然是在强调离言自性是有，即一切色等想事（人们认识的一切法），有其离言自性，若否定诸法离言自性存在，就是损减执，是事寻思所引如实智之所破。

关于自性假立寻思所引如实智，《瑜伽论》说："谓诸菩萨,于自性假立寻思唯有自性假立已,如实通达了知色等想事中所有自性假立,非彼事自性,而似彼事自性显现;又能了知彼事自性,犹如变化、影像、响应、光影、水月、焰、水、梦、幻,相似显现,而非彼体。若能如是如实了知最甚深义所行境界,是名自性假立寻思所引如实智。"(卷三十六)

由此可知,自性假立,实际"非彼事自性,而似彼事自性显现",因此也是增益执,是自性假立寻思所引如实智之所破。

最后,关于差别假立寻思所引如实智,《瑜伽论》说:"谓诸菩萨,于差别假立寻思唯有差别假立已,如实通达了知色等想事中差别假立不二之义。谓彼诸事,非有性,非无性。可言说性不成实故,非有性;离言说性实成立故,非无性。如是由胜义谛故,非有色,于中无有诸色法故;由世俗谛故,非无色,于中说有诸色法故。如有性无性、有色无色,如是有见无见等差别假立门,由如是道理,一切皆应了知。若能如是如实了知差别假立不二之义,是名差别假立寻思所引如实智。"(卷三十六)

由此可知,差别假立寻思所引如实智是说:就有性、无性而言,诸事没有名言自性(即"可言说性"),但有离言自性(即"离言说性"),因此,差别假立的有性、无性不二。同样,就有色、无色来说,胜义谛中无色,世俗谛中有色,因此,差别假立的有色、无色也是不二。显然,这是双破增益执和损减执。

综上所述，《瑜伽论》的四寻思四如实智的特点是：从名言境与离言法性两分法的角度，双破增益执与损减执。即名言境（名和名言自性）是无，是要破的，否则就是增益执；而真实存在的离言自性是有，不能否定，否则就是损减执。

（3）《深密》缘总法止观与《瑜伽》四寻思四如实智比较

A. 两者都将一切法分为名言境与离言法性（离言自性）。名言境包括名言诸法（包括名）及诸法名言自性，离言法性包括真如与唯事。见道修行，需除遣名言境，不观离言法性；而见道后所证即是离言法性。

《瑜伽论》的四寻思四如实智，是在《本地分·真实义品》中所说，名言境、离言法性虽可与三自性相对照，但《本地分·真实义品》完全没说到三自性，要到《摄决择分·真实义品》才说了五法与三自性，所以，《瑜伽论》的四寻思四如实智，是以名言境与离言自性来论述见道，与其后（如《摄论》《成论》）的四寻思四如实智不同，而与《解深密经》的缘总法止观相似。

B. 两者都是双破增益执与损减执。缘总法止观的见道修行，包括所遣与不观，即遣名言境、不观离言法性。遣名言境是破增益执，不观离言法性是破损减执（即离言法是有，并非无）。四寻思四如实智，就是对名、事、自性、差别寻思并如实了知，其中，名和自性寻思如实智是破增益执，事寻思如实智是破损减执，差别寻思如实智则是双破增益执和损减执。

C. 就断染证净来说，名言境是染法，离言法性是净法，此二见道方法断名言境、证离言法性,就是断染证净。

D. 此二法由于不是以三自性来论述见道方法,所以不谈破遍计所执性,而是破增益执与损减执,虽然本质上所破的增益执相当于三自性的遍计所执性。

2. 依三自性论述见道方法

此类见道方法,包括《解深密经》的总空性相、《摄论》及《成论》的四寻思四如实智等。

（1）《解深密经》的总空性相

本经对总空性相的定义是:"若于依他起相及圆成实相中,一切品类杂染清净遍计所执相毕竟远离性,及于此中都无所得,如是名为于大乘中总空性相。"（卷三）

此定义中,遍计所执性是在依他起相和圆成实相上生起,说的都是三自性的名相,但仔细分析,本经的遍计所执性是名言自性。由此可知,能生起遍计的依他、圆成,是名言依他与名言圆成（有漏识不缘离言圆成和离言依他）,如本经另一处说:"由遍计所执自性相故,彼诸有情于依他起自性及圆成实自性中,随起言说。"（卷二）"遍计所执相毕竟远离性",是除遍计,即除名言自性;"于此中都无所得",是遣名言依他与名言圆成（详见《解深密经直解》的相关"评析"）。此定义没有说所证,但由前说可推知,总空性相的所证仍是离言法性（包括离言圆成与离言依他）。

由此可知,总空性相虽是依三自性论述见道方法,包括所破是遍计所执,但实际上,此法与依名言、离言两分法的缘总法止观有着更多相似性，即所遭实际上也都是名言境，所证都是离言法性。这与其他唯识经论所说的三自性见道有所差异，其原因有多方面，这里先就总空性相的定义说一个原因。

上述定义中，遍计是在依他和圆成上生起，那样的话，圆成只能是名言圆成。此名言圆成是依所证的胜义离言圆成而起，对此名言圆成执着，就生起遍计所执性。同样，依他也只是名言依他，而不是离言依他。因此，总空性相虽依三自性说见道方法，但最终还是与缘总法止观殊途同归。而其他经论的三自性论中，遍计只依依他而起，不说依圆成而起。这样的依他，可以不是名言依他，遍计所执性也可以不是名言自性，这样就不依名言、离言两分法来说见道，而是纯粹依三自性来说见道，详见下文。

（2）《摄论》的四寻思四如实智

《摄论》对四寻思四如实智的定义是："由闻熏习种类如理作意所摄似法似义有见意言；由四寻思，谓由名、义、自性、差别假立寻思；及由四种如实遍智，谓由名、事、自性、差别假立如实遍智，如是皆同不可得故。以诸菩萨如是如实为入唯识勤修加行，即于似文似义意言，推求文名唯是意言，推求依此文名之义亦唯意言，推求名义自性差别唯是假立。若时证得唯有意言，尔时证知若名、若义、自性、差别皆是假立，自性差别义相无故，同不可得。由四寻思及由四种如实遍智，于此似文似义意言，便能悟入唯有识性。"（卷中）

由此可见，《摄论》四寻思四如实智，最终得出的结论是名、义、自性、差别四法"皆同不可得",所证是"悟入唯有识性"。

《摄论》与《瑜伽论》的见道方法,名称都是四寻思四如实智,但两者含义有很大不同。

首先,《摄论》将《瑜伽论》的"事寻思"改成了"义寻思",而"名寻思"与"义寻思"的含义,就是推求名与义"唯是意言",即名与义只是意识的寻思,只是意识的分别,或者说,只是意识的构建。至于四如实智中的"事如实智",《摄论》的名称没有变化,但四如实智含义总说为"若名、若义、自性、差别皆是假立",所以,"事"也就是"义",最后也"皆同不可得"。这样,《摄论》的四寻思四如实智,所破的是三自性中的遍计所执性,在增益、损减二执中,属增益执,而不说破损减执。

而《瑜伽论》的四寻思四如实智,其事如实智,是要"观见一切色等想事,性离言说,不可言说"。其差别假立如实智,更是要观见"彼诸事,非有性,非无性。可言说性不成实故,非有性;离言说性实成立故,非无性",所以与《摄论》不同。《瑜伽论》的四寻思四如实智,是要破名言境,证离言自性,是双破增益执与损减执。

两论四寻思四如实智差异的根源在于:四寻思四如实智都是观名、事(义)、自性、差别,但此四法所指向的一切法,两论不同。

《瑜伽论》所说的见道时的一切法体系,是名言境与离言法性，此两分法，实际又是建立在"相、名、分别、正智、真如"五法体系上。就染法来说，实际是由分别（心与心所）在相上安立名，就有了名言诸法及诸法名言自性。而离言真如（及离言依他起相），由正智所证。这样，四寻思四如实智就是观诸法的名、事、自性、差别，双破增益执与损减执，证离言自性。

《摄论》的一切法体系，是由第八识现起的十一识。四寻思四如实智在十一识上观其名、义、自性、差别，皆不可得。因此，十一识是依他起性，名等四法是遍计所执性，四寻思四如实智所破是遍计所执性，相当于破增益执。

另一方面，就三自性来说，唯识论认为，依他起性和圆成实性是有，如否认此有，也是损减执，但这是见地上的破损减执；在修行上，加行位所修的是破遍计所执性而入见道位，所以不说破损减执。这是依三自性见道与依名言、离言两分法见道差异的根源。

最后，就所证来说，证世俗唯识性，《摄论》说的"悟入唯有识性"，是悟入"一切法即是识"，这与第三阶段《成论》所证的"一切不离识"不同。但证胜义唯识性时，两者所证都是真如，所以是一致的。

（3）《成论》的四寻思四如实智

《成论》对四寻思四如实智的定义是："四寻思者，寻思名、义、自性、差别，假有实无。如实遍知此四离识及识非有，名如实智。"（卷九）

因此，四寻思四如实智的含义：一是寻思和遍知（所缘的）名、义、自性、差别是假有实无，实质是离识非有，二是遍知识也非有。前者所破是遍计所执性，所证是一切不离识，这是证世俗唯识性。后者是遣依他起性，证胜义唯识性，即证真如。

相比《瑜伽论》和《摄论》，《成论》的四寻思四如实智有其特点。

A. 四寻思四如实智具体名称的演变

四寻思四如实智的具体所指，在《瑜伽论》中，是名、事、自性、差别；《摄论》中，是名、义（事）、自性、差别，即四寻思中是义寻思，四如实智中是事如实智；《成论》中，是名、义、自性、差别。此名称变化的根本原因，如上所说，是从依名言、离言两分法见道向依三自性见道的转变，《摄论》已作出了此种转变，但在名称上还一定程度与此前《瑜伽论》的名称衔接；《成论》则彻底转变了名称。

B. 四寻思四如实智与遣二取

见道是一无所得，所以一般唯识经典在修证层面上，都说要遣所取和能取。而《成论》的特点是将四寻思四如实智与遣所取能取结合在一起："依明得定，发下寻思，观无所取，立为暖位……依明增定，发上寻思，观无所取，立为顶位……依印顺定，发下如实智，于无所取，决定印持；无能取中，亦顺乐忍……依无间定，发上如实智，印二取空，立世第一法。"（卷九）大体就是：四寻思遣所取境，四如实智遣能取识，一无所得而见道。

唯识经典中，《解深密经》没有遣二取的论述。《瑜伽论》中，《本地分》《摄决择分》都没说遣所取能取，但到八十卷后说了遣所取能取："又于所取观察故，于能取言说自性毕竟远离……此中彼如实通达者，谓观察所取能取二种，如理作意思惟为因，各别内证决定智生。"（卷八十）因此，《瑜伽论》中，遣二取不是重要内容。究其原因，上述两部经论，其见道方法是依名言、离言两分法。

《摄论》说了二取。《摄论》中，由阿赖耶识现起的十一识，包括相识（被认识对象）与见识（认识主体，即诸转识），相当于所取和能取。十一识都是依他起性，所以相识与见识，或所取和能取，都是依他起性。

《摄论》还说了遣所取与能取的次第。《摄论》引《分别瑜伽论》的颂："如是住内心，知所取非有，次能取亦无，后触无所得。"（卷中）即先遣所取境，再遣能取识，后证无所得（见道位）。即实际修观时，所取境是由能观识来观，所以先遣所取境；进而，能取识也需遣，这样才能一无所得而证真如圆成实性。

《成论》是承继《摄论》的遣二取观，只是《成论》将遣二取结合到了四寻思四如实智中，成了四寻思四如实智的内在步骤，而《摄论》说遣二取，是在四寻思四如实智之外说的。

C. 断遍计所执与断二障

二执（我执与法执）与二障（烦恼障与所知障）在《成

论》中有详尽展开。

遍计所执，包括能执与所执。能执是我执和法执，此二执是遍计所执，从三性说来，遍计所执是依他起性，因为是烦恼心所的现行活动。所执是实我实法，在三性中，实我实法属遍计所执性。（此外，若是能遍计与所遍计，依《摄论》，都是依他起性；只有能所遍计的结果，才是遍计所执性。）

如上所说，三自性见道，首要是除遍计所执性。那么，断烦恼障和所知障二障，与除遍计所执性是什么关系？

《成论》对二障有定义："烦恼障者，谓执遍计所执实我萨迦耶见而为上首百二十八根本烦恼，及彼等流诸随烦恼……所知障者，谓执遍计所执实法萨迦耶见而为上首见、疑、无明、爱、恚、慢等……七转识内，随其所应，或少或多，如烦恼说。"（卷九）

所以，烦恼障就是以人我见（我执）为首的根本烦恼和随烦恼；所知障是以法我见（法执）为首的烦恼，数量与烦恼障相同。由此可知，我执、法执二执是烦恼障、所知障二障的根本。

《成唯识论别抄》说："断惑自有二种：一者除本，末自然亡。如论所明，断二执时，余障随灭。二从浅向深，先粗后细。如异生断及那含不，先断迷事，后断二执。各据一义，亦不相违……又解：修惑本末不定。若见断者，先本断，末随。"（卷一）

所以，断二执是断本，断二障是断末。断二执（我执法执),同时也除遍计所执性（实我实法）。见道是先断本（二执），再断末（二障）。修道位则不定，两种情况都有。

因此，三自性见道时，说除遍计所执性证圆成实性，实际上包含了断二执、二障等染依他。

D. 断染证净

如上所说，依名言、离言两分法见道与依三自性见道，共同的说法是断染证净。

在依名言、离言见道中，所断染分就是名言境，包括名言诸法及诸法名言自性；所证净法是离言法性（或离言自性）。

在依三自性见道中，染法包括遍计所执性与染分依他起性，如《成唯识论了义灯》说："断染依他，证真如理。"（卷六）

《摄论》对转依作了总结："转依，谓即依他起性对治起时，转舍杂染分，转得清净分。"（卷下）"此中生死，谓依他起性杂染分；涅槃，谓依他起性清净分。"（卷下）"于依他起自性中，遍计所执自性是杂染分，圆成实自性是清净分。"（卷中）所以，杂染分包括遍计所执性和染分依他起性，二执、二障，都属染分依他起性。

进而，《成论》说："有漏善心既称杂染，如恶心等，性非无漏。"（卷二）所以，更广义地说，杂染包括一切有漏法，转依就是转舍有漏法，转得无漏法。

（4）五重唯识观[1]

A. 五重唯识观的内涵

窥基法师的"五重唯识"，出现在《义林章》第一卷和《般若波罗蜜多心经幽赞》（以下简称《心经幽赞》）卷上，两论所说，大体相同，但也稍有差异。

首先是名称，《心经幽赞》说："今详圣教所说唯识，虽无量种不过五重。"《义林章》说："所观唯识，以一切法而为自体，通观有无为唯识故，略有五重。"两论都说唯识有五重，因此，五重唯识就是说唯识有五种类别，或者说，五重唯识就是从五方面观唯识之理。由此可见，作为观法，五重唯识属理观。

关于第一遣虚存实，两论相同的说法是：1. 基本含义。"虚"指遍计所执性，"实"指依他起性和圆成实性。"遣"指空观，即观遍计所执性为空；"存"指有观，即观依他起性和圆成实性是有。2. 观行所证。两论都说，"遣虚存实"是为证入离言法性："故欲证入离言法性，皆须依此方便而入。"离言法性本非空非有，但观空可证入，而离言法性之体不空。3. 遣实有诸识。"此唯识言，既遮所执，若执实有诸识可唯，既是所执，亦应除遣。"即"唯识"之说，就是要破遍计所执，若执实有诸识，也属遍计所执性，也应除遣。最后，就所观唯

---

[1] 此段文字为《〈解深密经〉的唯识义——暨论根本唯识论三阶段》一文的附录，该文发表于《唯识研究》（第四辑），中国社会科学出版社，2016年。本文对其作了较大修改。

识之理来说，此观是观一切法唯识，如《义林章》引《成论》文："如是诸法皆不离识，总立识名。唯言但遮愚夫所执定离诸识实有色等。"

此外，两论相互所无的说法有二：1.《心经幽赞》说："诸处所言一切唯识、二谛、三性、三无性、三解脱门、三无生忍、四悉檀、四嗢拕南、四寻思四如实智、五忍观等，皆此观摄。"（卷上）由此可见，四寻思四如实智，都属五重唯识的第一"遣虚存实（识）"。2.《义林章》说："此最初门所观唯识，于一切位思量修证。"（卷一）其中的"一切位"，释真兴《唯识义》说，"意云此最初观，地前位中思量，地上位中修行，于究竟位证之"（卷一），即此第一"遣虚存实"观，包括资粮位、加行位、见道位、修道位、究竟位五位。

综上所述，可得出以下结论。首先，第一"遣虚存实"涵盖资粮位等五位，所以是总观。其次，就五重唯识与四寻思四如实智的关系来说，并非五重唯识对应四寻思四如实智，而是第一"遣虚存实"就包含四寻思四如实智。再次，第一"遣虚存实"，与根本唯识论三阶段中第一阶段的观念相似，即空观与有观遣增益执和损减执，由此能证入离言法性。最后，此观所观唯识是，观一切法唯识。

第二舍滥留纯，两论说法基本一致。"滥"指外境，"纯"指相分内境。所以，此观是舍外境而留（观）内境。此观遣外境，遣外境是所有唯识典籍的一致说法。"唯识无境"，首先肯定是无外境；至于内境是有是无（即是依他还是遍计），唯识论中虽有不同说法，但在窥基那里，内境肯定是有。

此观所观唯识是，唯识依心不依境，因为境通内外，外境属遍计所执性，"恐滥外故，但言唯识"。

第三摄末归本，其中的"末"与"本"，两论都说，"摄相、见末，归识本故"，所以，"末"是指相分与见分，"本"是指"识本"，即识自体。所以，此观是观相分和见分由识自体（自证分）而起，如《义林章》说："此见、相分俱依识有，离识自体本，末法必无故。"（卷一）

此观所观唯识是，唯识依体不依用，因为相分和见分是用，自证分是体，用依体起。

第四隐劣显胜，两论所说也基本相同，如《义林章》说："心王体殊胜，心所劣依胜生，隐劣不彰，唯显胜法。"（卷一）所以，此观是隐心所而观心王。

此观所观唯识是，唯识依心王不依心所，因为心所依心王而起。

第五遣相证性，两论所说也基本相同。"相"指事，即依他起性；"性"指理，即圆成实性。所以，此观是遣依他而证圆成。

此观所观唯识是，唯识依理不依事，因为理（圆成实性）是事（依他起性）的本性。

B. 对五重唯识观的误读

对此五重唯识，有这样的说法：第一观是遣外境，第二观是遣相分，第三观是遣见分，第四观遣心所，第五观遣心王

（自证分）。这是一种似是而非的说法（笔者以前的文章也有如此说法），不是正确的解读。实际上，这是将五重唯识作为事观了，出现的主要问题如下：

首先，第二"舍滥留纯"，已明确第二观的舍与留，即舍的就是外境，留的就是内境，所以，舍外境是第二观，不是第一观。

其次，第三观"摄末归本"，"末"是相分和见分。第三观不是遣相分，不是遣见分，甚至不是遣相分和见分。因为相分和见分必定同起同灭，所以不可能是先后单独被遣除。如果认为，第三观是同时遣相分和见分（而观自证分），至第五观再遣自证分（识自体），那样又会出现一个问题：相、见分与自证分，能否先后遣？实际不能，因为自证分与相、见分也是同时生起的，所以，遣也应同时遣，不可能先后遣。道理如下：种子生现行，就是一刹那。若先生起自证分，下一刹那再生起见、相分，但前一刹那自证分已成过去，过去是无，则不能变现当下的见、相分。所以，自证分生起，应同时生起（即变现）见、相分。就如五遍行心所应同时生起，不可能先后生起，因为识生起时，有一心所不生起，那么此心所就不是遍行心所（辩五遍行心所生起孰先孰后，只能是从功能辩逻辑上的先后，不可能是事实上的先后）。所以，"摄末"不能理解为"舍末"，第三观实际只是观相分和见分由自证分生起（变现），而不是遣相分和见分，观自证分，因为无法遣相分、见分，独留自证分。

同样，第四观"隐劣显胜"，也是如此，不能理解为遣心所，观心王。据理而言，心所依附心王，心王现行，心所也现行（至少有五遍行）；心王被遣，心所也不再现起。因此，心王、心所也不是先后遣。"隐劣显胜"，就是观心王胜，心所劣，心所依心王起。

而第五观"遣相证性"，也是广义地遣依他起性，即遣一切有为法，而不是单独遣自证分或心王，因为自证分不离相、见分，心王不离心所。

因此，五重唯识的意义，如《心经幽赞》说："如是所说空有、境心、用体、所王、事理五种，从粗至细，展转相推，唯识妙理，总摄一切。"（卷上）这就是说，五重唯识，是观空有（遍计空，依他、圆成有）、观境心（境和心）、观用体（相分和见分是用，自证分是体）、观所王（心所劣，心王胜）、观事理（依他是事，圆成是理），通过这五方面来观唯识。所以，作为观法，五重唯识可看作是理观。

C. 五重唯识与三阶段唯识观

进一步探究，第一遣虚存实，虽是遣遍计，存依他与圆成，但所证是"离言法性"，这可看作是与第一阶段《解深密经》和《瑜伽论》思想的会通。但对于第二阶段的"一切法即是识"，五重唯识中找不到踪影。吕澂《论庄严经论与唯识古学》说："又古学唯识非但见、相为识性，心所亦以识为性。"[1]

---

[1] 吕澂：《论庄严经论与唯识古学》，《吕澂佛学论著选集》卷1，齐鲁书社，1991年，第75页。

即第二阶段的唯识论（吕澂称《庄严论》等为古学唯识）认为，相分和见分，还有心所，都以识为性，"一切皆是识"。但五重唯识的第四观"隐劣显胜"，两论都说："心及心所俱能变现，但说唯心非唯心所。"即心王与心所都能变现相分和见分，这就不是将心所的独立性取消，说心所即是识，而是采取心所不离识的立场。同样，第三观"摄末归本"，两论都说："心内所取境界显然，内能取心作用亦尔。"这也不是取消相分和见分的独立性，不是"即是识"的立场，而是"不离识"的立场。所以，在"一切法即是识"与"一切法不离识"的两种唯识观中，窥基明确持"一切法不离识"的唯识立场。

七、唯识如来藏观

（一）唯识系经典关于胜义谛的论述不同于如来藏系

根本唯识论中，直接论述如来藏的，主要是《楞伽经》和《庄严论》，但其他唯识经论论述了胜义谛的性质，可成为判别如来藏性质的基本原则。先看这些基本原则。

1.《解深密经》

本经说胜义谛相，既不同于般若系经，也不同于如来藏系经。关于其与如来藏系经的差异，前文已有论述，现再概述于下。如来藏系经认为，真如是一种独立的存在，真如（或真如与无明和合）可生起万法。如真谛另立第九识，说真如就是第九识。而本经说胜义谛相，有"超过诸法一异性相""遍一切一味相"（卷一）。如果真如（即胜义谛）是一种独立的法（如第九识），不同于诸法，则真如与一切法就是异，不是一，就不能说"超过诸法一异性相"；此外，如果真如是一种独立的存在物，那真如也不可能"遍一切一味相"，而是有独立相。所以，本经的胜义谛真如，不同于如来藏系的真如。

又如，本经说："修观行苾刍，通达一蕴真如胜义法无我性已，更不寻求各别余蕴、诸处、缘起、食、谛、界、念住、正断、神足、根、力、觉支、道支真如胜义法无我性；唯即随此真如胜义无二智为依止故，于遍一切一味相胜义谛审察趣证。"（卷一）换言之，就五蕴来说，五蕴都有真如，证得一蕴（如色蕴）真如，就更不寻求其余诸蕴真如，因为诸蕴真如是平等一味的。所以，那种认为真如就是第八识（或第八识的某一成分，或第八识的清净相），都不是唯识论的（正宗）观点，因为唯识论认为，真如普遍存在于一切法中，是一切法的本性，并不是只存在于第八识中。（至于《楞伽经》说如来藏是藏识，下文会再详细分辨。）

2.《大乘百法明门论》

本论说，无为法是"四所显示故"。"四"指识法、心所法、色法、心不相应行法，即一切有为法。无为法可通过有为法来证得，这就是"所显示"。这也就是说，真如是一切有为法的本性，并不只是某一法（如第八识）的本性。

综上所说，胜义谛真如，是一切（有为法）的本性。所以，那种认为真如是独立的存在或真如就是第八识的说法，都不是唯识论的观点。

(二)《楞伽经》的如来藏思想[1]

　　唯识系经，不但阐述自宗观点，也作会通其他系经的努力。如果说《解深密经》主要是会通般若系经，那么，《楞伽经》则是努力会通如来藏系经，而此会通的一个主要说法是："如来藏是藏识"。应该说，本经的核心思想是唯识无境，而非如来藏思想，所以本经可作为唯识系的根本经之一，但其如来藏思想对如来藏系也产生了相当影响。那么，如何依据唯识观点来理解本经的如来藏思想？结合玄奘一系的相关论述，可作以下说明。

　　1. 如来藏是真如。经中说："自证圣智，以如来藏而为境界。"（卷一）即如来藏是圣智（根本无分别智）所证境界，所以是真如，如经说："内证智所行，清净真我相；此即如来藏，非外道所知。"（卷七）经中也"以性空、实际、涅槃、不生、无相无愿等诸句义，说如来藏"（卷二）。

　　2. 如来藏是藏识。经中说："如来藏是善、不善因，能遍兴造一切趣生……无始虚伪恶习所熏，名为藏识。"（卷五）对此引文分析如下：

　　（1）经中说："而实未舍未转如来藏中藏识之名。"（卷五）由此可知，藏识是如来藏的一部分，藏识可舍可转，故是有漏

---

[1] 此段论文，是发表在《上海佛教》2017年第1期《楞伽经要义》中的部分内容，本文对其稍作修改。

识。经中又说，如来藏"其体相续恒注不断，本性清净，离无常过、离于我论"（卷五）。由此可知，如来藏的本质是真如。这样来看，如来藏藏识，表现为染污的藏识，本性是清净真如。

（2）所谓"如来藏是善、不善因，能遍兴造一切趣生"，这里应该是指有漏藏识能生起善、不善一切法。首先，藏识能起七识，能起根身、器世间等，"若无藏识，七识则灭"（卷五）；进而七识又造善造恶，生起善、不善一切法，所以，"善不善者，所谓八识"（卷五）。由此引文可知，"如来藏是善、不善因"，主要是从识一面来说的，即如来藏作为藏识，是善、不善因。

3. 如来藏藏识辨析。对如来藏藏识可作进一步分析：

（1）既然如来藏藏识是真如，又是藏识，那么，能否说真如就是藏识（即真如只是藏识，不是其他任何法）？按玄奘一系的唯识论来说，不能，因为与其他唯识经论相违。如上所引，《解深密经》说，证得一蕴真如，无需再证其他诸蕴真如；《百法论》说，"四所显示故"。所以真如并不只是藏识。

（2）既是藏识，为何名如来藏？窥基《义林章》的解释是："彼经意说，阿赖耶识能含净种，名之为藏；为当佛因，名如来藏……所含无漏净法种子，报身因故，名如来藏……此生现行圆满果位，名报化身。"（卷七）即只有藏识能含藏清净法的种子，此清净种是将来成佛之因，能成佛的报化身（法身是真如，不由种子而成），所以藏识称如来藏。

（3）"如来藏……无始虚伪恶习所熏，名为藏识。"（卷五）是否是说，如来藏中的清净真如受熏，如来藏成藏识？并非。《成论》说，无为法（真如），既不是能熏，也不是所熏。所以，"无始虚伪恶习所熏"，说的还是如来藏所表现出的有漏识，此有漏识能受熏，所以称藏识。

（4）本经说："何者圆成自性？谓离名相事相一切分别，自证圣智所行真如。大慧，此是圆成自性如来藏心。"（卷二）此处的如来藏心，在玄奘一系来看，不应理解为真如心，真如是无为法，心是有为法，两者不应混为一谈。按如来藏系经典，真如心的展开，是真心起用，即真如心能在凡夫位，当下现行作善作恶、作修行主体。但首先，本经中找不到真心起用的任何论述。其次，本经说的如来藏，是无我如来藏。经中说："大慧，我说如来藏，为摄着我诸外道众，令离妄见入三解脱，速得证于阿耨多罗三藐三菩提。是故诸佛说如来藏，不同外道所说之我。若欲离于外道见者，应知无我如来藏义。"（卷二）所以，按本经的说法，如来藏不是实我、真我。因此，本经说的如来藏心，仍应作如来藏藏识来理解，即经中说的"藏识说名心"（卷六）。

但既然藏识是有漏法，如何能作圆成自性？慧沼在《能显中边慧日论》中说了三类佛性，可作参考。三类佛性是理佛性、行佛性、秘密佛性。理佛性就是无为真如。行佛性就是各种有为的修行法，如六波罗蜜多等；本经说如来藏含清净法种子，也是从行佛性来说。秘密佛性，是方便说，如说"烦恼是菩提"，烦恼本身不是菩提，但断烦恼可证菩提，所以方便说"烦恼是菩提"；同样，本经说藏识是圆成自性，也是秘密说、方便说。

此外，经中说"虚妄所立法，及心性真如"（卷六），"分别不起故，真如心转依"（卷七），其中的"心性真如"或"真如心"，也都应作方便说来理解，或都是指如来藏藏识。

(5) 九识说。本经说："由虚妄分别，是则有识生，八九识种种，如海众波浪。"（卷六）由此，后世有立九识说。九识中，第八阿赖耶识为有漏染污识，第九为无漏清净识。但唯识论只立八识，对九识说，窥基《成论述记》指出："或以第八染、净别开，故言九识，非是依他识体有九，亦非体类别有九识。"（卷一）所以，就识体说，识只有八种，但将第八识染分（未成佛位）和净分（佛位）分开说，才有九识。

最后，就本经与如来藏系经的会通来说，本经的如来藏，有受熏义（即有漏藏识受熏），无能熏义，所以只受无明熏，不熏无明；有起七识、诸法等义，无能见闻觉知等义；无凡夫位当下现行作善作恶、作修行主体义。由此来看，本经会通的，似乎只是前期的《胜鬘经》等如来藏经，而不同于后来的《楞严经》等如来藏经。

再从对后来唯识论的影响来看，本经的唯识无境思想，为其后的唯识典籍一致接受；而本经的如来藏思想，只在《庄严论》中得到呼应，其后的唯识典籍，再也没有出现如来藏的说法。究其原因，本经的如来藏思想，确实包含了向以下方向引申的可能性：真如受熏，真如只是藏识，真如法身当下是现行（即当下是佛），如来藏心是一心两门（无漏真如与有漏藏识）现行，无漏心能当下作善作恶、作修行主体，等等。这大概是其他的唯识典籍不再提如来藏的原因。

回到"如来藏是藏识"这个说法上，本经的如来藏，既可指无漏法，如真如；也可指有漏法。在后一种情况下，如来藏是藏识，因为无漏法的种子依附于藏识而存在，而此无漏种子将来能证得如来果位，所以可称藏识为如来藏（即藏有如来种子之识）。

综上所说，本经的如来藏观，确实包含了被如来藏系引申的可能性，但唯识系则严格依据唯识基本原则来进行解释，即对"如来藏是藏识"，唯识系是依将来能成佛来解释（真谛等少数人除外），而不是像如来藏系那样从现在就是佛来解释。

结语：唯识思想的展开

唯识论由佛陀和弥勒、无著、世亲所说，也就是主要由见道后的圣者所说。圣者已见实相，对唯识思想的诸方面都有全面把握，但各部经论根据需要而展开唯识思想，所以诸经论的唯识思想各有侧重。总结诸经论的唯识思想，大体上有以下三个重点，相互关联，逐步展开，并呈现出不断简化和整合的演进趋势。

（一）离言法性

唯识之初，为破恶取空，《解深密经》提出离言法性、三自性、三时教法。离言法性是真实有，是圣者所证。三自性中，圆成实性和依他起性是有，不是无。由此，本经依离言法性和三自性破恶取空。进而，本经由三时教法，判"一切法无自性"的般若教法与唯识教法并不相违，但般若经的"一切法无自性"等教法是密意说，不是显了说，由此而显示唯识论是了义说。

（二）阿赖耶识缘起

然而，强调离言法性有、圆成实性和依他起性有，虽破了恶取空，但与小乘的诸法实有思想有什么区别？如色法，要是强调其有离言依他起性，那么，是否说色法是实有，色法是一种独立的存在？当然不是。《解深密经》说"识所缘，唯识所现"，《瑜伽论》将色法归入意地，都不将色法作为独立的存在。

而从《楞伽经》开始的阿赖耶识缘起论，更是强调了色法由心变现，不是独立的存在。具体说，阿赖耶识缘起，就是由阿赖耶识现起能取和所取二取，心法和色法都在二取范围内，所以都不是离识的独立存在。《中边论》和《庄严论》承继了《楞伽经》的阿赖耶识缘起论,只是关于缘起的二取种类有不同说法:《中边论》说是四种,《庄严论》说是六种。而二取是属于遍计所执性,还是属于依他起性,诸经论说法也有所不同。

《摄论》则提出阿赖耶识缘起十一识,十一识可分为见识与相识,相当于二取。十一识由阿赖耶识中的自种生起,所以是以(阿赖耶)识为性,或者更直截了当地说,十一识都是识。至此,唯识思想得到了强有力的表述。

(三)三自性唯识

《解深密经》提出离言法性,《瑜伽论》详说离言自性,但在阿赖耶识缘起思想明确后(参见本文"唯识缘起观"),诸唯识经论中,离言法性(或离言自性)不再说了,而三自性仍是唯识思想的重点。唯识论的根本思想是一切法唯识,三自性也代表了一切法,所以理论上应该说三自性也唯识,但真正使此命题成立的,是第三阶段的一切法不离识的唯识思想。

在第一阶段,三自性思想只是用来判别诸法之有无。第二阶段的唯识思想是一切法即是识,以《摄论》为例,一切法是十一识,包括心法、色法和部分心不相应行法,相当于三自性中的依他起性,因此,说一切法即是识,相当于依他起性即是识。但进一步要问的是:遍计所执性是否即是识?圆成实性是否即是识?

对此探讨以后可以发现，遍计所执性肯定不是识，因为遍计所执性是不存在的东西。圆成实性呢？如上所引，《解深密经》说，"通达一蕴真如胜义法无我性已，更不寻求各别余蕴……真如胜义法无我性"（卷一）；《百法论》说，无为法是"四所显示故"。所以真如存在于一切有为法中，并不只是存在于识法中，这样，圆成实性真如也不即是识。

由此可见，三自性唯识，如果表述为三自性即是识，会遭遇到一系列困难。即使依他起性（一切有为法），如果说都以阿赖耶识为性，那也如上所说，会遇到阿赖耶识没有假法种子和现行阿赖耶识不变现七转识的困难；而说三自性即是识，则更增遍计所执性和圆成实性不即是识的困难。

第三阶段的唯识思想是一切法不离识，由此来说三自性不离识，那么，此命题完全成立。如遍计所执性，《成论》说，"彼实我法离识所变皆定非有"（卷七），即实我实法（遍计所执性）也由识变现，具体说，是由第六识和第七识的遍计所执而产生，所以遍计所执性不离识。进而，"是故一切有为无为、若实若假，皆不离识"（卷七），所以，依他起性（"有为"）和圆成实性（"无为"）也不离识（道理如上所说）。这样，就达到了完全意义上的三自性唯识。

（四）根本唯识论的不断简化与整合的演进趋势

如上所说，根本唯识论三阶段，因各自的需要，而提出了各阶段的相关理论；但另一方面，三阶段唯识论也体现出了一种不断简化和整合的演进趋势。

唯识论的理论体系，如前所说，从《解深密经》开始，就是境、行、果体系。境，包括胜义谛与世俗谛，以及三自性与三无性。行，是闻思修，修则包括修止观、修波罗蜜多。果，就是证佛果。境、行、果中，行与果，唯识论各阶段的理论没有多大差别，差别主要在境。境中，胜义谛境，前后大体也相同，就是真如；世俗谛境，就是一切法，前后差别比较大，而唯识论之所以名相众多，令人眼花缭乱，极大部分原因就在于种种复杂的一切法体系。

在一切法体系上，唯识论经历了从共小乘法、共大乘法到自宗特有法这样一个不断简化与整合的过程。唯识论对一切法的论述，最终是要落实到一切法唯识的根本观点上，因此，这一简化和整合过程，实际正是为了能准确清晰地表达此唯识论的根本观点。

第一阶段中，《解深密经》和《瑜伽论》的一切法体系，既有共小乘的，如五蕴、十二处、十八界、六善巧、三十七道品等；也有共大乘的，如五法；更有唯识论自宗特有的一切法体系，如根本识及其执受和生起的色法和心法，还有三自性。

《楞伽经》的教理体系，简化成了"五法、三自性、八识"，其中，五法是对一切法的描述；三自性也是对一切法的描述；八识，最后归结到阿赖耶识变现能取和所取一切法，也是对一切法的描述。

虽然"五法、三自性、八识"是不共小乘的教法，但其中的五法，仍是共大乘的，《华严经》《般若经》等大乘经中都出现过五法体系。唯识思想，实际是大乘"一切皆心造"思想的展开和深化，五法体系可看作是从"一切皆心造"到唯识论过渡中所用的一种对一切法的描述体系。

第二阶段，一切法的体系更简化了，简化后的一切法体系中，共大乘的五法体系也不再用了。《中边论》《庄严论》《摄论》，都只是强调阿赖耶识变现一切法，不再把五法列入自己的理论体系中，只是在陈述和比较历史的理论体系时，会说到五法。这样，第二阶段的一切法体系就是三自性、八识。但在一切法即是识的强化唯识观中，三自性还不即是识，这样，实际上还不能说三自性唯识。

到了第三阶段，在三能变理论中，三自性不离识，由此就可说，三自性唯识。这样，三自性也纳入了唯识体系，而不再是一种独立的、与八识并列的一切法体系了。所以，这是一个不断简化的趋势，也在整合，把佛教史上关于一切法的学说整合为三能变，用三能变来说明一切法不离识的唯识观。

由此可见，根本唯识论三阶段的唯识思想，就是通过不断地简化与整合，直至最后，一切法唯识思想的表达趋于圆满。当然，如前所说，这只是在利益众生的弘法层面上的圆满，并非是圣者所证有圆满和不圆满之差别。

前　言

《真实义品》是《瑜伽师地论》（以下简称《瑜伽论》）中的重要篇章。《瑜伽论》是印度佛教瑜伽行派和中国唯识宗的极为重要的典籍，实际也是佛教所有教派的极为重要的典籍，因为本论阐述了佛教三乘的教理、修行方法和修行果位。《瑜伽论》有《本地分》《摄抉择分》等五部分，而《本地分》《摄抉择分》两分都有《真实义品》，专门阐述大乘瑜伽行派的重要教理和修行方法。以下对两分《真实义品》的理论背景和主要内容等作一简介。

一、《真实义品》的理论背景

中国佛教的唯识宗继承了印度佛教的瑜伽行派。印度佛教中观学派与瑜伽行派的"空有之争"，为佛学界所熟知，此处不赘。本文主要讨论瑜伽行派的教理是如何从"辨空有"到"成唯识"的。

"唯识"也称"一切法唯识"[1],但"一切法"[2]又是指什么,或者说,一切法体系有哪些?

从原始佛教到部派佛教,一切法体系主要是五蕴、十二处、十八界。大乘和瑜伽行派增加了一些新的一切法体系,如《楞伽经》说"五法三自性,八识二无我"[3],其中,五法、三自性、八识,就是该经的一切法体系,也是瑜伽行派主要的一切法体系。[4]而就"辨空有"和"成唯识"来说,"辨空有"都可依此三种一切法体系展开,"成唯识"则主要依八识体系展开。

瑜伽行派立宗,有佛经的依据。从瑜伽行派所依的《解深密经》和《楞伽经》等经典,可理清此宗从"辨空有"到"成唯识"的思想演变。

(一)"辨空有"(或"辨有无")

瑜伽行派"辨空有",主要是依三自性来辨,其次还依胜义、世俗二谛来辨,最后还可从五法和八识等来辨。下面举几部经论的例子。

---

[1] (陈)真谛译《大乘唯识论》,《大正藏》第31册,第72页。
[2] 此处讨论的"一切法",是指与精神现象和物质现象等相关的存在论的"一切法"。除此之外,佛典中的"一切法",还包括修行方法,如善巧、三十七道品等。
[3] (宋)宝臣《注大乘入楞伽经》卷第一,《大正藏》第39册,第435页。
[4] 瑜伽行派和唯识宗的"一切法"体系,除上述五法、三自性、八识外,还有大乘阿毗达磨一切法、阿赖耶识生二取、阿赖耶识生十一识、五位百法、四分一切法等。其中,大乘阿毗达磨一切法体系,主要内容是蕴处界,是传统的一切法体系,但增加了唯识内容,如阿赖耶识、三自性等。其他的一切法体系,笔者在以后的著作中会再作详述。

（1）《解深密经》

《解深密经》是依二谛和三自性来"辨空有"。

首先，《解深密经》阐述了二谛不空。该经在《胜义谛相品》阐述了胜义谛相的五种性质：无二相、离名言相、超过一切寻思相、超过诸法一异相、遍一切一味相。由此五种性质，可知胜义谛不空。

本经又在《心意识相品》中阐述了一切种子心识（也称阿陀那识、阿赖耶识）的存在，并由此识执受根身和种子，使五境得以积集滋长，六识也得以生起。虽然从胜义谛来说，如实不见此识（一切种子心识）和诸根、诸境、诸识，称为"胜义善巧"；但此识还是有，所谓"阿陀那识甚深细，一切种子如瀑流"[1]。所以，阿陀那识是有，种子是有，诸根、境、识是有，但这不是胜义有，是世俗有。由此可见，不但胜义谛不空，世俗谛也不空。进一步分析，这里说世俗谛不空，实际是依八识体系而说（虽然《解深密经》没有说第七识，没有论述完整的八识体系），或者说，是依第八识而说，即第八识及其所生一切法不空，就是世俗谛不空。

进而，《解深密经》又依三自性阐述一切法非空非不空之理。该经提出的"三时教法"，将般若系经的"一切法性空"[2]或"一切法无自性"[3]思想，判为佛陀"三时教法"的第二时，

---

[1] （唐）玄奘译《解深密经》卷第一，《大正藏》第16册，第692页。
[2] （唐）玄奘译《大般若波罗蜜多经》卷第五十一，《大正藏》第5册，第288页。
[3] （唐）玄奘译《大般若波罗蜜多经》卷第一百八十一，《大正藏》第5册，第975页。

是密意说；而第三时的显了说，则是依三自性阐述诸法非空非不空之理。即三自性中，圆成实性是胜义谛真如，是真实有；依他起性是一切有为法，虽虚幻却也是有；遍计所执性则是不存在的东西，是假且无。因此，"一切法无自性"，实际只是指遍计所执性一切法无自性，这是"非不空"；而依他起性和圆成实性有自性，即有其存在性，是"非空"。此"非空非不空"之理，就是显了说，是了义说，是中道。

《解深密经》上述胜义谛和世俗谛不空，尤其是依三自性说诸法非空非不空等理论，是其后瑜伽行派和唯识宗共同所依的理论。

此外，本经提出了离言名言一切法体系，即依离言法性安立名言无为法和名言有为法，此体系的作用也是"辨空有"。此体系在本经中论述较为简略，在《瑜伽论》中得以详尽展开，详见下文。

（2）《瑜伽论》的《真实义品》

本论的《真实义品》有两品，一在《本地分》，一在《摄抉择分》。

《本地分》的《真实义品》，核心思想是了知并证第四真实，即所知障净智所行真实，或者说，是如来智所了知的真实。此真实由"有非有""无二所显"[1]，"有"是有离言自性，"非有"是无假说自性。由此可见，本品旨在"辨空有"。《摄

---

[1] 参见（唐）玄奘译《瑜伽师地论》卷第三十六，《大正藏》第30册，第486页。

抉择分》的《真实义品》抉择五事和三自性。三自性抉择的宗旨同《解深密经》。至于五事抉择，本论认为，五事中的相、名、分别都是依他起性，所以是有，是世俗谛；而正智和真如，是胜义谛，当然也是有。只有在相上安立名后形成的名言自性，是无。所以《真实义品》的宗旨同样是"辨空有"。

（3）《辩中边论》

《辩中边论》一开始就说："虚妄分别有，于此二都无。"[1] "有"是有虚妄分别（即八识和心所），"无"是无能取和所取的实有性。由此可见，此论的宗旨是"辨空有"。

（4）《大乘庄严经论》（以下简称《庄严论》）

《庄严论》的《真实品》是依三自性"辨空有"。此品一开始就说，"第一义相"有五种"无二相"。第一种"无二相"是"非有亦非无"，"非有者，分别、依他二相无故。非无者，真实相有故"。[2] 其中，"分别"相指遍计所执性，"真实"相指圆成实性。"分别"相无，"真实"相有，是唯识经论共同的说法。为什么"依他"相也是无？这是从胜义谛角度来说的，与其他瑜伽行派经论的说法有所不同。一般说三自性，遍计无，依他"幻有"，圆成"实有"，这是从二谛说的，依他起性是世俗谛，世俗谛也是有，但本性"幻"。但如果不从二谛说，而像《庄严论》那样，只从胜义谛说，那么也可说"依他"相无。

---

[1] （唐）玄奘译《辩中边论》卷上，《大正藏》第31册，第464页。
[2] （唐）波罗颇蜜多罗译《大乘庄严经论》卷第二，《大正藏》第31册，第598页。

此论的《述求品》继续"辨空有"，如说"如彼无体故，得入第一义；如彼可得故，通达世谛实"[1]，又说"无体非无体，非无体即体"[2] 等等，所以，此品是继续以有体和无体"辨空有"。

因此，从《解深密经》《楞伽经》，到《中边论》《庄严论》，其理论体系主要是"辨空有"。

（二）"成唯识"

1. 前期瑜伽行派经论唯识思想的展开

除"辨空有"，瑜伽行派和唯识宗的标志性理论是"一切法唯识"，但前期瑜伽行派经论对"唯识"一词语焉不详，在这些经论中搜索"唯识"一词，往往只得寥寥数语。实际上，在瑜伽行派的经典中，唯识思想经历了从零星的乃至隐含的存在，到以一种完整严谨的体系而呈现的一个过程。

从经典来看，《解深密经》《楞伽经》《辩中边论》《庄严论》等经论的理论体系主要是"辨空有"，其唯识思想包含在"辨空有"的理论体系之中；乃至本论包括《真实义品》，根本没有明显表述的唯识思想，只是在其第八识以及五事体系的论述中，包含了或可以发掘出唯识思想。真正以完整严谨体系表述唯识思想的，是《摄大乘论》（以下简称《摄论》）和《成唯识论》（以下简称《成论》），详见下文。

---

[1]（唐）波罗颇蜜多罗译《大乘庄严经论》卷第四，《大正藏》第31册，第611页。
[2]（唐）波罗颇蜜多罗译《大乘庄严经论》卷第四，《大正藏》第31册，第611页。

再从五法、三自性和八识三种一切法体系来看，五法体系本身并无"一切法唯识"的论述，其隐含的"一切法唯识"思想，需要通过分析、发掘，才得以显现。而三自性开始时与"一切法唯识"也并无交涉，三自性唯识是经《摄论》，至《成论》方才完成的。

所以，"一切法唯识"思想，主要是通过八识体系逐步展开，以下对此过程作一简略考察。

（1）《解深密经》

《解深密经》没有直接的"一切法唯识"或"唯识无境"论述，但有两个相关论述。一是一切种子心识中藏有"相、名、分别"等一切法种子[1]，二是"识所缘，唯识所现"[2]。这两个观点，如下文将要说的，前者代表了因能变唯识思想，后者代表了果能变唯识思想，为以后的同类观点开了先河。

（2）《楞伽经》

如前所说，《楞伽经》的一切法体系是五法、三自性、八识。其中，五法和三自性主要作用是"辨空有"；八识既"辨空有"，也展开了唯识思想，具体表现为：阿赖耶识生能取和所取六法。

如《楞伽经》卷第二说："身及资生器世间等，一切皆是藏识影像，所取能取二种相现。"[3] 即能取和所取都依藏识而起。

---

[1] 参见（唐）玄奘译《解深密经》卷第一，《大正藏》第16册，第692页。
[2] （唐）玄奘译《解深密经》卷第三，《大正藏》第16册，第698页。
[3] （唐）实叉难陀译《大乘入楞伽经》卷第二，《大正藏》第16册，第597页。

关于能取和所取，本经卷第六说："身资及所住，此三为所取。意取及分别，此三为能取。"[1]所以，所取是"身"（即根身）、"资"（财产及各种资生物品），[2]及"所住"（即器世间）；能取是"意""取""分别"，大体是第七识、第六识和前五识。所以，所取就是根身和器世间，能取就是前七识。

《楞伽经》论述的阿赖耶识生能取和所取，开了此类观念之先河。

此外，本经还有"无外境"（即"唯识无境"）的直接论述，如："了达一切唯是自心分别所见，无有外法。"[3]而"无外境"与"无二取"是相通的，因为"境界自心现"，所以"无外境"；但自心现的境界就是二取，"若有执着能取所取，不了唯是自心所见，彼应可止"[4]。所以，"无外境"和"无二取"是一致的。

（3）《中边分别论》

《中边论》有真谛译的《中边分别论》和玄奘译的《辩中边论》，两种《中边论》的唯识思想有根本差别。

真谛译的《中边分别论》说："尘根我及识，本识生似彼。"[5]其中，本识就是阿赖耶识，阿赖耶识生"似尘"（五境）、

---

[1] （唐）实叉难陀译《大乘入楞伽经》卷第六，《大正藏》第16册，第626页。
[2] 笔者在先前的论著中，将"身"和"资"解释为净色根和浮尘根，此解不确，当以此处解释为准。
[3] （唐）实叉难陀译《大乘入楞伽经》卷第三，《大正藏》第16册，第603页。
[4] （唐）实叉难陀译《大乘入楞伽经》卷第三，《大正藏》第16册，第604页。
[5] （陈）真谛译《中边分别论》卷上，《大正藏》第31册，第451页。

"似根"(五根)、"似我"(第七末那识)、"似识"(前六识)四法,或者说,阿赖耶识生能取和所取四法(玄奘译本与之的差异,下文再说)。

(4)《大乘庄严经论》

《庄严论》说阿赖耶识生能取和所取六法。"能取及所取,此二唯心光。"[1] 其中,"心谓阿梨耶识"[2],所以,还是阿赖耶识生能取和所取。

"所取相有三光,谓句光、义光、身光。能取相有三光,谓意光、受光、分别光。意谓一切时染污识,受谓五识身,分别谓意识。"[3] 所以,能取相分别指第七识、前五识和第六识;而所取相的句光、义光、身光,大体对应第七识的所缘境、前五识的所缘境和第六识的所缘境。

以上是前期瑜伽行派经论中包含的若干唯识思想。如上所说,这些经论的主要理论体系是"辨空有",上述唯识思想在这些经典中只是零星的存在。

2. 因能变和果能变

《成论》提出的因能变和果能变概念,对理清唯识思想有决定性意义。

(1)两种能变的定义

因能变和果能变是因果关系中特殊的一类因果关系。一

---

[1] (唐)波罗颇蜜多罗译《大乘庄严经论》卷第五,《大正藏》第31册,第613页。
[2] (唐)波罗颇蜜多罗译《大乘庄严经论》卷第十二,《大正藏》第31册,第656页。
[3] (唐)波罗颇蜜多罗译《大乘庄严经论》卷第五,《大正藏》第31册,第614页。

般的因果关系，如种子生现行（包括生八识、心所、色法）、现行熏种子、种子生种子，都是因果关系。而因能变和果能变，如《成论》卷第二说："此三皆名能变识者，能变有二种：一因能变……二果能变。"[1] 所以，这两种能变只是讨论三能变识的因果关系，即讨论的只是种子生现行八识（即三能变）的因果关系，所以不包括种子生色法，或现行熏种子，或种子生种子等类现象（对此的不同说法，下文将略作说明）。

因此，依据《成论》的上述界定，因能变只是指种子，果能变只是指八识现行。但以此为基础，《成论》对两种能变作了更详尽的说明。

因能变的定义是："谓第八识中等流、异熟二因习气。"[2] 所以，因能变指等流种子和异熟种子两类种子。简略地说，等流种子就是八识各自的种子；异熟种子是帮助一期生命中现行八识（除第七识）生起的过去世的善恶业种子，因为在一期生命中，现行第八识是异熟果，现行六识有异熟生部分。

果能变的定义是："谓前二种习气力故，有八识生，现种种相。"[3] 即由上述等流习气和异熟习气的力量，有八识的现行生起，并变现种种相；或者，换种说法，就是由两种习气，有

---

[1]（唐）玄奘译《成唯识论》卷第二，《大正藏》第31册，第7页。
[2]（唐）玄奘译《成唯识论》卷第二，《大正藏》第31册，第7页。
[3]（唐）玄奘译《成唯识论》卷第二，《大正藏》第31册，第7页。

八识的自证分生起，并变现见分和相分。即在陈那前，果能变指八识变现了其所缘境；但在陈那、护法之后，果能变指八识变现见分和相分境。

（2）由两种能变看前期经论的唯识思想

如上所说，从《楞伽经》到《中边论》《庄严论》（实际还有《摄论》），这些经论都说了阿赖耶识生能取和所取一切法。从因能变来说，阿赖耶识中的七识种子等能生能取的七识现行；从果能变来说，阿赖耶识变现所取相分中的根身和器世间，这都没问题。但能否从果能变说阿赖耶识变现前七识？这里就出现了真谛与玄奘一系的分歧。

玄奘一系认为，从果能变来说，阿赖耶识不能变现前七识作为相分，因为如果七识作为相分，相分只是影像，那样的话，影像七识就没有了别功能。所以，具有了别功能的七识，只能从阿赖耶识中的自种生起，不能由阿赖耶识变现。

真谛法师是从阿赖耶识变现能取和所取一切法的角度来解释上述经论，这被现代学术界称为阿赖耶识一能变思想（以下借用此名称）。

而玄奘一系则持八识三能变的观点。他们认为，上述经论本身不是阿赖耶识一能变思想，只是真谛将其解释成了阿赖耶识一能变思想，而阿赖耶识一能变，从果能变来说，是不能成立的。所以，正确的说法应该是八识三能变。

故而玄奘译的《辩中边论》，将那首颂译作："识生变似义,有情我及了。"[1] 与真谛的"本识生似彼"[2] 比较,"本识"就是阿赖耶识,所以真谛译本是阿赖耶识生起或变现能取和所取四法;玄奘译本的"识"则指所有八识,因而是八识变现所取四法,这是因为,第八识不能变能取七识。

3.《摄大乘论》

《摄论》说阿赖耶识生十一识。十一识,指"身、身者、受者识,彼所受识,彼能受识,世识,数识,处识,言说识,自他差别识,善趣恶趣死生识"[3]。

"此中身、身者、受者识,应知即是眼等六内界。彼所受识,应知即是色等六外界。彼能受识,应知即是眼等六识界。其余诸识,应知是此诸识差别。"[4] 所以,十一识就是"六内界"(六根)、"六外界"(六尘)、"六识界"[5],以及建立在上述三类法"差别"之上的诸法(诸识),如心不相应行法(世识、数识)等。

此十一识,"谓阿赖耶识为种子,虚妄分别所摄诸识……唯识为性"[6],这表明了十一识的三个特征:第一,十一识在阿赖耶识中都有自己的种子。第二,十一识都属"虚妄分别",这是依他起自性的特征,依他起自性虽是有却虚妄。第三,十一

---

[1] (唐)玄奘译《辩中边论》卷上,《大正藏》第31册,第464页。
[2] (陈)真谛译《中边分别论》卷上,《大正藏》第31册,第451页。
[3] (唐)玄奘译《摄大乘论本》卷中,《大正藏》第31册,第138页。
[4] (唐)玄奘译《摄大乘论本》卷中,《大正藏》第31册,第138页。
[5] 第七识属六根中的意根,如《成唯识论疏义演》说:"七、八二识即意根摄。"(唐)如理集《成唯识论疏义演》卷第四,《卍新续藏》第49册,第596页。
[6] (唐)玄奘译《摄大乘论本》卷中,《大正藏》第31册,第137—138页。

识"唯识为性",因为十一识在阿赖耶识中都有种子,由自种生起,所以"唯识为性"实际是指十一识以阿赖耶识"为性"。对此"唯识为性",世亲《摄大乘论释》(以下简称《摄论释》)进一步阐释说:"以一切法皆是识故。"[1] 所以,十一识或一切法"皆是识"。

进一步探讨十一识或一切法"皆是识"。十一识包括见识与相识,见识是前七识(及心所),相识是色法和心不相应行法等。

第一,能否从"识谓了别"来说一切法"皆是识"?显然不能。因为十一识中的相识,即色法和心不相应行法等,都不能了别。既然不能了别,为什么要称为"识"?据"唯识为性",称这些法都是识,是说这些法都是从阿赖耶识中的自种生起,所以都以阿赖耶识为自己的本性,由此而称之为识。

第二,能否从果能变来说十一识"皆是识"?也不能。因为十一识中的见识,即前七识,不能作为第八识的影像相分,所以,不能从果能变来说十一识"皆是识"。

第三,如此,十一识中的相识不能了别,见识不是阿赖耶识的影像相分,那么,一切法"皆是识"就只能从因能变来说,理由如上"唯识为性"中所说,十一识都有种子,是由自种生起。[2]

---

[1] (唐)玄奘译《摄大乘论释》卷第四,《大正藏》第31册,第340页。
[2] 至于是否十一识都有种子,按《瑜伽师地论》《成唯识论》等的说法,心不相应行法等没有种子;但前期瑜伽行派经典中都说阿赖耶识中藏有一切法种子,如《解深密经》说一切种子心识中有"相、名、分别"种子,而名也是心不相应行法。

至此，《摄论》的一切法"皆是识"，可说是"一切法唯识"思想的一种明确而强有力的表述。

另一方面，阐释世亲《唯识三十颂》（以下简称《三十颂》）的《成论》，则提出了一切法"不离识"的唯识思想。

4.《成唯识论》

《成论》说："识言总显一切有情各有八识、六位心所、所变相见、分位差别，及彼空理所显真如；识自相故，识相应故，二所变故，三分位故，四实性故。如是诸法，皆不离识，总立识名。唯言但遮愚夫所执定离诸识实有色等。"[1]

这是说，五位法一切法（包括识法、心所法、色法、心不相应行法、无为法）和四分一切法（包括相分、见分等），"皆不离识"。其中，"所变相见"指识的自证分所变的相分和见分，而色法就属相分；"皆不离识"表明，如五位法中的色法、心不相应行法和无为法，以及四分中的相分，并不"皆是识"，但"皆不离识"。

可将一切法"皆是识"与一切法"不离识"作个对比。

一切法"皆是识"，是从因能变说"一切法唯识"，因为十一识（一切法）在阿赖耶识中都有自己种子，都从自己种子生起。

一切法"不离识"，是从果能变说"一切法唯识"。

从五位法来看，识法是"识自相"，这是唯识的主体。心

---

[1] （唐）玄奘译《成唯识论》卷第七，《大正藏》第31册，第39页。

所法与"识相应",心所不即是识,因为心所各有各的作用,并非识可取代,也不是相互间可以取代,但心所不离心王,所以心所"不离识"。而唯识的识,通常也包括心所。

在其他三类法中,色法虽有自己的种子,似乎也可从因能变来说色法唯识,但据《大乘百法明门论》(以下简称《百法论》),色法是"二所现影"[1],即色法是识与心所二者所现的影像,或者说,色法由识与心所变现;再从四分说来看,色法是第八识、前五识和五俱意识的相分境,相分不离自证分,所以,由上述原因,色法也"不离识"。

心不相应行法没有种子,所以不从因能变说其唯识。但心不相应行法是第六识的相分境,依相分不离自证分来说,心不相应行法也"不离识"(不离第六识)。

以上色法和心不相应行法是从果能变说一切法"不离识",此两类法在果能变中属所变;而就能变来说,八识都是能变,能变的类别有三类,即第八识、第七识和前六识,三类能变识都能变现自己的所缘境一切法,所以一切法"不离识"。

再看无为法的"不离识",各种无为法以真如为本质,依真如而假立,故可由真如来说明无为法"不离识"。真如没有种子,所以不从因能变说其唯识。识是有为法,真如是无为法,所以真如不是识;此外,真如不由识变现,所以也不是(凡夫)识的所缘境或相分境;因此,依上述原因,真如也不

---

[1] (唐)玄奘译《大乘百法明门论》,《大正藏》第31册,第855页。

能从果能变来说其唯识。但无为法是一切法本性，也是识的本性，真如不能脱离一切法存在，当然也不能脱离识存在，所以真如（无为法）"不离识"。

由此可见，《成论》的一切法"不离识"，与《摄论》的一切法（十一识）"皆是识"形成了鲜明对比。即一切法"皆是识"是从因能变角度强调阿赖耶识生一切法，而一切法"不离识"是从果能变角度强调八识（三能变）变现一切法。

（三）从"辨空有"到"成唯识"

笔者在《"唯识经典直解丛书"总序言》中提出，唯识思想的演变，可分为三阶段。关于此三阶段，该书有详细论述，此处仅就从"辨空有"到"成唯识"的角度，对该书中的说法略作补充。

第一阶段，成立初步唯识义，主要经典是《解深密经》《楞伽经》《瑜伽论》等，这些经典理论体系主要是"辨空有"，而其唯识思想虽不系统，但都是开创性的，成为其后唯识思想的源头。

先看《解深密经》，该经提出的一切种子心识藏有"相、名、分别"一切法种子的思想，成为因能变唯识的源头，直至《摄论》，该论仍说阿赖耶识藏有十一识一切法种子。该经提出的"识所缘，唯识所现"的思想，成为果能变唯识的源头，虽然在该经中此说法只是指第六识，但《成论》将其发展到八识,成为三能变思想。最后,该经提出的"离言法性"[1]概念,在《瑜伽论》中发展为离言自性的概念,并成立了离言名言一切法体系。

再看《楞伽经》,该经提出了"无外境"[2]的思想,奠定了其后"唯识无境"思想的基础。该经提出了五法的定义,《瑜伽论》详细讨论了五法理论。该经提出了阿赖耶识生能取和所取一切法思想,此思想经《中边论》《庄严论》,至《摄论》发展为一切法"皆是识"思想。

再看《瑜伽论》,该论详细论述了八识,尤其是第八识的性质,由此可判,第八识的所缘境中没有前七识。该论《本地分·真实义品》提出了离言名言一切法体系,确立了诸法法体离言的思想。该论《摄抉择分·真实义品》详论五事和三自性,其三自性的论述,虽有一些内容有第一阶段思想的特征,但总的来说,为其后三自性论奠定了理论基础。

第二阶段,成立强化唯识义,主要经典是《中边论》《庄严论》《摄论》。其中,《中边论》《庄严论》等论是继承了《楞伽经》的阿赖耶识生能取和所取的思想,至《摄论》发展为十一识或能取和所取(见识和相识)一切法"皆是识"思想,使唯识思想得到了强有力的表达。

第三阶段,成立圆满唯识义,主要经典是《百法论》《三十颂》,以及诠释《三十颂》的《成论》。《成论》依据世亲

---

[1] (唐)玄奘译《解深密经》卷第一,《大正藏》第16册,第689页。
[2] (唐)实叉难陀译《大乘入楞伽经》卷第五,《大正藏》第16册,第616页。

晚年的思想，成立了八识三能变变现一切法、一切法"不离识"的唯识思想，圆满解决了强化唯识义尚存的问题。

就"辨空有"和"成唯识"来看，《解深密经》《楞伽经》《瑜伽论》《中边论》《庄严论》是"辨空有"的思想体系中包含了唯识思想；而真正以完整严谨体系来论述"一切法唯识"理论的典籍，是《摄论》和《成论》。《摄论》和《成论》的唯识思想体系中包含了"辨空有"思想。

最后，回到《真实义品》，两分《真实义品》所讨论的，基本只是"辨空有"，只有五事（五法）涉及初步的唯识思想。

二、本论两分《真实义品》的三种一切法体系

佛教教理中有众多一切法体系，其中有共三乘的，如有为法和无为法，五蕴、十二处、十八界等。

唯识经论中也先后出现了其他各种一切法体系，其中，三自性和八识体系是贯穿于三阶段的理论，三自性主要是"辨空有"，八识体系主要是"成唯识"。此外，三阶段中依次出现的一切法体系，主要有：离言名言一切法、五法（或五事）、二取一切法、十一识一切法、五位百法、三能变所变一切法、相分一切法等。上述各种一切法体系，在"辨空有"与"成唯识"中各有各的作用，也各有各的理论特点。

本论两分《真实义品》中，《本地分》提出的是离言名言一切法，《摄抉择分》提出的是五事（也称五法）以及三自性。

以下先将上述三种一切法体系，以表格方式陈述要点。

表：三种一切法体系理论特点

	理 论 特 点
离言名言一切法	1. 此体系就是依离言自性安立名言法，并由名言安立形成名言自性（假说自性）。 （1）此体系是依胜义谛建立世俗谛，即离言自性是胜义谛，名言法是世俗谛，由此构建了离言名言的二谛论。 （2）此体系的核心思想是"离言自性有、名言自性无"，其见地（善取空与恶取空）和修行方法（四寻思四如实智）都与此思想相应，由此来了知并证得如来智所缘真实境。 2. 离言自性包括真如和唯事。 （1）离言自性概念的提出，适应大乘无分别智证真如的需要，真如离言是大乘各宗一致的说法。 （2）唯事概念的提出，可能是针对唯名（即一切法唯有假名）论："要先有事，然后随欲制立假说。"此"事"在"假说"之前，故离言，玄奘译本将此离言"事"称作唯事。 3. 名言有为法安立："要有色等诸法实有唯事，方可得有色等诸法假说所表。"这意味着，在每一名言法（即假说所表）后都有一离言唯事，由此构成离言世界和名言世界之两重世界。 4. 凡夫想心所也可在诸法上施设假立名称："谓于一切地等想事，诸地等名施设假立，名地等想。"但凡夫安立的诸法名称与圣者安立的名称不是两套系统，如凡夫称为水的东西，圣者不可能称为火。应该说，凡夫安立的名称系统就是来自圣者在离言自性上的名言安立。 5. 此体系侧重胜义谛，对世俗谛（名言法）论述不多，也没有讨论对新事物的名言安立问题。 6. 此体系基本不涉及唯识思想。

续表

	理 论 特 点
五事 （五法）	1. 此体系世俗谛与胜义谛并举，以世俗谛为出发点。即五事中，相、名、分别是世俗谛，正智、真如是胜义谛。 2. 此体系全面论述二谛，尤其是详论世俗谛，如相的有与无、实有与假有、世俗有与胜义有、由什么生起、与四事的关系、相的种种行相等。 3. 此体系的相、名、分别，据本论，都是依他起性，所以世俗谛是有。 4. 此体系的名言安立，是由分别（凡夫心）。此体系没有正智（圣者智）在相上安立名的论述。 5. 此体系的离言含义，不依离言唯事，而是相上"自性、差别假立不成就义"。 6. 此体系的"无相相"分别，即对不知名称之事进行思维分别，为凡夫对新事物安立名提供了合理依据，符合凡夫为新事物命名的事实。 7. 此体系的"相是分别所行境"，强调了心的作用，明确了境不离心；但此体系将八识及心所统称为分别，既没有显示第八识在唯识中的突出作用（因能变唯识），也没有细化八识在唯识中的各自作用（果能变唯识），所以只是包含了初步的唯识思想。
三自性	1. 三自性论是对二谛论的发展。三自性不着眼于具体法，而是总判一切法的有无与真假。即遍计是无，依他、圆成是有；遍计、依他是假，圆成是真。 2.《解深密经》判依三自性论的非空非有中道观为最了义。 3. 依三自性可建立三无性，由三无性可作各种密意说，用以会通唯识思想与般若思想等其他教派的思想。两者关系：三自性是本，三无性是末。 4. 三自性的含义，在不同阶段中，不尽相同。如《解深密经》《摄论》和《成论》的三自性的定义有所不同，分别代表了三阶段的三自性理论，此演变从"辨空有"开始，到最后，《成论》依"一切法不离识"建立三自性不离识的唯识理论。

以上表格内容，在下文对两分《真实义品》作简介时，会根据需要再作必要解释。

三、《本地分·真实义品》主要思想

本品先是简说二种真实与四种真实，然后详说第四真实（所知障净智所行真实）。

（一）简说二种真实与四种真实

本品先说有二种真实义：一是依如所有性而说的诸法真实性，即真如；二是依尽所有性所说的诸法一切性，即一切法。所以，一切法及其真如本性是真实。由此可见，此二种真实义是从存在论说真实。

继而，本品又说有四种真实义：一是世间极成真实，这是凡夫智认识的真实境；二是道理极成真实，这是凡夫智和圣者智依道理（世间或出世间道理）而认识的真实境；三是烦恼障净智所行真实，这是二乘圣者依无漏智而认识的真实境；四是所知障净智所行真实，这是如来依无漏智而认识的真实境。由此可见，此四种真实义是从认识论说真实。

本品在略说二种真实义和四种真实义后，详尽论述了第四真实，即所知障净智所行真实，包括如何了知第四真实以及如何证第四真实。

（二）了知第四真实

首先是如何了知第四真实。关于第四真实，本品说："谓诸菩萨诸佛世尊入法无我，入已善净，于一切法离言自性、假说自性平等平等无分别智所行境界。"[1]

即第四真实是如来智所认知的真实，能了知此真实的是圣者的无分别智；但凡夫没有无分别智，该如何了知此真实？

1. 有、非有无二所显

"又安立此真实义相，当知即是无二所显。所言二者，谓有、非有。"[2] 所以，凡夫要了知此真实，只能通过"无二所显"来了知。

本论中，"无二所显"的"无二"有两解：一是本品所说的"有"与"非有"无二。二是在《摄抉择分·真实义品》中所说的"二执不相应，故号为无二"[3]，此"二执"指增益执和损减执。

先看"有"与"非有"无二，这里的"有"和"非有"指两种错误观点。"有"指有假说自性，"非有"主要指非有离言自性。所以，认为有假说自性是错误，认为没有离言自性也是错误。

---

[1]（唐）玄奘译《瑜伽师地论》卷第三十六，《大正藏》第30册，第486页。
[2]（唐）玄奘译《瑜伽师地论》卷第三十六，《大正藏》第30册，第486页。
[3]（唐）玄奘译《瑜伽师地论》卷第七十三，《大正藏》第30册，第704页。

有及非有二俱远离，法相所摄真实性事，是名无二。由无二故说名中道，远离二边亦名无上。佛世尊智，于此真实已善清净。诸菩萨智，于此真实学道所显。[1]

所以，"无二所显"的真实是无上中道。佛已完全证得此真实，菩萨还在学习此真实。

2. 假说自性非有

假说自性（也称言说自性、随言自性等）就是由名言安立（即建立诸法名称）而来的诸法自性，由此而来的问题是：诸法名称是否真的能代表诸法自性（即诸法之体）？或者说，诸法名称与诸法自性是否有必然联系？

本品从三方面论证了假说自性"非有"。

大略说，第一，一法可以有多名，如果每一名都代表此法自性（自体），那一法就有多体。所以名不代表诸法自性（即诸法之体）。

进而，如果诸法名称可以代表诸法自性（即诸法之体），那么，是安立了名才有诸法自性，还是先有诸法自性才安立诸法名称？对此问题分别进行讨论。

第二，如果假说自性是在安立名称后才有，那么，在没有安立自性前，诸法无实有自性。而按此处观点，无实有自性即无存在性，无存在性即不存在，那么，对不存在的诸法诸

---

[1] （唐）玄奘译《瑜伽师地论》卷第三十六，《大正藏》第30册，第487页。

事，又如何能安立名称？所以，说假说自性是言说后才有，具有内在的自相矛盾。

第三，如果假说自性是在安立名称前就有，既有自性，世人无需名称就能对诸法形成认知，名称就属多余，因为不用安立名称已经可以形成对此法的认知，但这实际上是不可能的（因为这相当于凡夫智能认识离言法）。

因此，由上述三方面可知，名与假说自性无必然联系，由名建立的假说自性非有。

3. 离言自性是有

又诸菩萨由能深入法无我智，于一切法离言自性如实知已，达无少法及少品类可起分别，唯取其事，唯取真如，不作是念，此是唯事，是唯真如，但行于义。[1]

由此可见，此离言自性是法无我智所证，所以是真实有。并且，此离言自性包括真如和唯事。

关于唯事，本品说："要先有事，然后随欲制立假说。"[2] 此处的"事"，是在"制立假说"之前，所以是离言"事"，玄奘译本将此离言"事"称作唯事。此离言"事"或唯事，也属胜义谛，如本论卷七十五破恶取空时说：恶取空者认为，"由世俗故一切皆有，由胜义故一切皆无"。本论的破斥，其中一点

---

[1]（唐）玄奘译《瑜伽师地论》卷第三十六，《大正藏》第30册，第487页。
[2]（唐）玄奘译《瑜伽师地论》卷第三十六，《大正藏》第30册，第488页。

是:"若唯名言世俗说有,名言世俗无事而有,不应道理。"[1] 由此可见,此"事"(唯事)是名言世俗的所依,如果名言世俗是有,其所依的"事"是无,这是不合理的。此"事"与世俗相对,所以是胜义。因此,上文说,无分别智"唯取其事,唯取真如",即此离言"事"或唯事是无分别智的所缘所证。

所以,真如和唯事(即离言自性)是胜义谛,其中,真如是(离言)无为法,唯事是离言有为法。

凡夫由于没有法无我智,不能直接缘离言自性,所以对离言自性的了知,一是通过假说自性不存在,反证离言自性存在;二是通过教证,即佛经中关于离言自性的种种论述,来了知离言自性的存在。本品引了三段经文来证离言自性是有(引文略)。

此外,"有、非有"无二,还可以通过破增益执和损减执,以及破恶取空和了善取空来了知。

4. 破增益执和损减执

如上所说,"无二所显"的"无二",另一种解释是指无增益执和损减执。此二执与上述离言自性和假说自性密切相关。即认为假说自性有,就是增益执,因为假说自性实际非有;而认为离言自性非有,就是损减执,因为离言自性实际是有。进而,在证第四真实时,破增益执和损减执即是关键,如下文的四寻思四如实智中所说,因而,破增益执和损减执,不但与了

---

[1] (唐)玄奘译《瑜伽师地论》卷第七十五,《大正藏》第30册,第713页。

知第四真实有关，也与证第四真实有关。

5. 了善取空和破恶取空

进而可问，假说自性和离言自性是以什么方式存在？本品说的善取空和恶取空说明了此问题，即假说自性和离言自性都存在于"色等想事"中。

按本品所说，所谓善取空，就是在"色等想事"中，由假说自性空而说诸法空（即"色等想事"空）；但"色等想事"中的离言自性不空，由此可说诸法不空。

所谓"色等想事"，其中，"色等"就是指色蕴等五蕴，或色法等一切法；"想事"与唯事有关[1]，如上所说，唯事属胜义谛，所以凡夫有漏心不能缘。凡夫有漏心的所缘是想事，想事是（与第六识相应的）想心所安立的名言一切法，是（八识）想心所的认识对象，是进入世人认识领域的一切法，是所知境（唯事与想事两者的名言安立关系，下文将再作详论）。

想事中，假说自性无，离言自性有，那么，想事本身是有是无？本品对此没有正面论述。但本论第六十五卷说："此中色等诸蕴想事是实物有。"[2] 而本品论述四如实智时说："如是由胜义谛故非有色，于中无有诸色法故；由世俗谛故非无色，于中说有诸色法故。"[3] 所以，以"色等想事"中的色（法）为例，

---

[1] 关于"唯事"与"想事"的关系，详见《后记》。
[2]（唐）玄奘译《瑜伽师地论》卷第六十五，《大正藏》第30册，第659页。
[3]（唐）玄奘译《瑜伽师地论》卷第三十六，《大正藏》第30册，第490页。

胜义谛中虽没有色法，但世俗谛中有色法。色法是世俗谛，"色等想事"也就是世俗谛，所以是有。

相反，恶取空则认为，"色等想事"中，不但假说自性是无，离言自性也是无，想事也是无，所以诸法空。本品对此恶取空思想作了猛烈批判，认为其危害性要超过有我见（即我执）。

综上所说，"无二所显"就是"远离"假说自性"有"与离言自性"非有"两种错误观点。"远离"即断除，"远离"了"有、非有"两种错误观点，第四"真实义相"就能显现，或者说，就能了知第四真实。

（三）证第四真实

如何证第四真实，那就是断执障，证真实。所断执障，主要是由八种分别所生的我执、法执和贪、嗔、痴、慢等烦恼；而能断执障、能证真实的是四寻思四如实智。

1. 所断执障

关于所断执障，本品说了由八分别所生的我执法执和贪嗔痴慢等烦恼。而八分别本身既不是执也不是障，只是一种分别（即思维）活动，是无记性的。

具体说，由前三分别，即自性分别、差别分别、总执分别，能生起法执；由其后二分别，即我分别和我所分别，能生起我执和我慢等（可见我分别等不是我执）；由最后三种分别，即爱分别、非爱分别、彼俱相违分别，能生起贪、嗔、痴等。

2. 能断能证智

能断执障、能证真实的是四寻思四如实智。四如实智与四寻思的差别在于，四寻思是"观"，即观察和思维；四如实智是"观见"，就是证得。就"观"来说，两者所观相同。本品对四寻思的论述较为简单，对四如实智的论述则较为详尽，所以可通过四如实智来确切了知其所观和所证。

就四如实智的内容来看，虽然八分别所生的我执法执和贪等烦恼都属遍计所执的增益执，但四如实智所说，还是要断增益执和损减执二执，并非只断增益执。

四如实智是名寻思所引如实智、事寻思所引如实智、自性假立寻思所引如实智、差别假立寻思所引如实智。

名寻思所引如实智是要如实了知，"如是名为如是义，于事假立"[1]，这是破增益执。

事寻思所引如实智是要如实了知，"观见一切色等想事，性离言说，不可言说"[2]，这是要破损减执，即"色等想事"的本性是离言自性，须如实了知离言自性是有。

自性假立寻思所引如实智是要如实了知，"色等想事中所有自性假立，非彼事自性，而似彼事自性显现"[3]，这也是破增益执，即假说自性非真实有。

---

[1] （唐）玄奘译《瑜伽师地论》卷第三十六，《大正藏》第30册，第490页。

[2] （唐）玄奘译《瑜伽师地论》卷第三十六，《大正藏》第30册，第490页。

[3] （唐）玄奘译《瑜伽师地论》卷第三十六，《大正藏》第30册，第490页。

最后，差别假立寻思所引如实智是要如实了知，"谓彼诸事，非有性非无性，可言说性不成实，故非有性；离言说性实成立，故非无性"[1]，这是双破增益执和损减执，即认为想事中有假说自性，这是增益执；认为想事中无离言自性，这是损减执。此二执同时破，方能证第四真实。

（四）四种真实优劣

本品最后对四种真实作了比较："初二下劣，第三处中，第四最胜。"[2] "初"真实是世间极成真实，纯粹是凡夫认知境；第"二"真实是道理极成真实，通凡圣认知境。此二真实"下劣"。"第三"真实是烦恼障净智所行真实，是二乘认知境，在四种真实中"处中"。"第四"真实是所知障净智所行真实，是如来认知境，在四种真实中"最胜"。

第一世间极成真实和第二真实道理极成真实是或主要是凡夫认知境，如果从真妄来说，属虚妄，所以不能说是真实；但本品是"辨空有"，即是从有无说，因为此二真实仍属有，所以也是真实。

（五）本品的离言名言一切法体系

离言名言一切法体系，就是依离言自性安立名言法，并由此形成名言自性（假说自性）。

---

[1] （唐）玄奘译《瑜伽师地论》卷第三十六，《大正藏》第30册，第490页。
[2] （唐）玄奘译《瑜伽师地论》卷第三十六，《大正藏》第30册，第491页。

1. 离言自性

离言自性源自《解深密经》的离言法性。《解深密经》对离言法性有一定程度的展开和运用，而本品则将离言自性作为核心概念加以运用。此外，《显扬圣教论》（以下简称《显扬论》）转述本论的四种真实说了"离言说自性"[1]，《唯识二十论》提到了"离言法性"[2]，但都没有展开。其他瑜伽行派的经典没有提及此概念，但在有关经典的注书中对此概念有所介绍。

离言自性概念的提出，可以看作适应了大乘无分别智证真如的需要。离言自性包括真如和唯事，真如离言是大乘各宗一致的看法。

而唯事概念的提出，可能是针对唯名（即一切法唯有假名）论。如前所说，本品认为："要先有事，然后随欲制立假说。"所以，一切法并非仅是假名，而是有假名所依的离言"事"，即唯事。

2. 名言安立

名言安立实际有两种，即圣者（圣智）的名言安立和凡夫（想心所）的名言安立。

（1）圣者（圣智）的名言安立。首先，《解深密经》提出，有为法和无为法都依离言法性而假立："谓诸圣者，以圣智圣见，离名言故，现正等觉，即于如是离言法性，为欲令他现等

---

[1] （唐）玄奘译《显扬圣教论》卷第六，《大正藏》第31册，第507页。
[2] （唐）玄奘译《唯识二十论》，《大正藏》第31册，第75页。

觉故,假立名相[1],谓之有为……谓之无为。"[2] 但这里出现一个问题,如果离言法性只是真如,那么,依真如假立无为法没问题,但依真如怎么假立有为法?

《解深密经》又说了清净颇胝迦宝,其若与青黄赤白等各种颜色和合,就成了各种颜色的颇胝迦宝。该经说明,清净颇胝迦宝是依他起相。进一步分析,青黄赤白相当于各种名言,各种名言与依他起相和合,说明清净颇胝迦宝本是离言,和合后就成了名言一切法。

这就意味着,除了真如,还有离言的依他起相。

其次,本品明确提出,离言自性包括真如和唯事,唯事就是离言有为法,在唯事上安立名言(名称),就假立了各种名言有为法,这称为想事(当然在真如上也可安立名言,成为各种名言无为法,但想事主要是指名言有为法)。

本品说:"要有色等诸法实有唯事,方可得有色等诸法假说所表。"[3] 这意味着,在每一名言法(即"假说所表",或"想事")后都有一离言唯事(或者说离言法),由此构成离言世界和名言世界之两重世界。

(2)凡夫(想心所)的名言安立。本品说:"谓于一切地等想事,诸地等名施设假立,名地等想。"[4] 所以,凡夫想心所

---

[1] 相,《解深密经》大正藏本作"想",藏要本作"相"。
[2] (唐)玄奘译《解深密经》卷第一,《大正藏》第16册,第689页。
[3] (唐)玄奘译《瑜伽师地论》卷第三十六,《大正藏》第30册,第488页。
[4] (唐)玄奘译《瑜伽师地论》卷第三十六,《大正藏》第30册,第489页。

的所缘是"地等想事"，想心所是在"地等想事"上安立地等名称。这里有两点需要进一步说明。

第一，此处的"一切地等想事"就是上文的"诸法假说所表"。"假说所表"即名言法，最初由圣智在离言自性上安立（名言无为法和名言有为法），凡夫想心所缘之即为想事（想事主要是指名言有为法）；进而，第六识及其想心所在想事上安立名言，即在"地等想事"上施设假立"诸地等名"。

但凡夫安立的诸法名称与圣者安立的名称不是两套系统，如凡夫称为水的东西，圣者不可能称为火，反之亦然。实际上，凡夫安立的名称系统可认为就是来自圣者在离言自性上的名言安立（凡夫为新事物命名，非此体系所说，下文五法体系会对此作出说明）。

第二，凡夫能安立名的是第六识的想心所，所以，第六识想心所的所缘是想事，这是无疑的。但其他识呢？例如，第八识和前五识是离名言的，那么，它们想心所的所缘，是离言唯事，还是想事？

应该说，凡夫八识及其想心所的所缘都是想事，因为凡夫八识及想心所不能缘胜义谛离言自性，所以，即使第八识和前五识离名言，但其所缘仍是想事。那么，第八识和前五识的想事由何而来？实际上，那是来自第六识的名言熏习。

第八识和前五识的所缘，实际上就是色法，如五识是缘五境，第八识主要缘根身和器世间。色法的来源，《成论》说是"名言熏习势力起故"[1]（另一说，即《百法论》说，是心法与心所法的变现的"影像"，此二说在相分说中可以完善地结合，此处不展开）。这样，色法的种子是由第六识的名言熏习而成，是名言种子，所以，虽然第八识和前五识离名言，但其所缘仍是由名言种子生起的现行，因此也是名言法，是想事。

关于第七识的所缘，玄奘系唯识论认为，第七识是缘第八识见分。第八识见分是显境名言，奘系认为所有显境名言（八识及心所）种子实际都不是名言熏成，但第八识见分既然是第七识想心所的所缘，当然仍是想事。

3. 离言名言法的二谛论背景

离言自性在本品中处于核心地位。本品由离言自性、名言法以及假说自性构成的一切法体系，是一个较为特殊的理论模式，其理论背景是离言名言二谛论，不同于唯识论中流行的三自性的理论模式和分析方法。试举两例。

（1）离言法与名言法同存

以唯事和想事为例，唯事是离言法，如果用三自性来分析，唯事是离言依他起性；并且由于唯事是无分别智所证，这样就相当于是净依他。想事是安立了名言的一切法，如果用三自性来分析，想事是名言依他起性，相当于是染依他。而在

---

[1] （唐）玄奘译《成唯识论》卷第七，《大正藏》第31册，第39页。

唯识论中，染依他（如有漏色）与净依他（如无漏色）不能共存，染依他是在见道后方转成净依他（如无漏第六识和第七识），乃至成佛后方转变（如无漏色）。但在本品中，唯事与想事共存不成为问题，即想事中有离言自性，离言自性中包含唯事，所以想事与唯事共存。进而，唯事与想事能共存，是因为本品的理论框架是胜义谛和世俗谛二谛：真如和唯事都是胜义谛，想事是世俗谛，胜义谛与世俗谛是可以共存的。但如果一定要套三自性，那就出现了染依他与净依他共存的错误。

（2）断增益执和损减执二执

在见道的所断所证问题上，此体系是要断增益执和损减执，证离言自性（包括真如和唯事），这是因为此体系的核心思想是"离言自性有、假说自性无"。进而，此体系的见地（善取空与恶取空）和修行方法（四寻思四如实智）等，也都与此核心思想相应。而三自性论在见道的所断所证问题上，所断只是遍计所执（相当于增益执），所证只是真如，这也是两者的不同之处。

所以，上述概念的内涵差别，都有其理论体系差别的深刻原因。

另外，此体系侧重胜义谛，对世俗谛（名言法）论述不多，也没有讨论对新事物的名言安立问题。而且，此体系的作用是"辨空有"，基本不涉及唯识思想。

四、《摄抉择分·真实义品》主要思想

本品包括五事抉择和三自性抉择。

（一）五事抉择

《摄抉择分》的五事,《楞伽经》称五法。

1. 五事体系的地位

五事或五法，是指相、名、分别、正智、真如。其中的相、名、分别，在《般若经》等其他大乘经中也出现过，但完整论述五法的是瑜伽行派系经论。如《解深密经》已经有了五法的初步表述，即一切种子心识中藏有"相、名、分别言说戏论习气"[1]。《楞伽经》的理论体系是"五法三自性、八识二无我"；而且五法是其体系的核心，如说"三性、八识及二无我，悉入五法"[2]。本论本品则详细抉择了五事。

早期瑜伽行派之所以重视五法理论，是因为大乘提出了"一切唯心造"[3]思想，而"一切法唯识"的唯识思想实际是大乘"一切唯心造"思想的展开和深化。大乘"一切唯心造"思想强调了心的作用。而五法理论认为，相是"分别所行境"[4]，

---

[1]（唐）玄奘译《解深密经》卷第一,《大正藏》第16册，第692页。
[2]（唐）实叉难陀译《大乘入楞伽经》卷第五,《大正藏》第16册，第620页。
[3]（唐）实叉难陀译《大方广佛华严经》卷第十九,《大正藏》第10册，第102页。
[4]（唐）玄奘译《瑜伽师地论》卷第七十二,《大正藏》第30册，第696页。

其中，相是一切法，分别是识和心所。由此可见，一切法并不是独立存在，而只是作为心的认识对象而存在。显然，这既与"一切唯心造"思想相应，也可进一步发展到"一切法唯识"。因此，五法体系可看作从"一切唯心造"到"一切法唯识"的一种过渡思想。

2. 本品五事抉择的主要内容

本品五事抉择，以两首颂展开了对五事的各种论述，包括：五事的定义、五事的性质、五事与诸法的关系（这是要说明五事与历来佛教概念和理论相互间的一致性）、五事与密意说（这是对五事与历来佛教概念和理论不一致处进行会通）等。

（1）五事的定义

就五事定义的特色而言，相与名实际上是就相互关系来定义的，相是指"所有言谈安足处事"[1]，即可以安立名言的事；名是指"即于相所有增语"[2]，就是在相上增益的名言（名称）。此相与名的定义或性质，虽某种意义上可与离言名言法体系相通，如说相本离言，就是离言自性中的唯事；安立名言的相，就是想事。但根本上，两体系有不同之处，即在相、名、分别体系中，相是分别所行境，分别是凡夫有漏心，所以相是有漏相。进而，在相上安立名的是分别（凡夫心），而不是正智（圣者心），此体系中没有出现过正智在相上安立名的论述。

---

[1] （唐）玄奘译《瑜伽师地论》卷第七十二，《大正藏》第30册，第696页。
[2] （唐）玄奘译《瑜伽师地论》卷第七十二，《大正藏》第30册，第696页。

再看分别的定义,分别是指"三界行中所有心心所"[1],也就是八识与心所。此定义的特点是对八识和心所不作区分,而将它们统称为分别。由此定义来看分别与相的关系,相是"分别所行境",这意味着一切法不是脱离分别(识与心所)而存在,而只是以分别的认识对象的方式存在,这是大乘"一切唯心造"思想的一种表现,是"一切法唯识"思想的初步表达。但另一方面,此体系将八识及心所统称为分别,这样,既没有显示第八识在唯识中的突出作用(因能变唯识),也没有细化八识在唯识中的各自作用(果能变唯识),所以此体系只是包含了初步的唯识思想。

至于本品没说名是"分别所行境",因为名只是第六识的所行境,所以严格来说,不能说是"分别所行境",但如果就分别包括了第六识而言,那么,宽泛地说,名也是"分别所行境",从而说一切法唯识。

(2)五事的性质

本品对五事性质的论述,包括五事有无、假实,五事非异非不异等众多内容,由此进一步展开了五事各自的特点及相互关系。

以五事非异非不异中相与其他四事关系为例,相与其他四事都不能说异,不能说不异。以相与名为例,相与名若异,名就应该是实有,这是因为,名本是在相上安立的(或者

---

[1] (唐)玄奘译《瑜伽师地论》卷第七十二,《大正藏》第30册,第696页。

说,名依声假立,声属相),是假有,若名与相全然不同,则名应脱离相而存在,那样的话,名就是一种独立的存在,所以名应实有。但若相与名不异,那么,举例来说,如眼识认取青色时,眼识应该也能同时认取青色之名。此外,相与分别、真如、正智的关系,也同样是说异或不异都有错,详见正文。

(3)五事与诸法的关系

一种佛教新理论的成立,首先一定要与先前的理论有一致性或相应性,所以,需要对这种一致性作出论证和阐释。

本品论述了五事与其他各种佛教理论的相应性,包括与原始佛教和部派佛教各种理论的相应性,与大乘佛教各种理论的相应性,乃至与瑜伽行派其他理论的相应性等内容。以下就五事与瑜伽行派其他理论的相应性,略举数例。

首先是五事与五位法。五位法是识法、心所法、色法、心不相应行法、无为法。对五事与五位法的关系,本品说:"相,通五种;名,唯心不相应行;分别、正智,通心及心所有;真如,唯无为。"[1] 即五位法都有相,名只是心不相应行法,分别和正智是心法与心所法,真如只是无为法。

其次是五事与四种真实。四种真实是《本地分·真实义品》中的理论,对五事与四种真实的关系,本品说:"世间所成真实、道理所成真实,三事所摄。烦恼障净智所行真实、所

---

[1] (唐)玄奘译《瑜伽师地论》卷第七十二,《大正藏》第30册,第697页。

知障净智所行真实，二事所摄。"[1] 即世间所成真实和道理所成真实，包括相、名、分别三事；烦恼障净智所行真实和所知障净智所行真实，包括真如和正智二事。

最后是五事与四寻思四如实智。四寻思四如实智是瑜伽行派和唯识宗的一个极为重要的理论，本论的《本地分·真实义品》中对之也有详尽论述。对五事与四寻思四如实智的关系，本品说："问：如是五事，四种寻思，此中何事摄几寻思？答：如理作意相应分别，总摄四种。问：如是五事，四种如实遍智，此中何事摄几如实遍智？答：一切皆是正智所摄。"[2] 即与如理作意相应的分别，总的包括四种寻思；而四种如实智都属正智。

此外，五事理论与其他新理论一样，往往也与传统理论有似乎不同的说法。对这种不同，瑜伽行派是用密意说来进行解释，以求说明，尽管各种理论表面有不同，但从深层次看，这些理论还是有着一致性的。关于五事与密意说，本品将在三自性抉择之后再作说明。

3. 五事体系与离言名言一切法体系比较

（1）如上所说，离言名言法体系是以胜义谛为出发点，由胜义谛（离言自性）安立世俗谛（名言法）；此外，此体系详论离言自性，略说名言法。而五事体系是世俗谛与胜义谛并举，以世俗谛为出发点，全面论述二谛，尤其是详论世俗谛，

---

[1] （唐）玄奘译《瑜伽师地论》卷第七十三，《大正藏》第30册，第702页。
[2] （唐）玄奘译《瑜伽师地论》卷第七十三，《大正藏》第30册，第702页。

如相的有与无、实有与假有、世俗有与胜义有、由什么生起、与四事的关系、相的种种行相等。

（2）离言名言法体系明确离言自性是有，名言自性是无，但对名言法之有无没有明确论述，只是从善取空、四寻思四如实智等可推知名言法（即世俗谛）是有。五事体系明确，相、名、分别都是依他起性，所以世俗谛是有。

（3）离言名言法体系的名言安立，主要是圣智在离言自性上安立名言，同时也可以是凡夫想心所在想事上安立名言。五事体系的名言安立，只是由分别（凡夫心）在相上安立名，而没有正智（圣智）在相上安立名的说法。

（4）离言名言法体系的离言含义，特指唯事（真如离言是大乘各宗一致的说法）。五事体系的离言含义，不是指离言唯事，而是相上"自性、差别假立不成就义"。

（5）离言名言法体系没有论述对新事物安立名的问题。五事体系的"无相相"分别，即对不知名称之事进行思维分别，为凡夫对新事物安立名提供了合理依据，符合凡夫为新事物命名的事实。

（6）离言名言法体系基本没有唯识思想。五事体系的"相是分别所行境"，强调了心的作用，可看作包含了初步的唯识思想；但此体系将八识及心所统称为分别，没有显示第八识在唯识中的突出作用（因能变唯识），也没有细化八识在唯识中的各自作用（果能变唯识），所以还不是明确的唯识思想。

（二）三自性抉择

1. 三自性论的作用和演变

三自性论是瑜伽行派立宗的特色理论，《解深密经》就是依三自性论建立"三时教法"的了义说的。此外，三自性论在修行中也发挥了重要作用，如从《解深密经》的总空性相到窥基的五重唯识观，这些唯识修行也都是以三自性和三无性作为法门。

三自性论是对二谛论的发展。三自性不着眼于具体法，而是总判一切法的有无与真假，即遍计是无，依他、圆成是有；遍计、依他是假，圆成是真。

由于三自性论的重要性，一般瑜伽行派和唯识宗经典对三自性都有论述，而以本论对三自性的论述最为全面。

诸经论对三自性的论述有相同处，有不同处。本论的三自性论，与《解深密经》的三自性论大体相同，而与《摄论》和《成论》的三自性论既有一致处也有不同处。

这些异同的产生，有多重原因。以本论与《解深密经》三自性论大体相同来说，首先，由于两者的一切法体系都是离言名言法体系和五事体系，所以两者的遍计所执性乃至依他起性都与名言安立有关，因此，两者此二性的定义有相同之处。其次，两者的三自性理论宗旨相同，都是用于说明诸法之有无。此阶段的三自性理论与"一切法唯识"并无直接联系。

而《摄论》的一切法体系是阿赖耶识生起的十一识，与名言安立无关或基本无关；其宗旨是要说明一切法（依他起的十一识）"皆是识"。

《成论》的一切法体系是以五位百法为基础的八识三能变，也与名言安立无关或基本无关；其宗旨是要说明一切法（包括三自性）"不离识"。

因此，由上述种种原因，造成了诸经典三自性论的异同。

2. 本品三自性抉择的主要内容

本品三自性抉择，以三首颂展开了对三自性的各种论述，包括三自性的定义、三自性的性质、三自性与诸法的关系等。

（1）三自性的定义

由于圆成实自性在诸经论中的定义基本相同，都是指真如，所以下面主要讨论遍计所执自性和依他起自性。

关于三自性定义，本品说："云何遍计所执自性？谓随言说依假名言建立自性。云何依他起自性？谓从众缘所生自性。"[1]

进而，本品论述三自性的"缘"（即依凭）时说："问：遍计所执自性缘何应知？答：缘于相名相属应知。问：依他起自性缘何应知？答：缘遍计所执自性执应知。"[2]

由上述论述可知，本品三自性是以五事（五法）体系为基础，与名言安立有关。

---

[1] （唐）玄奘译《瑜伽师地论》卷第七十三，《大正藏》第30册，第703页。
[2] （唐）玄奘译《瑜伽师地论》卷第七十三，《大正藏》第30册，第703页。

先看遍计所执自性。遍计所执自性是"随言说依假名言建立自性",即此性是依假名建立的自性,而假名又是建立在相上,所以,此性根本上是依"相名相属"而形成。"相名相属"就是认为(或执着)相与名有必然的联系,这是一种错误的观念。实际上,相与名的联系是世人的约定俗成,两者间并不存在必然联系,执着两者有必然联系,就是遍计所执;而由"相名相属"而来的假说自性(或称为言说自性等),就是遍计所执自性。

再看依他起自性。依他起自性是"从众缘所生自性",这是所有瑜伽行派和唯识经典一致的说法,是依他起自性广义的定义。进而,本品(还有《解深密经》)对依他起自性还有特定说法:依他起自性是依"遍计所执自性执"而生起。这是依五事体系的一种特定说法。遍计所执自性是一种不存在的东西,在本论中就是假说自性,对此的执着就是遍计所执自性执。此执是心的执着,心的执着不是不存在的东西,而是存在的,无始以来一直存在,要到见道位开始才能逐步断除,到佛位断尽。心对不存在东西的执着就是遍计所执自性执,心的此种现行执着,能熏成种子,种子又能生起现行诸法,所以遍计所执自性执是依他起自性的起源。

再从"相名相属"来看本论的遍计所执自性和依他起自性的关系。"相名相属"是遍计所执,被执着的名言自性是遍计所执自性;而分别心对"相名相属"的执着,就是遍计所执自性执,此执是依他起自性。此分别心的执着会熏成种子,以青色为例，分别心执着青色的相和名有必然联系或执着名言自性，此分别心的现行会熏成两类种子：一是熏成分别心自己的种子，这称为见分熏，是分别心自己熏成自己的种子。二是熏成青色种子，这称为相分熏，是分别心借助（青色）名而熏成相分（青色）的种子，此类种子是分别心依遍计所执自性执而熏成。虽说无始以来，青色一直有自己的种子，但追溯源头的话，青色种子（以及其他色法种子）是分别心（即第六识）借助名而熏成。

此外，关于遍计所执自性，本品又说了五种类别："一依名遍计义自性，二依义遍计名自性，三依名遍计名自性，四依义遍计义自性，五依二遍计二自性。"[1] 这五种遍计所执自性完全是对名和义的执着，由此可知，本品的遍计所执自性是依五法体系而说。

（2）三自性的性质

本品论述了三自性的各种性质，包括三自性的遍知、永断、证得等内容。本品对三自性性质的论述，许多仍延续《本地分·真实义品》的离言名言法体系的说法，但也出现了一些不同于离言名言法体系的说法。

如关于见道时三自性的所断所证问题，《本地分·真实义品》的说法是："不于实无起增益执，不于实有起损减执，不增不减，不取不舍，如实了知如实真如离言自性。"[2] 所以，需

---

[1] （唐）玄奘译《瑜伽师地论》卷第七十三，《大正藏》第30册，第703页。
[2] （唐）玄奘译《瑜伽师地论》卷第三十六，《大正藏》第30册，第489页。

破增益执和损减执二执，才能证真如圆成实性。这是基于离言名言法体系的说法。

但在本品（《摄抉择分·真实义品》）中，相关的说法是："问：若观行者如实悟入遍计所执自性时，当言随入何等自性？答：圆成实自性。问：若观行者随入圆成实自性时，当言除遣何等自性？答：依他起自性。"[1] 所以，证圆成实性只是破遍计所执（相当于增益执）。

其后的瑜伽行派和唯识宗经典，基本不用离言自性（或离言法性）的概念，所以也不提损减执了，要证圆成实性，所需破的就只是遍计所执（增益执）。

此外，本品对三自性的论述，大多成为其后瑜伽行派和唯识宗经典的所依，如三自性与凡圣智所行的问题，本品说："问：遍计所执自性，何等智所行？为凡智耶？为圣智耶？答：都非智所行，以无相故。问：依他起自性，何等智所行？答：是二智所行。然非出世圣智所行。问：圆成实自性，何等智所行？答：唯圣智所行。"[2] 此后，《成论》也同此说。

（3）三自性与诸法的关系

本品论述了三自性与相等五事的关系，三自性与无生法忍、三解脱门的关系等。

以三自性与相等五事的关系为例，诸经论对此问题众说纷纭，《成论》作了如下总结。

---

[1]（唐）玄奘译《瑜伽师地论》卷第七十四，《大正藏》第30册，第705页。
[2]（唐）玄奘译《瑜伽师地论》卷第七十四，《大正藏》第30册，第705页。

《瑜伽论》（还有《显扬论》）认为，相、名、分别、正智属依他起性，真如属圆成实性，五法无遍计所执性。《辩中边论》认为，相和分别属依他起性，名属遍计所执性，正智和真如属圆成实性。《楞伽经》认为，分别属依他起性，相和名属遍计所执性，正智和真如属圆成实性。世亲《摄论释》认为，名属依他起性，义属遍计所执性。

《成论》认为，各种唯识经论所述五法与三自性的关系，文字上虽有差异，而意义并不互相违背，但以《瑜伽论》的说法最完善。[1]

进而，如果再对各种说法差异的原因进行分析，以《楞伽经》与《瑜伽论》对相和名说法不同为例，《楞伽经》说相和名是遍计所执性，这是依是否颠倒而说，即相和名都属颠倒，因而是遍计所执性；而《瑜伽论》说相和名是依他起性，这是就有无而说，即相和名都是有，有其存在性，所以是依他起性。

（三）五事和三无性的密意说

本论对三自性与诸法关系的论述，除与其他佛教经典的论述有一致处外，还有不同处，本论对不同处作了会通，这就是密意说。

这种会通，《解深密经》已经作过，会通根本上是依三无

---

[1]（唐）玄奘译《成唯识论》卷第八，《大正藏》第31册，第47页。

性而进行。三无性依三自性建立。三无性说在形式上与般若系经有相似处，但也有根本的差异，即在般若系经中，无性是本；而在《解深密经》中，三自性是本，三无性是末。

本品的会通，除与《解深密经》在上述问题上一致外，不同处在于：本品的会通或密意说，是在五事中依三无性而说。

本品的密意说，共论述了十四种经教的密意，包括一切法皆无有二、一切法皆无自性等密意。此十四种经教密意，有些密意，如一切法皆无自性的密意，一切法无生无灭、本来寂静、自性涅槃的密意，《解深密经》已依三无性作了阐释，本论则依五事又作了阐释。现举数例。

如本品说："问：世尊依何密意，说一切法皆无有二？答：即依如是所说五事，由俗自性说无自性，由别别相说有自性。"[1]

即五事中，相、名、分别是世俗谛，其"俗自性"是假说自性，此自性是无，所以相、名、分别"由俗自性说无自性"；真如和正智是胜义谛，胜义谛中也无俗自性。因此，五事"由俗自性说无自性"。"别别相"即诸法自相，诸法自相离言。五事中前四事的"别别相"相当于前文的唯事；真如也有离言自相，所以五事"由别别相说有自性"。因此，五事既可说无自性也可说有自性，所以无二。这样，"一切法皆无

---

[1]（唐）玄奘译《瑜伽师地论》卷第七十三，《大正藏》第30册，第702页。

有二",实际上不是依其字面含义就能成立的,需要从假说自性和离言自性两方面来进一步阐释,使之成立,这就是密意说。

再如:

> 问:世尊依何密意,说一切法皆无自性?答:由依彼彼所化势力故,说三种无自性性:一相无自性性,二生无自性性,三胜义无自性性……此中五事,非由相无自性性故说无自性,然由生无自性性故、胜义无自性性故,随其所应,说无自性。谓相、名、分别、正智皆由二种无自性性,真如不由无自性性,说无自性。是故世尊依此密意,于伽他中说如是言:我说一谛,更无第二。[1]

即"一切法都无自性",是依相无自性性、生无自性性、胜义无自性性三种无自性而说的,其中,相无自性性是指遍计所执自性,而此处的生无自性性、胜义无自性性都是指依他起自性(详见正文)。

就五事与三无性来说,五事都不是遍计所执性,所以五事都不能依相无自性性说无自性,而是由其他两种无自性性说无自性。其中,相、名、分别、正智四事,都是依他起性,所以是依生无自性性和胜义无自性性说无自性。从生无自性性说上

---

[1] (唐)玄奘译《瑜伽师地论》卷第七十三,《大正藏》第30册,第702页。

述四事无自性,是因为依他起性是由因缘而生,非自然(即无条件)而生,所以就从非自然生含义说四事无自性。从胜义无自性性说四事无自性,是因为依他起性由因缘而生生灭灭,非不生不灭,故非胜义,所以,就依他起性非胜义性,说四事无自性。但真如不由生无自性性和胜义无自性性说无性,因为真如有实体性,有胜义存在性,所以不由上述两种无自性性说无性。由此世尊说:"我说一谛,更无第二。"即真谛只有真如,更无第二真谛。

由于经中的"一切法皆无自性"并不能依三无性完全成立,而只能依生无自性性和胜义无自性性成立,所以是密意说。

本团队的《唯识经典直解丛书》,将《瑜伽师地论直解》也列入了出版计划之中。但《瑜伽师地论直解》篇幅太大,短时期内难以完成,所以先将其中极为重要的《本地分》和《摄抉择分》的《真实义品》(原文以《大正藏》本为依据,个别文字略作校正)写成《直解》,作为单行本出版,以方便读者阅读和研究。两分《真实义品》中,《本地分》的《真实义品》,由于其重要性,已有许多大德作过讲座,或出过著作。笔者在仔细研读原典后,形成了一些自己的想法,在此书中一并写出。

本书与《解深密经直解》一样,主体部分都是为帮助读者理解而对原文作的译注和解读;同时,本人在其间穿插了一些关于唯识思想史的个人研究的最新观点，并在两书的《总序言》和《前言》中对这些最新观点作了系统和详细的阐述。这些最新观点，如《解深密经直解》的"唯识义三阶段"和本书的"从'辨空有'到'成唯识'"，或是本人孤陋寡闻，似乎并未有前人提出过。由于这些想法是发前人之未发，所以很可能有不当之处，还望诸位大德、专家和读者不吝赐教指正。

　　唯识学研究与佛学中其他研究一样，涉及方面众多。传统的研究主要是义理研究，此外还涉及语言学、文献学和历史学等研究。虽说后三类研究在传统研究中也一直存在，但现代学术界的相关研究无疑做得更为深入细致，从而获得了更多更大的成果。但本人才疏学浅，没有能力和精力同时展开上述众多方面的研究，而是只能致力于义理研究。即使只从事义理研究，本人也只集中在唯识思想内部的演变上，并未独立地展开唯识思想与佛教其他各宗思想的比较研究，包括与大乘的中观、如来藏思想的比较研究，也包括与部派佛教思想乃至原始佛教《阿含经》思想的比较研究。此类研究，或许本人以后有精力可展开若干，但更可能由于要全力从事《唯识经典直解丛书》的写作，完全没有精力展开，有待其他有志者大展宏图了。

　　最后，随着研究的深入，本人经常会产生一种"觉今是而昨非"的感受，即对某些概念和理论，过去的解释，现在再看，发现存在不足乃至问题。这在研究工作中或许是正常乃至必然的，只能在此声明，若读者发现此类问题，一律以本人的最新研究成果为准。谨在此先行向读者致歉。

林国良

最终修改于 2022 年 1 月

本地分·真实义品

【题解】

本品首先简说二种真实与四种真实；其后详尽讨论第四真实，即所知障净智所行真实，包括如何了知第四真实和如何证第四真实。

一、二种真实和四种真实

二种真实：一是依如所有性诸法真实性，即真如；二是依尽所有性诸法一切性，即一切法。所以，一切法及其真如本性是真实。由此可见，此二种真实是从存在论说真实。

四种真实：一是世间极成真实，这是凡夫智认识的真实境；二是道理极成真实，这是凡夫智和圣者智依道理（世间或出世间道理）而认识的真实境；三是烦恼障净智所行真实，这是二乘圣者依无漏智认识的真实境；四是所知障净智所行真实，这是如来依无漏智认识的真实境。由此可见，此四种真实是从认识论说真实。

二、如何了知第四真实

第四真实是如来智所认知的真实，能了知此真实的是圣者的无分别智，凡夫没有无分别智，只能通过"无二所显"来了知此真实。

"无二所显"在本品是指"有"与"非有"无二。"有"与"非有"是两种错误观点，"有"指有假说自性，"非有"主要指非有离言自性。

假说自性（也称言说自性、随言自性等）就是由名言安立（即建立诸法名称）而形成的诸法自性。本品从三方面论证了假说自性"非有"。首先，一法可以有多名，所以名不代表诸法自性（即诸法之体）。其次，如果诸法名称可以代表诸法自性（即诸法之体），那么，是安立了名才有诸法自性，还是先有诸法自性才安立诸法名称？本品论证了此两种观点都属错误。所以假说自性"非有"。

离言自性是法无我智所证，所以是真实有。离言自性包括真如与唯事。凡夫由于没有法无我智，所以对离言自性的了知，一是通过假说自性不存在，反证离言自性存在；二是通过教证，即佛经中关于离言自性的种种论述，来了知离言自性的存在。

进而，由"有、非有"形成了两种执，即增益执和损减执。增益执是错误地认为假说自性是有，损减执主要是错误地认为离言自性非有。了知并证第四真实，需破此二执。

由上述二自性、二执，本品提出了善取空与恶取空的区别。

所谓善取空，就是在"色等想事"（即假立诸法）中，由假说自性空而说诸法空，由离言自性不空而说诸法不空。恶取空则认为，在"色等想事"中，不但假说自性是无，离言自性也是无，"色等想事"也是无，所以诸法空。本品对此恶取空思想作了猛烈批判，认为其危害性要超过有我见（即我执）。

三、如何证第四真实

证第四真实，需断执障。本品说的所断执障，主要是由八种分别所生的我执、法执和贪、嗔、痴、慢等烦恼；而能断执障能证真实的是四寻思四如实智。

四寻思四如实智都是修观，两者所观相同。差别在于，四寻思只是"观"，即观察和思维；四如实智是"观见"，就是证得。本品对四寻思的论述较为简单，就四如实智的内容来看，四如实智所断，并非只断我执法执等增益执，而是要同断增益执和损减执二执。

名寻思所引如实智是要如实了知，"如是名为如是义，于事假立"，这是破增益执。

事寻思所引如实智是要如实了知，"观见一切色等想事，性离言说，不可言说"，这是要破损减执，如实了知即证离言自性是有。

自性假立寻思所引如实智是要如实了知，"色等想事中所有自性假立，非彼事自性，而似彼事自性显现"，这也是破增益执，即假说自性非真实有。

最后，差别假立寻思所引如实智是要如实了知，"谓彼诸事，非有性非无性，可言说性不成实，故非有性；离言说性实成立，故非无性"。这是双破增益执和损减执，即认为诸事（即想事）"有性"（即有假说自性），这是增益执；认为诸事（即想事）"无性"（即无离言自性），这是损减执。此二执同时破，方能证第四真实。

四、四种真实优劣

本品最后对四种真实作了比较："初二下劣，第三处中，第四最胜。"即世间极成真实和道理极成真实"下劣"，烦恼障净智所行真实"处中"，所知障净智所行真实"最胜"。

世间极成真实和道理极成真实是（或主要是）凡夫认知境，如果从真妄来说，属妄，所以不能说是真实；但从有无来说，因为此二真实仍是有，所以也是真实。

五、本品属有无之辨

最后需指出，本品的理论特色是离言法与名言法两分法。就离言自性、想事、假说自性三者的"有、非有"来说，离言自性是胜义谛，想事是世俗谛，二者是"有"，否定其"有"，是损减执；假说自性则是增益，是"非有"，执着其有，就是增益执。增益执需破，若进而取损减执，就是恶取空；不取损减执，就是善取空。

一、真实义类别

（一）二种真实义

【原文】

云何真实义[1]？谓略有二种：一者依如所有性诸法真实性，二者依尽所有性诸法一切性。如是诸法真实性、一切性，应知总名真实义。

【简注】

[1] 义：《瑜伽论记》卷第九说："义者是境。"从存在论说，"真实义"是指真实的存在境；从认识论说，"真实义"是指真实的认识对象或真实的认知境。

【今译】

什么是真实境？略说有二种：一是依如所有性［而说的］诸法真实性，二是依尽所有性［而说的］诸法一切性。如此诸法真实性、诸法一切性，应知总称真实境。

【评析】

此处论述两种真实义，也就是两种真实的存在或存在境。第一种是"依如所有性诸法真实性"，其中的"如所有性"是指真如，真如是一切法（有为法）的本性，所以称"依如所有性诸法真实性"。第二种是"依尽所有性诸法一切性",其中的"尽所有性",《解深密经》卷第三说:"尽所有性者,谓诸杂染清净法中,所有一切品别边际,是名此中尽所有性。如五数蕴、六数内处、六数外处,如是一切。"[1] 所以,"尽所有性"就是染净一切法,或者说,是五蕴、十二处,是一切有为法。"边际"是穷尽的意思,如色蕴就包括了一切色法,没有色法是在色蕴之外的。"如所有性"被称为诸法真实性,"尽所有性"被称为诸法一切性,所以,一切有为法及其本性真如,总称"真实义"。

由此可见,两种真实义是从存在论来说的,即一切法的存在及其本性,都是真实义。其中,真如是胜义谛,一切法是世俗谛,所以,两种真实义又是从二谛来说的。

关于真实,佛典中有不同说法。在唯识论之前,佛教所说的真实,尤其般若经和中观宗所说的真实,都是指胜义谛。胜义谛是不虚妄的存在,所以是真实;而世俗谛被认为是虚假,这样就谈不上是真实。因而,以是否虚妄为真实的标准,则胜义谛是真实,世俗谛不是真实。

但唯识经典的说法有所不同,如《大乘入楞伽经》卷第三说:"五法为真实。"[2] 而五法中,"相、名、分别"显然属世俗谛,这样,世俗谛也可说是真实。同样,本论(《瑜伽师地论》,下同)说尽所有性也属真实,也是说世俗谛是真实。那

---

[1] (唐)玄奘译《解深密经》卷第三,《大正藏》第16册,第699页。
[2] (唐)实叉难陀译《大乘入楞伽经》卷第三,《大正藏》第16册,第606页。

么，世俗谛为何可说是真实？

这是因为，《楞伽经》和本论说真实，不是以虚妄与否作为标准，而是以有无或存在与否作为标准。如窥基在《瑜伽师地论略纂》（以下简称《略纂》）卷第十中说："今有言有，无即言无，称当真实。"[1] 世俗谛也有其存在性（尽管如幻），这样来说，存在的（即有）就是真实，不存在的（即无）则不是真实。

此有无或存在与否的标准，在下面世间极成真实的分析中，尤为重要。

（二）四种真实义

【原文】

此真实义品类差别，复有四种：一者世间极成真实，二者道理极成真实，三者烦恼障净智所行真实，四者所知障净智所行真实。

【今译】

此真实境的种类差别，又有四种：一是世间极成真实，二是道理极成真实，三是烦恼障净智所行真实，四是所知障净智所行真实。

---

[1]（唐）窥基撰《瑜伽师地论略纂》卷第十,《大正藏》第43册,第134页。

【评析】

此处介绍四种真实的名称。如果说上述二种真实是从存在论层面说的，是两种真实的存在境，那么，此处四种真实则是从认识论层面说的，是四种真实的认知境。简言之，第一种世间极成真实，是凡夫智认识的真实境；第二种道理极成真实，是凡夫智和圣者智依道理（世间或出世间道理）而认识的真实境；第三种烦恼障净智所行真实，是二乘圣者依无漏智而认识的真实境；第四种所知障净智所行真实，是如来依无漏智而认识的真实境。

但此四种真实，虽是依认识论而说的真实，却仍以存在论的真实为背景。以世间极成真实为例，如龟毛兔角等就不在此真实中，所以，此真实是指存在的认识对象，是有法，不是无法。因此，龟毛兔角等无法，虽也是（第六识的）认识对象，但不被认为是真实境。

此外还可注意的是，四种真实中，世间真实和道理真实都加了"极成"，这就是说，世俗智所认知的真实境，须是世人的共识，非共识则不是真实境。如有人可能会产生错觉，将地看作水；又有人在作推理时，得出错误结论。这些错觉和错误推理就不是"极成"，也就不是真实。而二乘智的认知，完全相同；如来智的认知，也完全相同。所以两者都不必加"极成"两字。

从二谛来看，第一世间极成真实，即凡夫智认识的真实境，纯属世俗谛；第三烦恼障净智所行真实和第四所知障净智所行真实,即二乘智认识的真实境和如来智认识的真实境,纯属胜义谛。而道理极成真实,按窥基《略纂》卷第十所说:"通有漏无漏、有为无为法。"[1] 其中,有漏法和有为法是凡夫智的认识对象,无漏法和无为法是圣智的认识对象(圣智也可认识有漏法和有为法),因而道理极成真实通凡夫智认知境和圣者智认知境,也就是通世俗谛和胜义谛。

此外,二种或四种真实义,其体是什么?

先看四种真实义,如前所说,四种真实义是从认识论来说的。而从认识论来说,就有能缘和所缘两方面,那么,四种真实义之体是能缘,还是所缘?或者,能缘和所缘都是其体?《瑜伽论记》中的许多解释,都认为四种真实义之体包括能缘智和所缘境两方面,如说:"前二真实即用五法相、名、分别为体,后二真实即用正智、如如为体。"[2] 但以四种真实义的后两种为例,烦恼障净智所行真实和所知障净智所行真实,都是说"所行真实",即"所行境",所以,此二种真实都是指净智的所缘境,这样就都不包括能缘智。同理,前两种真实义,其体也都是所缘境,不包括能缘智,如世间极成真实是"决定胜解所行境事"[3],道理极成真实是"极善思择决定智所行所知事"[4],因此,四种真实义的体,都是指"所行境",

---

[1] (唐)窥基撰《瑜伽师地论略纂》卷第十,《大正藏》第43册,第135页。
[2] (唐)遁伦集撰《瑜伽论记》卷第九,《大正藏》第42册,第500页。
[3] (唐)玄奘译《瑜伽师地论》卷第三十六,《大正藏》第30册,第486页。
[4] (唐)玄奘译《瑜伽师地论》卷第三十六,《大正藏》第30册,第486页。

即所缘境。

而二种真实义，即依如所有性诸法真实性和依尽所有性诸法一切性，是从存在论来说的，是存在境，这样，能缘和所缘就都是存在境。例如，依尽所有性的诸法一切性包括五蕴，五蕴中，色蕴是所缘，其他四蕴主要是能缘（也可作所缘，另外，行蕴中有思等心所，所以也可作能缘），但五蕴都是尽所有性，所以二种真实义之体包括能缘和所缘两方面。或者说，二种真实义不考虑是能缘还是所缘，而只考虑是否存在，存在的就是真实义。

1. 世间极成真实

【原文】

云何世间极成真实？谓一切世间，于彼彼事随顺假立；世俗串习悟入觉慧，所见同性。谓地唯是地，非是火等；如地，如是水火风、色声香味触、饮食衣乘、诸庄严具、资产什物、涂香华鬘、歌舞伎乐、种种光明、男女承事、田园邸店宅舍等事，当知亦尔；苦唯是苦非是乐等，乐唯是乐非是苦等；以要言之，此即如此非不如此，是即如是非不如是；决定胜解所行境事。一切世间从其本际展转传来，想自分别，共所成立，不由思惟、筹量、观察然后方取，是名世间极成真实。

【今译】

什么是世间极成真实？即一切世人，对种种事相应地借助［种种］名称而建立［种种法］；［一切世人因］反复使用［诸法名称而对诸法］一见即知的世俗慧，所见相同。即地只是地，不是火等；与地一样，水火风、色声香味触、饮食衣服车乘、各种装饰物品、财产家具、涂抹的香膏、披戴的花串、歌舞音乐、种种光照、男女欢爱、田园店铺屋舍等事，当知也是如此［一见即知，所见相同］；苦只是苦不是乐等，乐只是乐不是苦等；总而言之，此即如此，非不如此；是即如是，非不如是；［诸如此类］确定性认识所认取的对象［就是世间极成真实］。［此类认知境是］一切世人无始以来展转传来，［虽是各人的］想［心所］各自的分别［境］，［却对一切世人］共同成立，不由思维、筹划、观察然后确定，［而是一见即知］，这称为世间极成真实。

【评析】

此处论述世间极成真实。世间极成真实在各种唯识典籍中有不同说法，所以需对本品及本论的相关论述作仔细理解。

一、世间极成真实的内涵

1."一切世间，于彼彼事随顺假立"

"一切世间"有两种解释：一是指一切世间法，二是指一切世人。从下句"于彼彼事随顺假立"等来看，第二种解释应更合理。

"事",据本品,有唯事和想事。唯事属离言自性,圣者圣智缘之安立名言法;想事,凡夫想心所缘之安立名言法(详见《前言》)。此处下文说"想自分别",所以,世间极成真实是指由凡夫想心所及相应识无始以来安立的名言法,即一切世间法。

"假立","假"有两种含义,一是借助,二是真假之假。

先看"假"是指借助,此时"假立"也可作两种理解。第一,"假立"是借助名言(语言)而安立诸法的名称,即假立名称。第二,"假立"是借助名言(即名称)安立诸法,即假立诸法,这是因为诸法是安立名后形成,在安立名前并不存在(当然这只是指想事或想法,不是指唯事)。这两种理解,与下文"谓地唯是地,非是火等"结合来看,若"假立"指假立名称,则此句应译为,地的名称只是地的名称,不是火等的名称;若"假立"指假立诸法,则此句可译为,地(这一法)只是地,不是火等(法)。显然,后一种理解和译文应该更贴近原文。此外,下文说,"既无依处,假亦无有,是则名为坏诸法者"[1],这里,"假"即对应"诸法",可知"假立"可以就是假立诸法。此外,本论其他地方也说了"假立诸法",如卷第十三说:"云何假施设?……假立补特伽罗……假立诸法。"[2]

因此,本书的译文将"假立名称"和"假立诸法"两种理解结合,译作"对种种事相应地借助[种种]名称而安立[种

---

[1] (唐)玄奘译《瑜伽师地论》卷第三十六,《大正藏》第30册,第488页。
[2] (唐)玄奘译《瑜伽师地论》卷第十三,《大正藏》第30册,第346页。

种法]",这样与下句"世俗串习悟入觉慧,所见同性"的连接更顺畅。

再看"假"是指真假之假。上述借助名称安立诸法,若用依离言自性安立名言诸法来解释,即离言自性是真;名言诸法是安立,是增益,所以是假。但假不一定就是无,以三自性论来说明,三自性中,若依有无来说,遍计是无,依他和圆成是有;若就真假来说,遍计和依他是假,圆成是真。所以,依他起性既是有又是假(或说幻)。同样,假立的诸法,虽假,却是有,详见下文。

2."世俗串习悟入觉慧,所见同性"

"世俗串习悟入觉慧"及其前两句,《显扬论》卷第六的相应翻译是,"一切世间,于诸事中,由串习所得悟入智见"[1];《辩中边论》卷中的相应翻译是,"若事,世间共所安立,串习随入觉慧所取"[2]。

由《显扬论》的"串习所得悟入智见"和《辩中边论》的"串习随入觉慧"可知,本品的"世俗串习悟入觉慧"也应该是一个词组,其中,"慧"是主词,"世俗串习悟入觉"是"慧"的定语,描述此"慧"。其中,"世俗"描述"慧",就是世俗慧之意;"串习",是反复遇见诸法、反复使用诸法名称之意;"悟入觉",相当于《辩中边论》的"随入觉",是顿时觉知、一见即知之意,与下文的"不由思惟、筹量、观察然后方

---

[1] (唐) 玄奘译《显扬圣教论》卷第六,《大正藏》第31册,第507页。
[2] (唐) 玄奘译《辩中边论》卷中,《大正藏》第31册,第469页。

取"相应。

所以"世俗串习悟入觉慧"之意就是：反复使用诸法名称、对诸法一见即知的世俗慧。

"所见同性"，此处"所见"，实际上包含了见闻觉知，所以此句实际的意思是：世人对见到、听到、嗅到、尝到、触到的某物，所产生的认知或理解都完全相同，如地只是地，等等。

3."谓地唯是地"等

此处是对世间极成真实的举例，有以下特点。

第一，若与下文"无二所显"中"安立假说自性"的举例对比，此处缺了"最后乃至或谓涅槃"，即下文例举了有为法和无为法，此处不提无为法（"或谓涅槃"），因为世间极成真实只是指世间有为法。

第二，"苦只是苦不是乐等，乐只是乐不是苦等"，所以，世间极成真实，不但包括身外世界的认知境，还包括内心感受等的认知境。

第三，此处举例中，没有龟毛兔角等例子，说明龟毛兔角等无法不是世间极成真实。那么，是否由此可知，世间极成真实就是有法？下文还将作详细分析。但另一方面，龟毛兔角等无法，也是第六识的所缘，是第六识的认知境，为什么不属世间极成真实？因为世间极成真实也是一种真实，此真实作为认知境，是真实的存在境，即就存在论来说有其存在性的认知境，因此，有法是真实境，无法不是真实境。

4."决定胜解所行境事"

"胜解"指胜解心所，其作用是形成理解；"决定胜解"就是确定性的理解，毫不犹豫，毫无疑问，"此即如此非不如此，是即如是非不如是"。"所行境事"就是认识对象。

5."一切世间从其本际展转传来"

"本际"，原意是最初时、开始时，但佛教并不认为人类有起源，或六道众生有起源，而认为一切众生都是无始以来一直存在，向前追溯是寻不到头的。所以，这里只是想说，对这类世间极成真实的认知是一直存在的。或者，如果说器世间有成住坏空，那么，"本际"可指劫初。

那么，最初或劫初是谁在"彼彼事"上假立名称？

《解深密经》说："言有为者，乃是本师假施设句。"[1]"言无为者，亦是本师假施设句。"[2] 所以是"本师"假立名称。《瑜伽论记》对"本师"主要有两种解释：一是指劫初梵王，一是指佛。而从《解深密经》来看，"本师"应是指佛。即佛在离言法性上安立名言，成（名言）无为法和有为法，由此奠定佛教教理的基本框架。

本品的名言安立，如下将要说的，包括圣智（圣者智慧）的安立，还有凡夫想心所的安立，而据紧接着的下文"想自安立"可知，此处（世间极成真实的诸法，或世间诸法）是指凡夫想心所的名言安立。

---

[1] （唐）玄奘译《解深密经》卷第一，《大正藏》第16册，第688页。
[2] （唐）玄奘译《解深密经》卷第一，《大正藏》第16册，第689页。

另外，此处说"从其本际展转传来"，即世间诸法或对其的知识，都是无始以来或自古以来一直存在的。但实际上，对一切世间法认知形成的知识，既有传统知识，也有新知识。如地水火风、山河大地等，都是世人既有的知识，传统的知识，这些是世间极成真实。同时，世人也在不断形成新知识，每一时代都有对植物动物、天文地理等的新认识，形成了新知识。特别是近代以来，由于科学理论和科学技术的出现，新知识更是源源不断地涌现。就新知识与既有知识的关系来看，世人的新知识，主要是由道理极成真实（逐步发展）而来，而一旦新知识被确认，形成了共识，也就转化成了世间极成真实。如当代的电子产品，也已成了世人的共识，手机、电脑等及其名称，世人一见即知，一听即知，这也就成了世间极成真实。所以，新知识是由不同时代的世人所建立的。

此外，诸事诸法的名称，一开始不管是谁起的名，但根据下文所说，名与事并没有必然联系，即并非是"相名相属"[1]；而另一方面，一旦对某事起名后，世人就会共同遵守并沿用此名称，这就是约定俗成。所以，诸法的名称，根本上说，是约定俗成。如具有燃烧性质的现象，一开始被称为火，后人就一直沿用此火的名称；但假如此具有燃烧性质的现象，一开始就被称为水，那么，流传下来，后人也就一直会用水称呼此法。

---

[1] 参见（唐）玄奘译《瑜伽师地论》卷第七十三，《大正藏》第30册，第703页。

6."想自分别，共所成立"

世间极成真实是由各人的（与第六识相应的）想心所各自认知，但也对一切世人共同成立，这是"极成"之意。如果有人将水看作地，这类错觉是少数人乃至个别人才有，绝大多数人看水就是水，看地就是地，不会有错觉，这就是"极成真实"。

所以，将水看作地之类的错觉，或者，以苦为乐等部分人的感受，都非世人"极成"认知，都不能列入世间极成真实。世人一致的认识，地是地，苦是苦，"此即如此非不如此，是即如是非不如是"，这才是世间极成真实。

7."不由思惟、筹量、观察然后方取"

对世间极成真实的认知，世人是不假思索，一见即知，因为没有推理过程，所以世间极成真实不是推理一类的比量。那么，世间极成真实是不是现量？下文将作详细讨论。

二、世间极成真实的特点

以上论述世间极成真实内涵时，实际已说了此真实的多种特点，如不是比量、不是非极成的错觉等，下面再依世间极成真实的内涵，深入探讨此真实的另一些特点。

1.世间极成真实是有法

世间极成真实的举例中，没有出现龟毛兔角之类现象，大体可肯定龟毛兔角之类的无法不属此真实，那么，能否由此断定，此真实为有法？这还需再作仔细讨论，因为对此真实的三自性属性，唯识经典有不同说法。如有的典籍说其是依他起性，有的则说其是遍计所执性。如果是依他起性，则此真实是有法；如果是遍计所执性，那么此真实仍不是有法。

如《辩中边论》卷中说："若事，世间共所安立，串习随入觉慧所取，一切世间同执此事，是地非火、色非声等，是名世间极成真实。此于根本三真实中，但依遍计所执而立。"[1] 即世间极成真实"依遍计所执而立"，所以，在《辩中边论》中，世间极成真实是遍计所执性。

但《成论》卷第八说："世间、道理所成真实，依他起摄，三事摄故。"[2] 所以，在《成论》中，世间极成真实和道理极成真实都是依他起性。

窥基的《略纂》卷第十进一步说："初谓世间世俗，共许是有，依世俗理此法是有，除所执之法，故名世间极成真实，以共许故名为真实，即唯有为有漏法。"[3] 所以，窥基认为，世间极成真实是"除所执之法"，即已去除了遍计所执性，是有为有漏法，这样，世间极成真实就是依他起性。

但是，各典籍有各自的语境，脱离了各自的语境，可能无法得出正确结论，所以，最重要的是，在本论中，世间极成真实究竟是遍计所执自性，还是依他起自性？

本论卷第七十四对依他起性举例说："问：依他起自性当

---

[1] （唐）玄奘译《辩中边论》卷中,《大正藏》第31册，第469页。
[2] （唐）玄奘译《成唯识论》卷第八,《大正藏》第31册，第47页。
[3] （唐）窥基撰《瑜伽师地论略纂》卷第十,《大正藏》第43册，第134页。

云何知？答：当正了知一切所诠有为事摄。云何一切所诠事耶？所谓蕴事、界事、处事、缘起事、处非处事、根事、业事、烦恼事、随烦恼事、生事、恶趣事、善趣事……"[1] 以其中的蕴事为例，蕴事就是五蕴，包括色蕴。而世间极成真实所举的例子中，地水火风、色声香味触就属色蕴。色蕴是依他起性，这样，世间极成真实当然也就是依他起自性。

所以，在四种真实义中，世间极成真实是依他起性，是有法，不是无法。

由此可知，世间极成真实为什么被称为是真实。如二种真实义，是以有和无作为标准，有法就是真实，依尽所有性的诸法一切性有其存在性，所以是真实；同样，世间极成真实也是有法，所以也是真实。

此外，本品说四种真实，"当知如是四真实义，初二下劣，第三处中，第四最胜"。[2] 即世间极成真实是与其他三种真实一样的真实，只是此真实在四种真实中是最低劣的真实，但尽管最低劣，却仍是真实。

再将龟毛兔角与世间极成真实相比较，两者都是第六识的所缘境或所知境（五识只是缘色声香味触，第六识是知色声香味触），但由于龟毛兔角不是有法，所以不是真实义，即不是真实的认知境；而世间极成真实是有法，所以是真实义，即真实的认知境。

---

[1] （唐）玄奘译《瑜伽师地论》卷第七十四，《大正藏》第30册，第706页。
[2] （唐）玄奘译《瑜伽师地论》卷第三十六，《大正藏》第30册，第491页。

2. 世间极成真实是《解深密经》的"世间现量"

如前所说，世间极成真实不是比量，那它是不是现量？

对唯识量论研究得较为透彻的是陈那的量论。据陈那量论，现量不涉及语言，不涉及思维，涉及语言和思维的就不是现量，而是比量或非量。世间极成真实是"决定胜解所行境事"，这就不是五识或五俱意识等的现量境，而是与第六识相应的胜解心所的认知境。具体地说，见"地唯是地"时，地的名称或概念已被运用；而且，知地是地，非是火等，不但感觉已形成，认知也已完成；这样，按陈那量论，此认知就不可能是现量。另外，此认知"不由思惟、筹量、观察"，所以也不是比量。这样，此世间极成真实，既不是现量，也不是比量，那么，在陈那的量论中，就只是似现量了。

但《解深密经》说了世间现量，与陈那的现量，含义不同。

《解深密经》卷第五说："谓一切行皆无常性，一切行皆是苦性，一切法皆无我性，此为世间现量所得。"[1] 通常，对无常、苦、无我的认知，都被认为是比量，为什么《解深密经》将此类认知说成是（世间）现量？这与《解深密经》的比量概念有关。

《解深密经》说的与无常相关的比量是"一切行皆刹那性"："谓一切行皆刹那性……由彼能依粗无常性，现可得

---

[1] （唐）玄奘译《解深密经》卷第五，《大正藏》第16册，第709页。

故。"[1] 其中的"粗无常性",就是"一切行皆无常性",是世间现量;而"一切行皆刹那性"是细无常性,是依"一切行皆无常性"而立,是比量。

为什么"一切行皆刹那性"是依"一切行皆无常性"而立的比量?

"一切行皆无常性"作为"粗无常性",实际是说,这是一种直觉的经验,是对生命不断地趋向衰老、环境不断地变化消失的一种感性体验。进而由"一切行皆无常性"可推知"一切行皆刹那性",因为一切法如果最初一刻不是无常,而是恒常不变,此后就没有刹那生灭,所以,一切法的存在,从第一刻到以后每一刻都是刹那生灭的。因此,由"一切行皆无常性"可推知"一切行皆刹那性",前者是(世间)现量,后者是比量。

世间极成真实的量论属性,大体可参照《解深密经》的世间现量,即对有法的认知已形成,但还不是比量,所以是世间现量。

由此来理解《解深密经》的世间现量和本论的世间极成真实,这实际是指思维刚出现、已运用语言,但还没有充分展开而作推理时的认知状态。这种认知状态,在陈那量论中,是似现量;但在《解深密经》和本论中,这也是一种现量,称为世间现量(本论也有"世间现量"的概念,但那是指色根现量和

---

[1] (唐)玄奘译《解深密经》卷第五,《大正藏》第16册,第709页。

意受现量的"二种总说",所以与《解深密经》的世间现量含义不同)。

最后,世间极成真实主要是凡夫智的认知境,那么,此认知境是否也通佛菩萨?应该说也通。即佛菩萨称呼世间法,也用世人共用的名称,地是地,水是水,等等。所区别的是:世人会依名而执着假说自性,佛菩萨用世俗各种名称却没有任何执着。

3. 世间极成真实是知觉类知识

最后来看世间极成真实与心理学、知识论的关系。

从心理学角度来说,世间极成真实主要是知觉。心理学对知觉有非常详尽的研究,李汉松的《意识心理学》总结知觉的特点如下:

> 通过感觉,我们只知道事物的个别属性;通过知觉,我们才对事物有一个完整的映像,从而知道它的意义。与感觉相比较知觉又具有以下不同的特性。
>
> 第一,知觉反映的是事物的意义。知觉的目的是解释作用于我们感官的事物是什么,尝试用词标志它,因此知觉是一种对事物进行解释的过程。
>
> 第二,知觉是对感觉属性的概括,是对不同感觉通道的信息进行综合加工的结果,所以知觉是一种概括的过程。
>
> 第三,知觉包含有思维的因素。知觉要根据感觉信息和个体主观状态所提供的补充经验来共同决定反映的结

果,因而知觉是人主动地对感觉信息进行加工、推论和理解的过程。可以说感觉是知觉的基础,知觉是感觉的深入。[1]

关于知觉,心理学常用的一个例子是:看到一个苹果的红颜色是感觉,而看到一个红色的苹果则是知觉。这就是上述第一个特征:"知觉反映的是事物的意义"。即对于一个红苹果,眼识只看到红色,知觉能告诉我们,这是一个红苹果。

再从世间极成真实的认知来分析,对一个红苹果的认知,也属"饮食衣乘",所以是世间极成真实的认知。分析此认知,眼识看到的是红色,鼻识嗅到的是苹果的香气,舌识尝到的是苹果的甜味,身识(如用手摸)可产生相应的触觉,这些都是感觉。而第六识形成的是红苹果的知觉。所以,知觉是对各种感觉信息的综合加工。

此外,对于上书总结的知觉特征,唯识论最关注的或许有两点:一是"尝试用词标志它",即用"红苹果"一词来表达知觉。二是"知觉包含有思维的因素"。世间极成真实的认知,运用了名言(词),即红苹果,无论这是说出口的表达,还是内心的表达,都应该有思维活动,但这是"不由思惟、筹量、观察",所以又不是明显的思维活动,而是初步的、极细微的思维。这就是知觉,而不是判断、推理等思维活动。

---

[1] 李汉松著《意识心理学:探索冰山之上的力量》,中国法制出版社,2017年,第99页。

综合以上分析，可以认为，对世间极成真实的认知就是心理学的知觉。

再从知识论看世间极成真实。《中国大百科全书·教育卷》的"知识"条目中，有这样的表述："就它的反映活动形式而言，有时表现为主体对事物的感性知觉或表象，属于感性知识；有时表现为关于事物的概念或规律，属于理性知识。"[1] 即知识的形式有感性知识和理性知识，感性知识的代表是知觉和表象等。

但对这种知识分类，一直存在着分歧，从古至今都有人对感性知识作出否定。罗素的《西方哲学史》说："绝大多数的近代人都认为经验的知识之必须依靠于，或者得自于知觉，乃是理所当然的。然而在柏拉图以及其他某些学派的哲学家那里，却有着一种迥然不同的学说，大意是说没有任何一种配称为'知识'的东西是从感官得来的，唯一真实的知识必须是有关于概念的。"[2] 所以，在古代，柏拉图是反对将知觉等感性认知称为知识。而现代仍有不少人持有相同看法，如当代德国哲学家石里克的《普通认识论》认为："由于经验表明知觉并不包含判断，所以知觉不是知识。"[3]

但另一方，如罗素所指出的绝大多数的近代人都认为知觉

---

[1] 中国大百科全书总编辑委员会《教育》编辑委员会、中国大百科全书出版社编辑部编《中国大百科全书·教育》，中国大百科全书出版社，1993年，第525页。
[2] [英]罗素著《西方哲学史》，何兆武、李约瑟译，商务印书馆，1963年，第196页。
[3] [德]M.石里克著《普通认识论》，李步楼译，商务印书馆，2005年，第114页。

是知识。美国哲学家丹西的《当代认识论导论》一书的第三编"知识的形式",就将知觉、记忆、归纳等列为知识的形式。[1]此外,认知心理学的研究,大多也是从知觉开始,如美国玛格丽特·马特林著、李永娜译的《认知心理学》(机械工业出版社,2016年)、何华编著的《认知心理学理论和实践》(上海交通大学出版社,2017年)、王甦和汪安圣的《认知心理学》(北京大学出版社,2002年),开篇都是知觉研究。

本书不对知识论内部关于知识类别的分歧进行讨论,而取"绝大多数的近代人"的看法,取《大百科全书》的说法,认为知觉就是知识。由此来看世间极成真实,此真实就是知觉类的知识,是感性的知识,是世人对世界和自身感受的基本知识。而道理极成真实则代表了理性知识,代表了由理性而来的更深刻的知识。

2. 道理极成真实

【原文】

云何道理极成真实?谓诸智者,有道理义;诸聪睿者、诸黠慧者、能寻思者、能伺察者、住寻伺地者[1]具自辩才者、居异生位者[2]随观察行者,依止现、比及至教量,极善思择决定智所行所知事,由证成道理[3]所建立、所施设

---

[1] [美] J. 丹西著《当代认识论导论》,周文彰、何包钢译,中国人民大学出版社,1990年,第3页。

义，是名道理极成真实。

【简注】

［１］住寻伺地者："者"字疑衍。"住寻伺地者"可指处一切欲界、初禅、中间定的有情（甚至包括二禅以上不在定中者），但并非上述一切"住寻伺地者"都能作有效的思维推理，且与上两句"能寻思者、能伺察者"含义重复。"住寻伺地者"若连下句"具自辩才者"，以作限制，是一个合理解释。

［２］居异生位者："者"字疑衍。"居异生位者"指一切凡夫，但并非一切凡夫都能作有效的思维推理，且与以上各句含义都重复。"居异生位者"若连下句"随观察行者"，以作限制，是一个合理解释。

［３］证成道理：《解深密经》卷第五说："证成道理者，谓若因若缘，能令所立、所说、所标义得成立，令正觉悟，如是名为证成道理。"[1]大意是：通过现量、比量、圣言量，使自己的观点、论据和论证成立，从而获得正确认识，这就是证成道理。

【今译】

什么是道理极成真实？即一切智力［健全］者，有［依］道理［而成的真实认知］境；［所谓一切智力健全者，包括］聪明达理者、机巧知事者、能作粗略思考者、能作深入细致思考者、依寻伺作思考而具有自己［能成立观点并进行］辩护才能者、在凡夫位但能修行止观而作观察者，［这些智力健全者］依止现量、比量和至教量，在能作极完善思考抉择的确定性智慧所认识所了知的对象上，由证成道理

---

[1]（唐）玄奘译《解深密经》卷第五，《大正藏》第16册，第709页。

所建立所施设的［认知］境，这称为道理极成真实。

【评析】

此处论述道理极成真实。所谓道理极成真实，就是能作思虑推度（即思维推理）者，依现量、比量、至教量（也称圣言量），由证成道理所认知的境界。在三量中，对道理极成真实来说，关键是比量。因为现量实际是没有思虑推度的，能思考道理的是比量，比量必用推度，但比量是在现量上建立，所以道理极成真实要依现量和比量成立。此外，虽然依至教量（圣言量）也可得出道理，但闻者依至教量得出道理，实际上还是用了闻者的比量思维，即闻者对圣者所说的道理进行思考，才能吸收把握。所以，道理极成真实，根本上说，还是具有思考能力者依比量而成立。

一般说，世间极成真实和道理极成真实是世俗智的认知对象，但道理极成真实也被认为是通世俗智和出世间智的，如前述窥基《略纂》卷第九说，道理极成真实"通有漏无漏、有为无为法"，其中，有漏法和有为法是凡夫智的认识对象，无漏法和无为法则是圣智的认识对象。就三乘智来说，如来智是现量智，不作推度；二乘无学位，"生死已尽，梵行已立，所作已办"[1]，也不作比量推度；作比量推度的是二乘有学位圣者和十地菩萨，故而无漏法和无为法也是菩萨智和二乘有学智的比

---

[1]（隋）阇那崛多译《佛本行集经》卷第三十八，《大正藏》第3册，第830页。

量认知对象。

论中的寻思、伺察，即寻伺，就是思考、思维。寻是浅思维，伺是深思维。寻伺都是依思、慧而假立。

"住寻伺地"，虽然三界九地可分为三地，即有寻有伺地（欲界和色界初禅）、无寻唯伺地（初禅和二禅之间的中间定）、无寻无伺地（二禅及以上地），但此处的"住寻伺地"不是从此三地划分，而是从有无思维来说的。即三界九地都有慧心所，但并不是都作推度（思维推理），推度是寻伺心所的功能。所以，《大毗婆沙论》卷第四十二说："若在定者……虽亦有慧，而非推度分别；若推度时，便出定故。"[1] 即在定中，虽有慧心所，但不推度；若在推度，就已出定了。"第二第三第四静虑心，若不定者，有二分别，谓随念及推度。"[2] 所以，即使二禅及二禅以上，若在定中，就不推度；不在定中，则有推度。故而，此处"住寻伺地"，是泛指一切不在定中而作推度者。

3. 烦恼障净智所行真实
【原文】

云何烦恼障净智所行真实？谓一切声闻、独觉，若无漏智、若能引无漏智、若无漏后得世间智所行境界，是名

---

[1] （唐）玄奘译《阿毗达磨大毗婆沙论》卷第四十二，《大正藏》第27册，第219页。

[2] （唐）玄奘译《阿毗达磨大毗婆沙论》卷第四十二，《大正藏》第27册，第219页。

烦恼障净智所行真实。由缘此为境，从烦恼障智得清净，于当来世无障碍住，是故说名烦恼障净智所行真实。

此复云何？谓四圣谛：一苦圣谛，二集圣谛，三灭圣谛，四道圣谛。即于如是四圣谛义，极善思择，证入现观；入现观已，如实智生。此谛现观，声闻、独觉能观唯有诸蕴可得，除诸蕴外，我不可得。数习缘生诸行生灭相应慧故，数习异蕴补特伽罗无性见故，发生如是圣谛现观。

【今译】

什么是烦恼障净智所行真实？即一切声闻和独觉的无漏智，或能引无漏智［的方便智］，或无漏后得世间智的所行境界，这称为烦恼障净智所行真实。由缘此［真实］为境，智从烦恼障［解脱而］得清净，在将来世住无障碍［境界］，因此称为烦恼障净智所行真实。

此［真实境］又是什么？即四圣谛：一是苦圣谛，二是集圣谛，三是灭圣谛，四是道圣谛。即对如此四圣谛境，［由］极其完善的思维抉择，证入现观；入现观时，如实智生起。［在］此［四圣］谛现观［中］，声闻和独觉的能观［智观得］只有诸蕴存在，除诸蕴外，我并不存在。［要生起此现观，须］经常修习［与观］由缘而生的一切法生生灭灭相应的慧，［并须］经常修习在诸蕴外无实我之正见，［由此而］发生如上所说的［四］圣谛现观。

【评析】

此处论述烦恼障净智所行真实。这是二乘智所认知的真实境，此处所说的智，包括根本无漏智、能引无漏智的方便智（即有漏加行智）、无漏后得智。此类智能缘真实境，从烦恼障解脱，而永远住无烦恼障境界。而此真实境，也就是四谛。在现观四谛时，二乘的无漏智等生起，观得五蕴一切法生生灭灭而无我。

但大乘和唯识论认为，二乘无学只是断烦恼障，还未断所知障，所证也只是人无我，未证法无我。

4. 所知障净智所行真实

【原文】

云何所知障净智所行真实？谓于所知能碍智故，名所知障；从所知障得解脱智所行境界，当知是名所知障净智所行真实。

此复云何？谓诸菩萨诸佛世尊入法无我，入已善净，于一切法离言自性、假说自性平等平等无分别智所行境界，如是境界为最第一真如、无上所知边际，齐此一切正法思择皆悉退还，不能越度。

【今译】

什么是所知障净智所行真实？即对智了知所知［一切法］能起障碍作用的，称所知障；从所知障得解脱之［清净］智的所行境界，当知称为所知障净智所行真实。

此［所知障净智所行真实］又是什么？即诸菩萨诸佛世尊证入法

无我，所证已彻底时，对一切法的离言自性和假说自性平等无二的无分别智的认知境界，如此境界是无上第一的真如，是无可超越的所知边际，至此［境界则］一切对正法的思考抉择都已完成，［不再有任何思考抉择，思考抉择已］不能逾越［此境界］。

【评析】

此处论述所知障净智所行真实。此真实就是佛菩萨的无漏无分别智断所知障、证真如、了知一切法的离言自性和假说自性平等无二的境界。此真实境界中，已无思维抉择，思维抉择在此止步而不能逾越。

论中的"于一切法离言自性、假说自性平等平等无分别智所行境界"，《瑜伽论记》有多种解释。一类解释是从三自性角度来分析，包括：

第一，离言自性包括依他起自性和圆成实自性，假说自性是遍计所执自性（或称分别性）。"离言自性、假说自性平等平等"是指离言自性和假说自性都是同一真如境。

第二，离言自性是圆成实自性，假说自性是依他起自性，另有分别性是"言说所说自性"（但此"言说所说自性"与假说自性如何区分，《瑜伽论记》中没有说明）。"平等平等"，是指证空性时离能取和所取。

第三，依他性和真实性（即圆成实性）都是离言自性，分别性（即遍计所执性）是假说自性。假说自性中有能取和所取，菩萨入法无我时，假说自性中的能取和所取都遣除，"平等平等无分别智所行境界"就是真实性（圆成实性）和依他性。依他性也是真如，如七真如中依他性也称真如。

还有一类解释是从二谛来分析，即离言自性是胜义谛，假说自性是世俗谛。"平等平等无分别智所行境界"指胜义谛境和世俗谛境等无差别。[1]

笔者以为，"于一切法离言自性、假说自性平等平等"，就是下文所说的"无二所显"，大意是，世人认为假说自性"有"，恶取空者认为假说所依（即离言自性）"非有"，真实义是"有与非有二俱远离"。此外，"于一切法离言自性、假说自性平等平等"是无分别智的修饰词（定语），此无分别智所行境界，就是"有及非有二俱远离"境界，是"法相所摄真实性事"[2]，详见下文。

二、了知并证第四真实（所知障净智所行真实）

（一）了知第四真实

1. 所了：无二所显真实

【原文】

又安立此真实义相，当知即是无二所显。所言二者，谓有、非有。

---

[1] 参见（唐）遁伦集撰《瑜伽论记》卷第九，《大正藏》第42册，第502页。
[2] 参见（唐）玄奘译《瑜伽师地论》卷第三十六，《大正藏》第30册，第487页。

此中有者，谓所安立假说自性，即是世间长时所执，亦是世间一切分别戏论[1]根本，或谓为色受想行识，或谓眼耳鼻舌身意，或复谓为地水火风，或谓色声香味触法，或谓为善、不善、无记，或谓生灭，或谓缘生，或谓过去未来现在，或谓有为或谓无为，或谓此世或谓他世，或谓日月，或复谓为所见所闻所觉所知，所求所得，意随寻伺[2]，最后乃至或谓涅槃，如是等类是诸世间共了诸法假说自性，是名为有。

言非有者，谓即诸色假说自性，乃至涅槃假说自性，无事无相，假说所依一切都无，假立言说依彼转者皆无所有，是名非有。

先所说有今说非有，有及非有二俱远离，法相所摄真实性事，是名无二。

由无二故说名中道，远离二边亦名无上。佛世尊智，于此真实已善清净。诸菩萨智，于此真实学道所显。

【简注】

[1] 戏论：本论卷第十三说："云何戏论？谓一切烦恼及杂烦恼诸蕴。"这是狭义的戏论。广义的戏论，是一切言说都属戏论，因为言说都是在离言自性上的增益，世人对言说执着其假说自性，所以都属增益执。

[2] 从"所见所闻"至"意随寻伺"：《阿毗达磨大毗婆沙论》卷第一百三十八说："问：见闻觉知，其义已具，若得若求，意随寻伺，更何所显？答：前广今略，前别今总，前开今合，前渐今顿，

是谓所显。"所以,"所见所闻所觉所知"与"所求所得"基本同义。

【今译】

此外,[所知障净智所行真实义本离言说,要用言说来]安立[并说明]此真实义的相状,当知就是由"无二"所显[之相]。所说的"二",即"有"和"非有"。

这里说的"有",指[由言说]所安立的[诸法]假说自性,这是世人长时所执[为实有之法],也是世人一切[思维]分别和[言说]戏论的根本[所依],[此诸法假说自性,]或称为色受想行识,或称为眼耳鼻舌身意,或又称地水火风,或称为色声香味触法,或称为善性、不善性、无记性,或称为生灭,或称为缘生,或称为过去、未来、现在,或称为有为或称为无为,或称为此世或称为他世,或称为日月,或又有在所见、所闻、所觉、所知、所求和所得[的一切世间法和出世间法中],由随意识的寻伺[即思维而施设的各种名称],最后直至或称为涅槃,诸如此类都是一切世人共同了知的诸法假说自性,这称为"有"。

所说的"非有",就是[认为不但]从一切色的假说自性,直至涅槃的假说自性,没有事[之体]也没有[显现]相,就是假说所依[的离言自性,也]一切都没有;[在假说所依上]假立言说[并]依言说而生起[的诸法也]都完全没有,这称为"非有"。

先前说"有",现在说"非有","有"和"非有"二者都远离,[所呈现的一切]法相所包含的真实本性[即真如]和[离言唯]事,这称为"无二"［境界］。

由此"无二"，称为中道；远离［"有"和"非有"］二边，也称为无上。佛世尊的［不二］智，对此［所知障净智所行］真实已完全把握。诸菩萨的［不二］智，是在对此真实的学习过程中［不断］显现［增长］。

【评析】

此处论述所知障净智所行真实义的"无二所显"性。

首先，此"无二所显"，究竟是指第四真实，还是指所有四种真实？《瑜伽论记》中惠景的观点："景云：初总标四种真实，即是依他、圆成无二所显。"[1] 显然，惠景认为，此"无二所显"是指所有四种真实义。

但据本品下文多项内容，此真实义明显是指第四种真实义。试举一例，本品说："无二"是中道，是无上，佛完全证得，菩萨部分证得。即此一点，便可知是指第四种真实义，即所知障净智所行真实义。

其次，"无二所显"是指"有及非有二俱远离"。其中，"有"指假说自性有，此假说自性包括世间和出世间一切法的假说自性。如下文所说，假说自性是增益执，所以，认为假说自性有，是错误观点，需远离（即断除）。

而本品的"非有"较为复杂，需仔细讨论。

---

[1] （唐）遁伦集撰《瑜伽论记》卷第九，《大正藏》第42册，第503页。

"言非有者,谓即诸色假说自性,乃至涅槃假说自性,无事无相,假说所依一切都无,假立言说依彼转者皆无所有,是名非有。"

这里涉及三个概念:假说自性、假说所依、"假立言说依彼转者"。

第一,说假说自性"非有",此说应是正确观点;但既然此说是正确观点,而"非有"是需远离的错误观点,为何此说出现在"非有"中?对此问题,可这样理解:此处说假说自性"非有",是起承上启下的作用,即上文说假说自性"有",是错误,应说假说自性"非有",所以这里先铺垫一下;进而由此转折,即若说下面两句也"非有",就是错误观点了,需远离。

第二,假说所依是指离言自性,包括真如和唯事,说假说所依"非有",明显属错误观点。

第三,"假立言说依彼转者"究竟指什么?尤其是其中的"彼",应如何理解?对此,《瑜伽论记》中有不同说法。

如惠景说:"假立言说要依实法方始萌起。"[1] 依此解,"彼"指实法,这里应指离言自性中的唯事。但上句"假说所依一切都无",假说所依是离言自性,包括真如和唯事,所以上句已包含唯事,故此句"彼"仍指唯事,与上句重复,似不合理。

而窥基的解释是:"所依名言,一切都无。"[2] 即"彼"是"所依名言",或者,就是"名言"(在"所依名言"一词组中,

---

[1] (唐)遁伦集撰《瑜伽论记》卷第九,《大正藏》第42册,第503页。
[2] (唐)遁伦集撰《瑜伽论记》卷第九,《大正藏》第42册,第503页。

主词是"名言")。此说大体可这样理解：假立言说，如称为色受想行识，总要有色等的名言（名称），这样，色等名言应该是"有"。而否定者将名言也否定了，说这是"非有"，所以是错误观点。但这样理解可能还属表面，可与下文关于善取空的论述作一比较。善取空的论述中也有三个概念：假说自性、假说所依（即离言自性）、色等想事（即色等诸法，或一切世间法，详见《前言》）。假说自性和假说所依都存在于色等想事中，即若依假说自性，可说色等想事是空；若依离言自性，可说其不空（详见下文）。由此比较可见，"假立言说依彼转者"中的"彼"，大体相当于色等想事（即一切世间法）；"假立言说依彼转者"，即假立的言说依之生起的色等想事。如本品说："谓于一切地等想事，诸地等名施设假立，名地等想。"即"地等名"（假立言说）是在"地等想事"上施设假立。所以，"假立言说依彼转者"，总的就是指色等想事（关于圣者在离言自性上安立名言法，与凡夫在想事上安立名言法，两者关系，可参见《前言》）。

如此就可理解"法相所摄真实性事"，其中，"法相"就是依名言而假立的诸法；"真实性事"，总说是离言自性，细说的话，"真实性"指真如，"真实事"指唯事。离言自性是一切法的本性，就存在于一切法中，这就是"法相所摄真实性事"。此"法相所摄真实性事"由远离"有"及"非有"的"无二所显"，就是说，在断除了增益执和损减执后，离言自性能得以显现。

2. 能了：所知障净智
（1）证无上菩提之广大方便
【原文】

又即此慧[1]是诸菩萨能得无上正等菩提广大方便。何以故？以诸菩萨处于生死，彼彼生中修空胜解，善能成熟一切佛法及诸有情；又能如实了知生死，不于生死以无常等行深心厌离。

若诸菩萨不能如实了知生死，则不能于贪瞋[2]痴等一切烦恼深心弃舍；不能弃舍诸烦恼故，便杂染心受诸生死；由杂染心受生死故，不能成熟一切佛法及诸有情。

若诸菩萨于其生死以无常等行深心厌离，是则速疾入般涅槃；彼若速疾入般涅槃，尚不能成熟一切佛法及诸有情，况能证无上正等菩提。

又诸菩萨由习如是空胜解故，则于涅槃不深怖畏，亦于涅槃不多愿乐。若诸菩萨深怖涅槃，即便于彼涅槃资粮不能圆满；由于涅槃深怖畏故，不见涅槃胜利功德；由不见故，便于涅槃远离一切清净胜解。若诸菩萨于其涅槃多住愿乐，是则速疾入般涅槃；彼若速疾入般涅槃，则便不能成熟佛法及诸有情。

当知此中，若不如实了知生死，即杂染心流转生死；若于生死深心厌离，即便速疾入般涅槃；若于涅槃深心怖畏，即于能证涅槃资粮不能圆满；若于涅槃多住愿乐，即便速疾入般涅槃。是诸菩萨于证无上正等菩提无大方便。

若能如实了知生死，即无染心流转生死；若于生死不以无常等行深心厌离，即不速疾入般涅槃；若于涅槃不深怖畏，即能圆满涅槃资粮；虽于涅槃见有微妙胜利功德，而不深愿速证涅槃。是诸菩萨于证无上正等菩提有大方便，是大方便依止最胜空性胜解，是故菩萨修习学道所摄最胜空性胜解，名为能证如来妙智广大方便。

【简注】

［1］此慧：即所知障净智，也称法空智，或法空胜解。此慧（智），如来已圆满，菩萨在学习中。

［2］瞋，常作"嗔"，本书"今译"中写作"嗔"。

【今译】

此外，正是此慧，是诸菩萨能证得无上正等菩提的最好方法。为什么呢？因为诸菩萨处于生死［轮回］，一世又一世中修习法空胜解［即此慧］，能很好地成熟一切佛法及成熟一切有情；又能如实了知生死，不对生死，因其无常等性质，心中生起深深厌恶，希望［迅速］出离。

若诸菩萨不能如实了知生死，则不能对贪嗔痴等一切烦恼，心生深深厌恶而弃舍；不能弃舍一切烦恼，则心处于杂染状态，受诸生死；由心处杂染而受生死，不能成熟一切佛法及一切有情。

若诸菩萨对那生死，因其无常等性质，心中生起深深厌恶，希望［迅速］出离，则会迅速入无余涅槃；他们若迅速入无余涅槃，［那样的话，菩萨］尚不能成熟一切佛法和一切有情，又怎能证无上正等菩提？

此外，诸菩萨由修习如此法空胜解，就不会对涅槃深深畏惧，也不会对涅槃［产生］过多的希望和喜欢。若诸菩萨对涅槃深深畏惧，那就使［能证入］涅槃的资粮不能圆满［具备］；因对涅槃深深畏惧，那就不能见到涅槃殊胜利益功德；由不见［利益功德］，就不能获得对涅槃的一切正确理解。［另一方面，］若诸菩萨对涅槃过多地产生愿望和欢喜，这样就会迅速入无余涅槃；菩萨若迅速入无余涅槃，就不能成熟佛法和一切有情。

　　当知其中，［菩萨］若不如实了知生死，则心处杂染而流转生死；若对生死，心深深地厌恶，希望［迅速］出离，就会迅速入无余涅槃；若对涅槃，心深深畏惧，就会使能证入涅槃的资粮不能圆满具备；若对涅槃存在过多的愿望和欢喜，就会迅速入无余涅槃。上述这些菩萨，对证无上正等菩提，没有非常好的方法。

　　若［菩萨］能如实了知生死，就没有染心从而不会流转生死；若对生死，不因其无常等性质，心中生起深深厌恶，希望［迅速］出离，就不［会追求］迅速入无余涅槃；若对涅槃不深深畏惧，就能圆满［证入］菩提的资粮，虽见涅槃有微妙殊胜的利益功德，而不会深心希愿迅速证入涅槃。这样的菩萨对证无上正等菩提，有非常好的方法；此非常好的方法，是依止最殊胜的空性胜解；因此，菩萨修习属于需要学习的最殊胜空性胜解，这称为能证如来妙智的最好方法。

【评析】

　　此处论述所知障净智的作用。如前所说，所知障净智，佛已圆满，菩萨尚在学习中，而此智或此慧的作用，就是证无上菩提的"广大方便"，即最好办法。

此智也称法空智或法空胜解，修习此智，能使自己成熟佛法（即证入如来境界），也能使其他有情成熟佛法。

具体地说，此慧或此智使菩萨能了知生死，了知涅槃。由了知生死，既能出离烦恼，又不厌生死；由了知涅槃，则能既不畏惧涅槃（即将其视为空无或断灭），又不因贪恋涅槃而像二乘那样速入涅槃。也就是说，由了知生死了知涅槃，而不厌生死不住涅槃。

（2）离言自性内涵

【原文】

又诸菩萨由能深入法无我智，于一切法离言自性如实知已，达无少法及少品类可起分别，唯取其事，唯取真如，不作是念，此是唯事，是唯真如，但行于义。

【今译】

此外，诸菩萨因能深入［理解和运用］法无我智，对一切法的离言自性如实了知时，达到不对任何法和任何［法的］种类生起分别，只认取诸法［的离言］事，只认取真如，［在认取时也］不产生这样的想法，这是唯事，唯事［的本性］只是真如，而只是缘［真如和唯事的］真实境。

【评析】

此处论述离言自性的内涵。

首先，离言自性包括真如和唯事。如前所说，离言自性，或真如和唯事，都是胜义谛。

其次，证离言自性的是所知障净智，此智又称法无我智、法空智、法空胜解、（缘）真如慧。严格说，离言自性中，证真如的是根本无分别智，证唯事的是后得智。但总的说，证离言自性是法无我智，因为法无我智虽缘唯事，但不作分别，而唯事也是离言，故法无我智缘唯事，也没有缘名言的分别，所以是无分别。

这里可以与五识的无分别、离名言作一比较。即凡夫的五识所得，是现量境，也离言说，那是不是说凡夫五识也是缘（离言自性的）唯事？据本品所说，五识所缘不是离言自性，因为离言自性是"深入法无我智"所得。实际上，五识所缘只是色等想事，是色等诸法，但由于五识没有别境心所的慧心所（或只有作用微弱的慧心所），所以无分别；此外，五识的想心所不具有语言功能，所以离言说。这与法无我智证离言自性是完全不同的。同样，凡夫的五俱意识和第八识等现量所得，也都不是离言自性的唯事。

（3）法无我智功德

【原文】

如是菩萨行胜义故，于一切法平等平等，以真如慧如实观察，于一切处具平等见，具平等心，得最胜舍。依止此舍，于诸明处[1]一切善巧勤修习时，虽复遭遇一切劬劳一切苦难而不退转，速疾能令身无劳倦、心无劳倦，于诸善巧速能成办；得大念力，不因善巧而自贡高，亦于他所无有秘吝，于诸善巧心无怯弱，有所堪能，所行无碍，具足坚固甲胄加行；是诸菩萨于生死中如如流转，遭大苦难，如是如是于其无上正等菩提堪能增长；如如获得尊贵殊胜，如是如是于诸有情憍慢渐减；如如证得智能殊胜，如是如是倍于他所难诘诤讼、喧杂语论、本惑随惑、犯禁现行，能数观察，深心弃舍；如如功德展转增长，如是如是转覆自善，不求他知，亦不希求利养恭敬。

如是等类菩萨所有众多胜利，是菩提分、随顺菩提，皆依彼智。是故一切已得菩提，当得今得，皆依彼智，除此更无若劣若胜。

【简注】

[1] 诸明处：即五明，指大乘菩萨需要学习的五方面内容，包括声明、因明、医方明、工巧明和内明，其中，声明主要指语言学，因明主要指逻辑学，医方明主要指医学，工巧明主要指农工商等各种制造技术，内明指佛学。所以，五明实际就是大乘菩萨需要学习的世间和佛教的一切重要理论和方法。

【今译】

如此，菩萨由缘此殊胜的真实境，对一切法都完全平等［不作分别，以［缘］真如的［根本无分别］慧如实观察，对［所观察的］一切处都具有平等之见，具平等之心，［从而］得最殊胜之舍。依止此舍，［一、］在对五明处以一切善巧［方法］勤奋修习时，虽也遭遇一切劳累一切苦难而不退转，能迅速地使身无疲劳厌倦、心无疲劳厌倦，对各种善巧［方法］能迅速成办；［二、］得大念力，不因［获得］善巧［方法］而心生傲慢，对他人也不吝啬而秘藏所得［方法］，对各种善巧［方法］心不怯懦，有足够能力，所行无碍，具足坚固甲胄加行；［三、］这些菩萨在生死中不断地流转，遭大苦难，同时也不断地使其无上正等菩提能够增长；［四、这些菩萨］不断地获得尊贵殊胜，同时不断地将对一切有情的傲慢渐渐减少；［五、这些菩萨］不断地证得殊胜智慧和能力，同时不断地、更加倍努力地经常观察［和反省自己］因他人的责难［而与之］争吵，［发出］喧哗嘈杂言论，［自己的］根本烦恼和随烦恼的现行，以及违反禁戒的现行，［将所有这些都］从内心深处弃舍；［六、这些菩萨］不断地［使自己］功德展转增长，同时不断地隐藏自己的善行，不求人知，也不希求供养和恭敬。

诸如此类的菩萨所具有的众多殊胜利益，是菩提分法和随顺菩提分法，［它们］都依那［法无我］智。因此，一切已得的菩提、将来和现在得的［菩提］，都依那［法无我］智，除此之外，再无或劣或胜［的其他智可依］。

【评析】

此处论述法无我智功德。对法无我智功德，本品有详尽论述，略说的话，包括得最胜舍，依此舍：一是"于诸善巧速能成办"，即能迅速掌握各种善巧方法；二是"得大念力"，从而能不傲慢，不吝啬，有足够能力运用各种善巧方法；三是"无上正等菩提堪能增长"，即在生死流转中使无上菩提不断增长；四是"憍慢渐减"，即在自己修行境界不断上升而日益尊贵时，自己的烦恼逐渐消减；五是"本惑、随惑"等"深心弃舍"，即不断地断除自己的根本烦恼和随烦恼等；六是"转覆自善，不求他知，亦不希求利养恭敬"，即深藏自己的善行，不让人知，不求利养和恭敬。

（4）依真智修六波罗蜜
【原文】

又诸菩萨乘御如是无戏论理，获得如是众多胜利，为自成熟诸佛法故，为成熟他三乘法故，修行正行。

彼于如是修正行时，于自身财远离贪爱，于诸众生学离贪爱能舍身财，唯为利益诸众生故。又能防护极善防护，由身语等修学律仪，性不乐恶，性极贤善。又能忍他一切侵恼，于行恶者能学堪忍性，薄瞋忿，不侵恼他。又能勤修一切明处，令其善巧，为断众生一切疑难，为惠众生诸饶益事，为自摄受一切智[1]因。又能于内安住其心令心善定，于心安住常勤修学，为净修治四种梵住[2]，为能游戏五种神通，为能成立利众生事，为欲除遣精勤修学一切善巧所生劳倦。又性黠慧成极真智，为极真智常勤修学，为自当来般涅槃故修习大乘。

又诸菩萨即于如是修正行时，于具功德诸有情所，常乐现前供养恭敬；于具过失诸有情所，常乐现前发起最胜悲心愍心，随能随力令彼除断所有过失；于已有怨诸有情所，常起慈心，随能随力，无谄无诳，作彼种种利益安乐，令彼怨者意乐加行，所有过失及怨嫌心自然除断；于己有恩诸有情所，善知恩故，若等若增现前酬报，随能随力如法令其意望满足，虽无力能，彼若求请，即于彼彼所作事业，示现殷重，精勤营务，终不顿止彼所希求，云何令彼知我无力、非无欲乐。

如是等类，当知名为菩萨乘御无戏论理，依极真智，修正加行。

【简注】

［1］一切智：本论卷第三十八说："即于如是一切界、一切事、一切品、一切时，如实知故，名一切智。"所以，一切智是了知一切法的智。关于一切智的三乘属性，佛教经典说法不一。据《大智度论》卷第二十七，有三种：一切智、道种智、一切种智。一切智是声闻、缘觉智，道种智是菩萨智，一切种智是佛智。并说：总相是一切智，别相是一切种智；因是一切智，果是一切种智等。但本论对一切智和一切种智没有区分，如卷第十五说："比知如来应等正觉具一切智。"卷第五十说："总于如是一切法中，无颠倒智，是名如来一切种智。"

［2］四种梵住：即慈、悲、喜、舍四无量心。

【今译】

此外，诸菩萨驾驭此无戏论之理，获得如上所说众多殊胜利益，为了自己成熟一切佛法，也为了其他众生成熟三乘法，而作正确的修行。

他们在如此修正行时，[其一是修布施，]对自己的身体和财产能远离贪爱；对待一切众生，[也能]学习远离贪爱从而弃舍[对他人的]身体和财产[的占有]，[一切所作]只是为了利益一切众生。其二[是修持戒]，能防护[律仪]，极完善地防护[律仪]，从行为和语言等方面修学律仪，养成不喜恶、极贤明善良的性情。其三[是修忍辱]，能忍他人的一切侵害恼怒；对行恶者，能学习[提高自己的]忍耐力，淡薄[自己的]嗔恨心，不侵害恼怒他人。其四[是修精进]，能勤奋修学五明，并能善巧运用，这是为了断除众生一切疑难，是为了惠施众生一切有益事，也是为了自己能摄受一切智之因。其五[是修定]，能将心安住于内，使心完全得定，在心安住的状态中恒常勤奋修学，这是为了清净修慈、悲、喜、舍四无量心[对治自己的烦恼心]，是为了能遨游于[天眼通、天耳通、他心通、神足通、宿命通]五种神通中，是为了能成就利益众生事业，是为了希望消除在勤奋修学一切善巧方法时产生的疲劳困倦。其六[是修慧]，将聪黠慧转成极真之智，为成极真之智而常时勤奋修学，为自己将来证涅槃而修习大乘。

此外，诸菩萨就在如此修正行时，在一切具有功德的有情处，常乐于当下供养恭敬；在一切具有过失的有情处，常乐于当下发起最殊胜的悲心和愍心，随己能随己力，使其断除所有过失；在一切对自己怨恨嫌弃的有情处，常生起慈心，随己能随己力，无谄无诳，对其作种种利益和安乐，使有怨恨者愿意努力，所有过失以及怨恨嫌弃心自然断除；在一切对自己有恩的有情处，心怀感恩，或等量若加倍地当下酬报，随己能随己力，符合佛法地使其意愿希望得以满足，即使自己没有能力，对方若有请求，也要对他们所作事务，态度恳切地［为之］勤奋谋求，必不即刻中止其所希求，［即使不成功也要考虑］如何使其知道是我没有能力而非没有愿望。

　　诸如此类，当知就是菩萨驾驭无戏论之理，依极真之智，作正确的修行。

【评析】

　　此处论述菩萨如何以无戏论理作正确修行，包括修行宗旨、修行方法、修行态度等。

　　从修行宗旨来说，修行是为了自利利他：自利是要自己成就大乘法，利他是要帮助众生成就三乘法。因为众生根机不同，所以，是哪一乘根机就助其成就哪一乘果。

　　修行方法是修六波罗蜜，包括布施、持戒、忍辱、精进、定和慧。

　　修行态度，是对一切有情，包括有功德有情、有过失有情、对自己怨恨嫌弃有情、对自己有恩有情，都能以正确态度来对待。

3. 离言自性的理证
（1）离言自性是有
【原文】

以何道理应知诸法离言自性？谓一切法假立自相，或说为色，或说为受，如前广说，乃至涅槃，当知一切唯假建立，非有自性；亦非离彼别有自性，是言所行，是言境界。如是诸法，非有自性如言所说，亦非一切都无所有。如是非有，亦非一切都无所有，云何而有？谓离增益实无妄执，及离损减实有妄执，如是而有，即是诸法胜义自性，当知唯是无分别智所行境界。

【今译】

应该以何道理了知诸法离言自性？即一切法借助言说建立自相，或说是色，或说是受，如前详说，直至［说是］涅槃，当知［上述］一切［法的自相］都只是假建立，并非［真］有自性；也并非离开那假立自相另有自性，是言说的所指，是言说的对象。因此，诸法并非有如言语所说的自性，［但］也并非一切都没有。这样的［一切法］非有，也并非一切都没有，［又是］如何而有？即既要避免对实际不存在的东西［即诸法假说自性］增加的虚妄执着，也要避免对实际存在的东西［即诸法离言自性］减除的虚妄执着。这样的"有"，就是诸法的胜义自性，当知［此胜义自性］只是［圣者］无分别智的认识境界。

【评析】

此处以下是对诸法离言自性的理证。首先，此段是正面论述假说自性是无，离言自性是有；此后三段，是从假说自性若是"有"会产生什么问题和矛盾，反证离言自性是"有"；此后，再由破增益执和损减执，以及由论述恶取空和善取空，进一步论述假说自性是无，离言自性是有。

此段论述，大意如下：

一、如前所说，离言自性包括真如和唯事。此离言自性是有，认为离言自性非有是损减执。此外，本品说，此离言自性是无分别智所证境界，由此带来两个问题。

一个问题是：严格说，离言自性中的真如是无为法，唯事是有为法。一般唯识典籍的说法是，证无为法真如是根本无分别智，证有为法唯事应该是后得智，为什么这里只说无分别智？

对此可以有两种解释。一种解释，如《瑜伽论记》说："云'唯是无分别智所行境界'，其后得亦得缘着真法不妄，今取正缘者故唯据无分别智。"[1] 所以此解认为，这里是略去后得智，只说根本智，所以只说无分别智。

另一种解释，即笔者认为，唯识典籍说了两种后得智，一种是后得无分别智（或无分别后得智），另一种是后得有分别智（或有分别后得智）。先看第一种，如《成论》卷第十说：

---

[1] （唐）遁伦集撰《瑜伽论记》卷第九，《大正藏》第42册，第506页。

"后得无分别智虽不亲证二空真理，无力能断迷理随眠；而于安立、非安立相明了现前无倒证故，亦能永断迷事随眠。"[1]

为什么后得智也可以说是无分别？《述记》卷第五说："无漏后得智，随人、法观无分别智等流引生。"[2] 即后得智是延续根本无分别智而来，所以可称后得无分别智。

此外，《述记》又将后得智分为有漏后得智与无漏后得智。[3] 关于这两种后得智，《成唯识论疏义演》（以下简称《疏义演》）卷第十二说："谓有漏后得智有相分，所以偏遮也。问：何名有漏后得智？答：从前无漏根本智势引生，但假名后得智，实非后得。问：无漏后得智无相耶，何谓不遮？答：无漏后得智虽有相分，无所取着，故非戏论，所以不遮也。"[4]

上文意谓，无漏后得智虽有相分，但因为对相分无取无执着，所以与根本智一样无分别；而有漏后得智有相分有分别。由此来看，后得无分别智就是无漏后得智，后得有分别智就是有漏后得智，但有漏后得智只是"假名后得智，实非后得"。

就本品的情况而言，证唯事之所以称无分别，是因为唯事离言，所以证唯事时没有依名言而起的分别，此时后得智是无漏后得智，也称后得无分别智。这样，根本无分别智和后得无分别智统称为无分别智。

---

[1] （唐）玄奘译《成唯识论》卷第十，《大正藏》第31册，第55页。
[2] （唐）窥基撰《成唯识论述记》卷第五，《大正藏》第43册，第404页。
[3] （唐）窥基撰《成唯识论述记》卷第五，《大正藏》第43册，第404页。
[4] （唐）如理集《成唯识论疏义演》卷第十二，《卍新续藏》第49册，第828—829页。

另一个问题是：离言自性到底只是胜义谛，还是包含了离言胜义谛和离言世俗谛二谛？《瑜伽论记》中有"离言二谛"之说[1]，即真如是离言胜义谛，唯事是离言世俗谛。此说虽从三自性角度来分析，完全成立（笔者以前也有此说法），但恐怕不是本品的本意。本品在差别假立寻思所引如实智中说："如是由胜义谛故非有色，于中无有诸色法故；由世俗谛故非无色，于中说有诸色法故。"[2] 由此可见，本品说的世俗谛是"色等想事"，色等想事中的色蕴或色法，在胜义谛中不存在，但在世俗谛中存在。这样的话，唯事就不是离言世俗谛，而只属胜义谛。而如果将唯事作为离言世俗谛，想事作为名言世俗谛，就会出现净依他与染依他共存的错误（详见《前言》）。

因此，本品的基本概念是三个：离言自性、色等想事、假说自性。离言自性是胜义谛，色等想事是世俗谛，胜义谛和世俗谛都是有；假说自性（执）则是增益执，是无。本品的全部内容由此三概念而展开。

二、"一切法假立自相"，相当于假立的一切法自相。"假立"就是借助语言而建立。"自相"，据此处所说，就是色、受等五蕴，直至涅槃。怎么理解此说法？这实际是说，色蕴的自相是色，受蕴的自相是受，直至涅槃的自相是涅槃。由此可知，假立一切法自相，就是假立一切法。

另外，自相是一个多层次体系，《述记》卷第二说：就五

---

[1] 参见（唐）遁伦集撰《瑜伽论记》卷第九，《大正藏》第42册，第505页。
[2] （唐）玄奘译《瑜伽师地论》卷第三十六，《大正藏》第30册，第490页。

蕴而言,"色蕴是自相……色蕴之中,色处等是自相……色处中,青等是自相"[1]。所以,色蕴、色处、青等都可说是自相,是不同层次色的自相。

三、自相与自性,此二概念,佛典中大量运用,内涵复杂,此处主要围绕本品进行讨论。

本品中,自相与自性大体同义。如前文说"谓所安立假说自性……或谓为色受想行识,或谓眼耳鼻舌身意……最后乃至或谓涅槃",而此处说"谓一切法假立自相,或说为色,或说为受……乃至涅槃",可见两者大体相同。所以下文说,"于色等法于色等事,谓有假说自性自相,于实无事起增益执",此处自性与自相同义。

但在唯识典籍中,自性与自相含义虽经常相同,却也不乏不同处。如《述记》卷第二说:"诸法自相非名等诠,唯现量证。名唯诠共相,今言诠自性者,即是共相之自性。自性者体义,差别者体上差别义。"[2] 简言之,名诠释的,不是诸法的自相,而是诸法共相的自性。此时,自性与自相就是不同含义了。

四、离言自性就存在于名言诸法(即"色等想事")中,非脱离诸法而独立存在。证离言自性,如下文详说的,需破增益执和损减执。增益执就是执着假说自性有,损减执就是执着离言自性无。破二种执,无分别智生起,就能证胜义自性,即离

---

[1] (唐)窥基撰《成唯识论述记》卷第二,《大正藏》第43册,第288页。
[2] (唐)窥基撰《成唯识论述记》卷第二,《大正藏》第43册,第288页。

言自性。

（2）假说自性非有

【原文】

若于诸法诸事随起言说，即于彼法彼事有自性者，如是一法一事应有众多自性。何以故？以于一法一事制立众多假说而诠表故。亦非众多假说诠表决定可得，谓随一假说，于彼法彼事有体有分[1]，有其自性，非余假说。是故一切假说，若具不具，于一切法于一切事皆非有体有分，有其自性。

【简注】

[1] 彼法彼事有体有分：窥基《略纂》卷第十解释说："彼法者，谓能诠教法等。彼事者，谓所诠体事等。有体者，总指法之自体。有分者，别解法之差别分。"

【今译】

如果对诸法诸事进行言说，随之该法该事就有了自性，这样的话，一法一事应该有众多自性。为什么呢？因为对一法一事［可以］建立众多假说［名称］来加以诠释表达。［此外，］也并非众多的假说［名称，每一个］都能独一无二地诠释表达［某法某事］，即［在一法一事的众多假说名称中，如果］任何一个假说［名称］，对该法该事［的诠释表达］有其自体，有其差别性，有其自性，那其他假说［名称］就不能［诠释表达该法该事的自体、差别和自性］。因此，［不管一法一事是］具有众多假说［名称］，还是不具有［众多假说名称，而只有一种假说名称］，一切假说［名称］对一切法和一切事［的诠释表达］都没有其自体，没有其差别性，没有其自性。

【评析】

此处开始的三段文字，是论述假说自性"非有"，由此反证离言自性是"有"。

第一段是讨论，如果假说自性是随言说而有，那会有什么错误。接下来两段是讨论，如果由言说而有假说自性，那么，此假说自性是言说之后而有，还是言说之前就有？结论是：两种说法都不能成立。

此第一段大意是说：如果对诸法诸事进行言说（即安立名称），该法该事因此而有自性（即体性），这种观点是错误的，因为一法一事可以有众多名称，如果每个名称都与一个自体相对应，则一法一事有多个名称，就有多个体，或者说，就变成多法多事了。

此段的另一层意思是：如果一法一事有众多名称，那么，每一名称与该法该事都没有必然的联系，因为，如果一个名称与该法该事有必然联系，则其他名称就都不能成立。但实际上，一法一事可以有多个名称，每一名称都可以指称该法该事。如一个人可以有多个名，虽然每一名都能指称该人，但每一名都不能必定地代表该人，因为每一名都可弃之不用，所以，多个名中的每个名都与该人没有必然联系。

另外，《瑜伽论记》说："小乘人立名能召法，故随言说有法体。"[1] 所以，此处诸法诸事随起言说而有自性的观点，是小乘的观点。

【原文】

又如前说色等诸法，若随假说有自性者，要先有事，然后随欲制立假说；先未制立彼假说时，彼法彼事应无自性；若无自性，无事制立假说诠表，不应道理。假说诠表既无所有，彼法彼事随其假说而有自性，不应道理。

【今译】

又如前所说的色［受、想、行、识］等诸法，若是随假说而有自性，［即先有假说名称，后有自性，但众所周知，］要先有［诸法诸］事，然后才能根据意愿制立假说［名称］；［因此，若先有假说后有自性，则］在没有制立［某法某事］的假说［名称］时，该法该事应该没有自性；［若没有自性，就没有该法该事的存在性，但若］没有诸法诸事［的存在性］而能制立假说［名称来］诠释表达，［这种说法］不合道理。［进而，该法该事的］假说［名称的］诠释表达既然没有［即不是先于自性而存在］，［那么说］该法该事是随假说而有自性，就不合道理。

---

[1]（唐）遁伦集撰《瑜伽论记》卷第九，《大正藏》第42册，第506页。

【评析】

此处是假说自性"非有"的第二段论述，是讨论若假说自性实有，那么是不是在安立名称后才有？此处意谓：若诸法自性是借言说而安立，且安立的自性实有，则在没有安立自性前，诸法无实有自性。而按此处的观点，无实有自性即无存在性，无存在性即不存在，那么，对不存在的诸法诸事，又如何能安立名称？所以，说假说自性是言说后才有，是自相矛盾的。

【原文】

又若诸色未立假说诠表已前，先有色性，后依色性制立假说摄取色者，是则离色假说诠表，于色想法于色想事应起色觉，而实不起。由此因缘由此道理，当知诸法离言自性。

如说其色，如是受等，如前所说，乃至涅槃，应知亦尔。

【今译】

此外，如果诸色在未立假说诠表［的名称］前，已先有了诸色［自］性［即体性的存在］，而后依诸色［自］性制定安立假说［的名称］来表达诸色，那么，在离诸色的假说诠表［的名称］时，［即没有名称时，］对诸色想法和诸色想事，应该也能生起对诸色的觉知，但实际不能生起。由此因缘，由此道理，可知诸法离言自性。

如说各种色，同样受等，如前所说，直至涅槃，应知也是如此。

【评析】

此处是假说自性"非有"的第三段论述，是讨论若假说自性实有，那么是不是在安立名称前就有？此处意谓：若诸法自性（体性）在安立名称之前就有，这样，既有自性，世人无需名称就能对诸法形成认知，名称就属多余，因为不用安立名称已经可以形成对此法的认知，但这实际上不可能，所以认为假说自性在安立名称前就存在是不合理的。

以上三段，总的是要说明，诸法的假说自性（即由名而来的自性）不是真实的存在。实际上，诸法（一切有为法）的名称是在离言自性的唯事上安立，而安立名称后的唯事就成了想事，想事就是一切法，名称与想事（即一切法）之间并没有必然联系，相互间的关系只是约定俗成，所以一法可安立多个名，只要人们共同认可就是了。进而，世人的世俗智并不能认识离言自性，世俗智能认识的只是想事，并将想事所具有的假说自性执为实有。

最后，"由此因缘由此道理，当知诸法离言自性"，即由诸法假说自性非有，可推知诸法离言自性是有。即如果诸法是依假说自性而有，而诸法的假说自性实际不存在，那么，诸法也应该完全不存在；但当下的有情世间和器世间虽然虚幻，却有其存在性，因此诸法也有其存在性；诸法的存在性不依假说自性，那应该另有所依，此所依就是离言自性。对此道理，此下的破增益执和损减执，以及对恶取空和善取空的论述中有进一步阐释。

另外，此处说到"于色想法于色想事"，上文已对想事与想法的差异作了简要说明，此处再对两者的含义及两者的异同进行更详尽的比较。

一、想事的含义

圣智在离言自性上安立名言法，即名言无为法和名言有为法，如《解深密经》说："谓诸圣者，以圣智圣见，离名言故，现正等觉，即于如是离言法性，为欲令他现等觉故，假立名相想，谓之有为……谓之无为。"[1]

凡夫想心所（及相应识）缘圣者安立的名言法，想心所中呈现的名言法即为想事。

本品说："谓于一切地等想事，诸地等名施设假立，名地等想。"这意味着，想心所也可以在诸想事上施设假立诸法之名。但如《前言》所说，凡夫的名称系统与圣者的名称系统是一致的，实际上，凡夫的名称系统就是来自圣者在离言自性上的名言安立（凡夫为新事物命名除外）。

此外，如《前言》所说，尽管实际上只有第六识的想心所能安立名言，但即使第八识和前五识是离名言的，它们想心所的所缘仍是想事，而此想事是来自第六识的名言熏习。即第六识的名言熏习熏成了色法种子，此名言种子生起的色法现行，也是名言法，那就是第八识和前五识想心所所缘的想事（关于

---

[1]（唐）玄奘译《解深密经》卷第一，《大正藏》第16册，第689页。

色法的名言熏习问题，下文还将作详论）。

二、想法的含义

本论卷第七十四说："谓诸名言熏习之想所建立识，缘色等想事，计为色等性，此性非实物有，非胜义有；是故如此色等想法非真实有，唯是遍计所执自性，当知假有。若遣名言熏习之想所建立识，如其色等想事，缘离言说性，当知此性是实物有，是胜义有。"[1]

此中，"名言熏习之想所建立识"就是凡夫第六识，凡夫第六识缘想事，执着想事实有自性（即名言自性或称假说自性），那样的想事就是想法。如果凡夫通过修行，"遣名言熏习之想"，此时的想心所及相应的（第六）识，在色等想事上就能缘到或者说证到离言说性（即离言自性）。

所以，色等想法就是被执着假说自性实有的那部分"色等想事"。

三、想事与想法异同总结

1. 两者的不同处

想法，如以上引文所说，是假有，是遍计所执性。而想事则是"实物有"，如本论第六十五卷说："此中色等诸蕴想事是实物有。"[2] 因此，想事不是假有，不是遍计所执性。另外，想

---

[1]（唐）玄奘译《瑜伽师地论》卷第七十四，《大正藏》第30册，第708页。
[2]（唐）玄奘译《瑜伽师地论》卷第六十五，《大正藏》第30册，第659页。

事中虽有假说自性，但不一定被执着。如"名言熏习之想所建立识"，即凡夫第六识及其想心所，会执着所缘想事中的假说自性。第八识和前五识非"名言熏习之想所建立"，所以其缘想事，不执着假说自性。而"遣名言熏习之想所建立识"，就是圣者的心识及想心所，其缘想事，不但不执着假说自性，反而能证得离言自性。

2. 两者的相同处

（1）想事与想法都是凡智所缘

如前所说，离言自性（包括唯事）是圣智的所缘，因为本品说，离言自性是无分别智所证。而想事和想法则都是凡夫智的所缘，因为凡夫智不能缘离言自性，其想心所的所缘就是想事和想法。

（2）想事或想法上都可施设建立名

如本品说："若于一切色等想事不假建立色等名者，无有能于色等想事起色等想。"因此，在想事上可设施名。

本品又说："谓于色等想法，建立色等法名。"因此，在想法上也可建立名。

而严格地说，想事是源自圣智对离言自性的名言施设。而想法上的名言施设，是源自对想事的名言施设。

即圣智在离言自性上的名言施设，就形成了名言法，这就是想事。想心所缘想事，可作名言施设，包括对已知事物叫出名称，也包括对未知事物（新事物）命名。在想心所缘想事名言施设后，若产生执着，即执着此名言法有名言自性（或假说自性),那就是想法,所以想心所在想法上的名言施设,实际就是想心所在想事上的名言施设。

(3) 想事与想法中都有离言自性。

关于想事中有离言自性,本品说:"即此诸想于彼所有色等想事,或起增益,或起损减。若于彼事起能增益有体自性执,名增益想;起能损减唯事胜义执,名损减想。"所以,想事中有"唯事胜义"("唯事"即是"胜义"),损减执是"损减唯事胜义",也就是否定想事中有包括唯事的离言自性(离言自性还包括真如)。

关于想法中有离言自性,本品说:"于此一切色等想法,色等自性都无所有,亦无有余色等性法。而于其中,色等想法离言义性,真实是有,当知即是胜义自性,亦是法性。"所以,想法中也有离言自性("离言义性")。但严格地说,想法是假有,是遍计所执性,是无法,无法中不可能有其他什么东西。此处说想法中有"离言义性",实际上仍是借想事而说,因为,想法依想事而成立。就像上述在想法上建立名,也是依想事而说。

四、想事与想法的无差别使用

由于想事与想法更多的是相同处,所以,本品中多处对想事与想法无差别地使用。

如此处说,"于色想法于色想事",这是"想法"和"想事"并用,似无差别。

另外,本品说:"于色等法于色等事,谓有假说自性自相,于实无事起增益执。"此处,"色等法""色等事",也就是"色等想法""色等想事",因此两者也是无差别使用。

想事与想法两者的无差别使用,实际上还是因为想法源于想事,想法就是被执着有假说自性的那部分想事。

此外,关于想事与想法的相同性,窥基法师还提供了一个解释:"彼法者,谓能诠教法等。彼事者,谓所诠体事等。"[1] 所以,想法是能诠,想事是所诠。而窥基法师的此种解释,实际还是着眼于想事与想法的相同处。

(3)破增益执和损减执
【原文】

有二种人,于佛所说法、毗奈耶,俱为失坏。一者于色等法于色等事,谓有假说自性自相,于实无事起增益执。二者于假说相处[1],于假说相依离言自性、胜义法性[2],谓一切种皆无所有,于实有事起损减执。

于实无事起增益执妄立法者所有过失,已具如前显了开示,于色等法实无事中起增益执有过失故,于佛所说法、毗奈耶甚为失坏。于色等法实有唯事,起损减执坏诸法者所有过失,由是过失于佛所说法、毗奈耶甚为失坏,我今当说。

谓若于彼色等诸法实有唯事起损减执,即无真实,亦无虚假,如是二种皆不应理。譬如要有色等诸蕴,方有假

---

[1] (唐)窥基撰《瑜伽师地论略纂》卷第十,《大正藏》第43册,第137页。

立补特伽罗,非无实事而有假立补特伽罗。如是要有色等诸法实有唯事,方可得有色等诸法假说所表,非无唯事而有色等假说所表。若唯有假无有实事,既无依处,假亦无有,是则名为坏诸法者。

如有一类,闻说难解、大乘相应、空性相应、未极显了密意趣义甚深经典,不能如实解所说义,起不如理虚妄分别,由不巧便所引寻思,起如是见,立如是论:"一切唯假,是为真实;若作是观,名为正观。"彼于虚假所依处所实有唯事,拨为非有,是则一切虚假皆无,何当得有一切唯假是为真实?由此道理,彼于真实及以虚假,二种俱谤都无所有。由谤真实及虚假故,当知是名最极无者。如是无者,一切有智同梵行者不应共语,不应共住。如是无者,能自败坏,亦坏世间随彼见者,世尊依彼密意说言:宁如一类起我见者,不如一类恶取空者。何以故?起我见者,唯于所知境界迷惑,不谤一切所知境界,不由此因堕诸恶趣;于他求法求苦解脱,不为虚诳,不作稽留;于法于谛亦能建立;于诸学处不生慢缓。恶取空者亦于所知境界迷惑,亦谤一切所知境界,由此因故堕诸恶趣;于他求法求苦解脱,能为虚诳,亦作稽留;于法于谛不能建立;于诸学处极生慢缓。如是损减实有事者,于佛所说法、毗奈耶甚为失坏。

【简注】

[1]假说相处:《瑜伽论记》中有两释。文备的解释是,"依他起性假

说处",即依他起性是假说(相)处,其中,依他起性就是名言诸法。窥基的解释是,"依他性名假说相,假说有色等相故。圆成实性名为相处",即依他起性是假说相,圆成实性是假说相处。由此看来,窥基是将"假说相处"与下句的"假说相依"看作同一个概念,后者是对前者的强调和展开;而文备是将两者作为两个概念。笔者以为,将"假说相处"与"假说相依"作为两个概念更为合理,而"假说相处"相当于上文的"色等想事",即一切世间法。

[2] 胜义法性:可看作与离言自性同义。与离言自性连用,可看作同义反复,以加强语气。或者,离言自性包括真如与唯事,"胜义法性"与离言自性连用,"胜义法性"特指其中的真如,因为真如是胜义,是一切法的法性;而离言自性此时仅指唯事。下文也有"如实了知如实真如离言自性",其中"真如"和"离言自性"并用,与此处"离言自性、胜义法性"相似。

【今译】

有两种人,对佛所说的法和戒律,都会丧失毁坏。一是对色等法,对色等事,说有其假说自性和自相,[这是]对实际没有的事起增益执。二是对假说相[如色等诸法]的存在,对假说相所依的离言自性和胜义法性,说所有这一切都是没有的,[这是]对实际存在的事起损减执。

对实际没有的事起增益执、虚妄建立诸法的人所具有的过失,已都如前作了明确说明,[即此类人]由于对色等法中实际没有的事起增益执有过失,所以对佛所说的法和戒律极具丧失毁坏作用。[另一方面,]对色等法中实有的唯事起损减执而破坏诸法的人所具有的过失，[以及]由此过失对佛所说的法和戒律极具丧失毁坏作用，是我现在要说的。

即若对那色等诸法实有的唯事起损减执，就既无真实也无虚假，而[无真实和无虚假]这两种[说法]都不合理。譬如要有色蕴等诸蕴，才有假立的有情，并非没有实事[即五蕴]可有假立的有情；同样，要有色等诸法实有的唯事，色等诸法的假说方可得以表述，并非没有唯事而能对色等的假说进行表述。若只有假说，没有实[有的唯]事，既然没有[假说的]所依处[唯事]，假说[诸法]也就不能存在，这就称为破坏诸法。

譬如有一类人，听了宣说极难正确理解、与大乘相应、与空性相应、没有明显表达隐密意趣义理的甚深经典，不能如实理解所说的道理，生起不如理的虚妄分别，由非善巧方便所引的思维，生起如此见解，立如此言论："一切都是假的，这才是真实；若作如是观，称为正观。"他们将虚假[的想事或言说诸法]所依处所的实有唯事否定，认为没有，这样的话，则一切虚假[的想事或言说诸法]也都没有了，又怎能说"一切都是假的，这才是真实"？由此道理，他们对于真实和虚假两种都诋毁为无所有。由于诋毁否定真实及虚假，当知他们可称为最极端的虚无者。这样的虚无者，一切有智慧并同修清净行者，不应与他们共语，不应与他们共住。如此的虚无者，会使自己败坏，也会败坏世间追随他们见解的人。世尊针对他们而密意说：宁可像一类起我见的人，不可像一类恶取空的人。为什么呢？起我见的人，只是对所知境界迷惑，不会诋毁否定一切所知境界，不会由此因而堕诸恶趣；对向他人求法求苦之解脱，不虚伪欺诳，不拖延滞留；

对教法对真理也能建立［而不是破坏］；对应学的一切法和戒律不生傲慢懈怠。而恶取空者，也对所知境界迷惑，也诋毁否定一切所知境界，由此因而堕诸恶趣；对向他人求法求苦之解脱，虚妄欺诳，拖延滞留；对教法对真理不能建立［而是破坏］；对应学的一切法和戒律生大傲慢大懈怠。如此损减实有事，对佛所说的法和戒律极具丧失毁坏作用。

【评析】

此处论述破增益执和损减执。增益执就是将假说自性执为实有，损减执就是将离言自性与假说诸法执为没有。

假说自性非实有，前文已有明确说明。离言自性包括真如与实有唯事，此处强调，不但真如之存在不能否定，就是实有唯事之存在也不能否定。就如要有五蕴，才能假立有情；同样，要有实有唯事，才能假立诸法。

而假说诸法的性质，更不易正确理解。按本论的说法："彼于虚假所依处所实有唯事，拨为非有，是则一切虚假皆无，何当得有一切唯假是为真实？"意谓若否定实有唯事（离言自性的一部分），则一切"虚假"法也"皆无"。"彼于真实及以虚假，二种俱谤都无所有。由谤真实及虚假故，当知是名最极无者。"所以，恶取空者不但说真实（离言自性）没有，也说"虚假"法没有。而按本论的说法，虚假法（即借助名言而建立的诸法），是世人所见闻觉知的一切法，本性上虽属虚妄虚假，但现象上表现为有，是人们的"所知境界"。

"起我见者,唯于所知境界迷惑,不谤一切所知境界。""恶取空者亦于所知境界迷惑,亦谤一切所知境界。"此"所知境界",即世人所见闻觉知的一切法,包括作为常识的"世间极成真实"的一切世间法和从佛菩萨那里听来的一切出世间法。世人依名言了知一切法,所以一切法是世人的"所知境界"。一切法依离言自性假立,如本品说,"彼于虚假所依处所实有唯事,拨为非有",即"虚假"的世间法的"所依处所"是离言自性(包括"实有唯事"),恶取空是既否定离言自性,也否定"虚假"(世间法)。

本品对恶取空的批判极为严厉,甚至说,在我见和恶取空中,宁要我见,也不要恶取空,因为恶取空会堕恶趣,会坏诸功德。

此外,本品说"起我见"而不堕恶趣,但一般人或许认为,堕恶趣是因为众生有我见(和各种烦恼),为什么此处说"起我见"而不堕恶趣?《瑜伽论记》的解释是:"我见有二种,谓分别及俱生,分别我见是不善故能感恶,今此文中且据俱生作此分别。一解:但因他力能感恶趣,不由此见令堕恶趣报也。"[1] 这里有二解。前解认为,我见有分别和俱生两种,分别我见能使众生堕恶趣,俱生我见则不使众生堕恶趣,所以,本品此处说的就是俱生我见。这一解释,即对"起我见"只取俱生我见,似非本品原意。而后解则说,起我见而不堕恶趣,

---

[1] (唐)遁伦集撰《瑜伽论记》卷第九,《大正藏》第42册,第508页。

"但因他力能感恶趣",即由其他因素而堕恶趣;而本品的"谤一切所知境界"就是"他力"(其他因素)。事实上,善趣的凡夫也是有我见的(包括分别我见和俱生我见),可见我见不是堕恶趣的唯一原因,堕恶趣的原因是造恶业,在众多恶业中,本品出于批恶取空的需要,特别强调了"谤一切所知境界"。

(4)了恶取空和善取空

【原文】

　　云何名为恶取空者?谓有沙门或婆罗门,由彼[1]故空,亦不信受;于此[2]而空,亦不信受,如是名为恶取空者。何以故?由彼故空,彼实是无;于此而空,此实是有,由此道理可说为空。若说一切都无所有,何处、何者、何故名空?亦不应言:由此于此,即说为空。是故名为恶取空者。

　　云何复名善取空者?谓由于此,彼无所有,即由彼故正观为空。复由于此,余实是有,即由余故如实知有。如是名为悟入空性,如实无倒。

　　谓于如前所说一切色等想事,所说色等假说性法,都无所有,是故于此色等想事,由彼色等假说性法,说之为空。于此一切色等想事,何者为余?谓即色等假说所依。如是二种,皆如实知。谓于此中实有唯事,于唯事中亦有唯假。不于实无起增益执,不于实有起损减执,不增不减,不取不舍,如实了知如实真如离言自性,如是名为善取空者，于空法性能以正慧妙善通达。如是随顺证成道理，应知诸法离言自性。

【简注】

[1] 彼：据下文"由'彼'色等假说性法"，可知"彼"是色等假说性法，即假说自性。

[2] 此：据下文"是故于'此'色等想事"，可知"此"是色等想事，即色等一切法。

【今译】

如何称为恶取空者？即有沙门或婆罗门，[对] 由"彼"[色等假说自性之法无] 所以空，亦不相信接受；[对] 在"此"[色等想事处] 而空，亦不相信接受，这样的人就称为恶取空者。为什么呢？由"彼"所以空，"彼"[色等假说自性之法] 实际是无；在"此"而空，"此"[色等想事] 实际是有，由此道理，可说为空。[相反，] 若说一切都无所有，[那么，] 何处、何者、何故称为空？也不应说：由"此"[色等想事无] 而对"此"[色等想事] 即说为空。这样说的就是恶取空者。

如何又称为善取空者？即由在"此"[色等想事处]，"彼"[色等假说自性之法] 无所有，即由"彼"[色等假说自性之法无] 而正观为空。又由在"此"[色等想事处]，"余"[色等假说所依，即离言自性] 实际是有，即由"余"而如实知有。如此称为悟入空性，如实而无颠倒。

即在如前所说的一切色等想事 [中]，所说的色等 [由安立名称而来]假说自性之法,都完全没有,因此对"此"色等想事,由"彼"色等假说自性之法[没有],说之为空。[那么]在"此"一切色等想事[处],何者称为[除色等假说自性法之]"余"?那就是色等假说的所依[即包括唯事和真如的离言自性]。如此[色等想事的假说自性无和假说所依有]二种都[能]如实知,即在"此"[色等想事]中实有[离言的色等]"唯事",在"唯事"处,亦有唯假[建立的色等想事之诸法]。不对实际没有[的色等假说自性]起增益执,不对实有[的色等假说所依]起损减执,不增[实无]不减[实有],不取[实无]不舍[实有],如实了知如实真如[和实有唯事的]离言自性,这样可称为善取空者,[就]能对空之法性以正慧来善巧通达。如此依据证成道理,应能了知诸法离言自性。

【评析】

此处论述恶取空与善取空,二者的区别,就在于对一切法存在模式之解读。

如上所说,世人所知的事物,只是进入世人认识领域的事物(即前文说的"所知境界"),这被称为"想事",因为想心所是认识的最基本要素。而与第六意识相应的想心所,还有语言功能,意识的想心所为一切法安立名称,意识进而执着诸法实有自性,这就是本品说的"假说自性"。此外,想事中还存在着离言自性。以色法为例,色法中有"假说自性",也有离言自性,此色法的假说自性属增益(执),是无;而色法中的离言自性是有。

由此来看恶取空，如上所说，恶取空就是否定诸法的离言自性，而此处更强调的是离言自性中的（实有）唯事，强调名言诸法对实有唯事的依赖。具体地，论中是以"何处、何者、何故名空"而展开。

　　就善取空来说，"何处"说空？是在"色等想事"（即名言诸法）处说空。"何者"为空？是"色等假说性法"（即假说自性）为空。"何故"空？是在"色等想事"处，无"色等假说性法"，即是空。

　　由此可知唯识论是怎么说空的，即在一切法（即世间一切法、名言一切法或想事）中，假说自性是无（"谓由于此，彼无所有"），就此说一切法空；但一切法中还有离言自性，离言自性不空（"余实是有"），一切法也不空（"此实是有"）；这就是善取空。此外，离言自性的真如和唯事并不是独立存在，而就存在于一切法中，所以，一切法虽是依名言假立，是幻是假（"于唯事中亦有唯假"），但不空，不是无。

　　而恶取空，就是既否定假说自性，又否定离言自性以及世间法（"唯假"），认为一切都空。

4. 离言自性的教证

【原文】

　　复由至教，应知诸法离言自性。如佛世尊《转有经》中，为显此义，而说颂曰：

　　"以彼彼诸名，诠彼彼诸法。

此中无有彼，是诸法法性。"

云何此颂显如是义？谓于色等想法，建立色等法名，即以如是色等法名，诠表随说色等想法，或说为色，或说为受，或说为想，广说乃至说为涅槃。于此一切色等想法，色等自性都无所有，亦无有余色等性法；而于其中，色等想法离言义性[1]，真实是有，当知即是胜义自性，亦是法性。

【简注】

[1] 离言义性：相当于离言自性（包括真如和唯事）；或仅相当于离言自性中的真如，所以论中说，"亦是法性"。

【今译】

又由圣者教导，应能了知诸法离言自性。如佛世尊在《转有经》中，为显示此道理，而说颂云：

"以种种名称，诠释种种法。

此种种法中并没有那种种法［由名称而来］的假说自性，

［远离诸法假说自性所显的是］此诸法［真实］法性。"

如何此颂显示离言自性？即对色等想法，建立色等法的名称，就以如此色等法的名称，［进行］诠释表达，说明色等［种种］想法，或说为色，或说为受，或说为想，详说直至说为涅槃。在此一切色等想法［中］，色等［假说］自性完全没有，也没有［色等想法之外的］其他具有色等［假说］自性的法；但在其中，色等想法［所依的］

色等离言义性，真实是有，当知［离言义性］即是胜义自性，也是法性。

【评析】

此处以下以至教量（也称圣言量）来证明离言自性的存在。至教量或圣言量，就是佛经和权威论典中的教法，此类教法可作为正确的立论依据。

此处是关于存在离言自性的第一个圣言量教证，是引《转有经》中的一首颂。《转有经》，据《瑜伽论记》的说法，旧译为《取有经》，玄奘法师认为翻译错误，改成《转有经》。《瑜伽论记》中，"转有"有三家解释，其中道伦引玄奘的解释是："转"是灭，"有"指"三有"（即三界），灭三有，称"转有"。神泰认为，"有"指死有、中有、生有、本有等"四有"，流转不定，称"转有"。窥基认为，"有"指"有执"，即执着名与所诠法的自体相称；断除此执着，称"转有"。[1]

此颂意谓：世人对诸法安立名称，来诠释表达诸法。这些法并没有（由名表达的）假说自性，但有破除了对假说自性执着而显示的离言自性。

上文中的"亦无有余色等性法"，以色法为例，即色法中没有色法的假说自性，而在色法外，其他法（如受、想、行、识）中也没有色法的自性；或者，如窥基《略纂》中所说：

---

[1] 参见（唐）遁伦集撰《瑜伽论记》卷第九，《大正藏》第42册，第510页。

"于色法上,亦无有余有香味等诸色法性。"[1]

此外,胜论认为,在诸法的"实"(即实体)等句义外,另有第四"有"句义,是诸法自性。[2] 而按本品此处的说法,也不认为在色法的"实"(实体)之外,另有"有"是色法的自性。

但另一方面,尽管诸法没有名言所指称的自性(假说自性),却有离言的胜义自性,这就是诸法的法性。此胜义自性,就是本品说的诸法离言自性。

【原文】

又佛世尊《义品》中说:

"世间诸世俗,牟尼皆不着,

无着孰能取,见闻而不爱。"

云何此颂显如是义?谓于世间色等想事所有色等种种假说,名诸世俗。如彼假说于此想事有其自性,如是世俗,牟尼不着。何以故?以无增益、损减见故,无有现前颠倒见故,由此道理名为不着。如是无着,谁复能取?由无见故,于事不取增益损减,于所知境能正观察,故名为见;听闻所知境界言说,故名为闻。依此见闻,贪爱不生,亦不增长,唯于彼缘毕竟断灭,安住上舍,故名不爱。

---

[1] (唐) 窥基撰《瑜伽师地论略纂》卷第十,《大正藏》第43册,第137页。
[2] 参见 (唐) 遁伦集撰《瑜伽论记》卷第九,《大正藏》第42册,第505页。

【今译】

　　此外，佛世尊在《义品》中说：

　　"世间的一切世俗法，圣者都不执着，

　　没有执着又怎会执取，

　　[所以圣者对世间一切世俗法]见闻而不爱。"

　　如何此颂显示离言自性？即对世间的色等想事，作所有色等种种假说，称为各种世俗法。而如果认为那些假说在这些想事上有其自性，这样的世俗法，圣者不会执着。为什么？因为[圣者]没有增益[实无]和减损[实有]之见，没有现行生起的颠倒之见，由此道理，称为不执着。这样，没有执着，又怎能执取[增益见或减损见]？由于无颠倒见，对事不取增益[假说自性之见]不取减损[离言自性之见]，对所知境能正观察，所以称为[正]见；听闻[的是正观察]所知境界的言说，所以称为[正]闻。依此[正]见[正]闻，贪爱[未生]不生，[已生]也不增长，进而对贪爱的攀缘完全断灭，安住最上品舍，所以称不爱。

【评析】

　　此处是关于存在离言自性的第二个圣言量教证。这里的《义品》，惠景认为是指《无量义经》等，窥基认为是指《阿毗达磨经》的《义品》，圆测认为是《转有经》中的一品。

　　对《义品》中的这首颂，本品的解释是，名言安立的一切法是世俗法，圣者因为没有颠倒见，所以不会执着其有（假说）自性，不会执取一切世俗法，不会对世俗法产生贪爱。圣者依正见正闻，断绝对贪爱的攀缘，而安住于最上品舍。最上品舍就是十一善心所中的行舍，能使心平等、正直、无功用住。

上文说："如彼假说于此想事有其自性，如是世俗，牟尼不着。"由此可见，要否定的不是色等想事，而是否定诸法有假说自性。如果对诸法（即想事）的假说，观其只是假说，名只是名，义只是义，那就是四寻思四如实智了。但凡夫有分别我执和法执，还有俱生我执和法执，所以，对诸法的假说，有着与生俱来的执着。

【原文】

又佛世尊为彼散他迦多衍那作如是说："散他苾刍，不依于地而修静虑，不依于水、不依于火、不依于风、不依空处、不依识处、不依无所有处、不依非想非非想处、不依此世他世、不依日月光轮、不依见闻觉知、不依所求所得、不依意随寻伺、不依一切而修静虑。

"云何修习静虑苾刍，不依于地而修静虑，广说乃至不依一切而修静虑？

"散他苾刍，或有于地除遣地想，或有于水除遣水想，广说乃至或于一切除一切想，如是修习静虑苾刍，不依于地而修静虑，广说乃至不依一切而修静虑。

"如是修习静虑苾刍，为因陀罗、为伊舍那、为诸世主并诸天众，遥为作礼而赞颂曰：

'敬礼吉祥士，敬礼士中尊。

我今不知汝，依何修静虑。'"

云何此经显如是义？谓于一切地等想事，诸地等名施设假立，名地等想。即此诸想，于彼所有色等想事，或起增益或起损减。若于彼事起能增益有体自性执，名增益想；起能损减唯事胜义[1]执，名损减想。彼于此想能正除遣，能断能舍故名除遣。

如是等类无量圣言，名为至教。由此如来最胜至教，应知诸法离言自性。

【简注】

[1] 唯事胜义：唯事也是法无我智所认知，所以也是胜义谛。但此处唯事与胜义连用，也可认为，胜义指真如。唯事和真如合为离言自性。

【今译】

此外，佛世尊对那位散他迦多衍那这样说："散他比丘，[应该]不依于地而修静虑，[也]不依于水、不依于火、不依于风、不依空处、不依识处、不依无所有处、不依非想非非想处、不依此世他世、不依日月光轮、不依见闻觉知、不依所求所得、不依意识的思维、不依一切而修静虑。

"修习静虑比丘，如何不依于地而修静虑，详说直至不依一切而修静虑？

"散他比丘,或有对地除遣地想,或有对水除遣水想,详说直至或对一切除一切想,如此修习静虑的比丘,[就是]不依于地而修静虑,详说直至不依一切而修静虑。

"这样修习静虑的比丘,帝释天、大自在天、诸梵王及诸天众都对其遥为作礼而赞颂:

'敬礼吉祥士,敬礼士中最为尊贵者,

我现在不知,你是依什么而修静虑。'"

如何此经显示离言自性?即对一切地等想事,施设假立地等名称,这称为地等想。正是此种种想,对那所有色等想事,或起增益执,或起损减执。若对想事生起能增益有体自性之执,称为增益想;生起能损减唯事、真如之执,称为损减想。圣者对[那些增益想和损减想]能根本除遣,能断能舍就称除遣。

诸如此类无量圣言,称为至教。依此如来最为殊胜至教,应该可以了知诸法离言自性。

【评析】

此处是关于离言自性的第三个圣言量教证。此处首先是经中关于"不依一切而修静虑"的论述,那就是除遣一切想而修静虑。继而本品解释除遣一切想。所谓一切想,指想心所的种种活动,此处主要指生起增益执和损减执,增益执就是增益假说自性,损减执就是损减离言自性(包括唯事和真如)。对此类执着,能断能舍,就是除遣。

此外,关于想心所在想事上施设假立诸地等名,想心所所缘即为想事。施设假立诸法之名，就是名言安立。名言安立有两种：一种是圣者依圣智在离言自性上安立名言法（名言无为法和名言有为法）。另一种是凡夫想心所在想事上安立名言法。两者的关系，圣者安立的名言法，凡夫缘之即为想事。凡夫想心所缘想事的某一法，以圣者的命名称呼之，即为想心所的名言安立，此类名言安立与圣者的名言安立保持一致，如圣者称为水的东西，凡夫不会称为火。还有一种情况，凡夫想心所缘未知事物、新事物，此新事物仍是凡夫想心所所缘，所以也是想事；想心所为其命名，也是一种名言安立。

【原文】

　　问：若如是者，何因缘故于一切法离言自性而起言说？

　　答：若不起言说，则不能为他说一切法离言自性，他亦不能闻如是义；若无有闻，则不能知此一切法离言自性。为欲令他闻知诸法离言自性，是故于此离言自性而起言说。

【今译】

　　问：如果是这样，［要除遣一切想而修静虑，］那为什么还要对一切法的离言自性生起言说？

　　答：如果不生起言说，就不能为他人说一切法的离言自性，他人也就不能听到这一道理；如果没有听到这一道理，就不能了知这一切法离言自性。为了使他人能听到并了知诸法离言自性，所以对此离言自性生起言说。

【评析】

此处论述言说离言自性的理由。即如果修行最终要除遣一切想而见道,那何必要对离言自性多费口舌?回答是:为了让他人了知离言自性。如果进而问,为什么要让人了知离言自性?可以进一步说,修行不是盲目的,修行需知目标和方向。大乘修行就是要证真如,证离言自性,所以要先把离言自性说清楚,以明理而修。

(二)证第四真实

1. 所断:八分别等

【原文】

又诸愚夫由于如是所显真如不了知故,从是因缘八分别转,能生三事,能起一切有情世间及器世间。

云何名为八种分别?一者自性分别,二者差别分别,三者总执分别,四者我分别,五者我所分别,六者爱分别,七者非爱分别,八者彼俱相违分别。

云何如是八种分别能生三事?谓若自性分别、若差别分别、若总执分别,此三分别能生分别戏论所依、分别戏论所缘事。谓色等想事为依、缘故,名想言说所摄、名想言说所显分别戏论,即于此事分别计度,非一众多品类差别。若我分别、若我所分别,此二分别能生一切余见根本及慢根本萨迦耶见,及能生一切余慢根本所有我慢。若爱分别、若非爱分别、若彼俱相违分别,如其所应能生贪欲、瞋恚、愚痴。是名八种分别能生如是三事，谓分别戏论所依、缘事，见、我慢事，贪瞋痴事。当知此中分别戏论所依、缘事为所依止，生萨迦耶见及以我慢；萨迦耶见、我慢为依，生贪瞋痴，由此三事普能显现一切世间流转品法。

【今译】

此外，诸愚夫因对如此所说的真如不了知，由此因缘有八种分别生起，能生起三事，能生起一切有情世间和器世间。

什么是八种分别？一是自性分别，二是差别分别，三是总执分别，四是我分别，五是我所分别，六是爱分别，七是非爱分别，八是彼俱相违分别。

如何这八种分别能生三事？即或自性分别、或差别分别、或总执分别，此三分别能生分别戏论［心］所依事和分别戏论［心］所缘事。即色等想事作为所依作为所缘，由［依］名［起］想［进而］言说所摄、［依］名［起］想［进而］言说所显的分别戏论［心］，即对此［色等想］事分别计度，［此分别计度的］类别［并］非［单］一［而是］众多。［其次，］或我分别、或我所分别，此二分别能生［作为其他］一切见之根本及一切慢之根本的萨迦耶见，并能生［作为其他］一切慢根本的所有我慢［和我所慢］。［最后，］或爱分别、或非爱分别、或彼俱相违分别，如其所应能生贪欲、瞋恚、愚痴。这称为八种分别能生如此三事，即分别戏论所依和所缘事、［萨迦耶］见与我慢事、贪瞋痴事。当知其中的分别戏论所依所缘事为所依止，生萨迦耶见以及我慢；［其次，由］萨迦耶见、我慢为依，［能］生贪瞋痴。由此三事，能完全显现一切世间流转类法。

【评析】

此处宣说世间法生起和流转的原因。即众生由于不了知真如，而起八种分别，由八种分别能生三事，能起有情世间和器世间。

三事，按本品的说法："谓分别戏论所依、缘事，见、我慢事，贪瞋痴事。"所以，三事，第一是分别（心）的所依和所缘；第二是见、我慢事，即萨迦耶见（我见）和我慢；第三是贪、瞋、痴。

如上所说，三事中，第一"分别戏论所依、缘事"是由自性分别、差别分别、总执分别生起，那么，"分别戏论所依、缘事"是指什么？据《瑜伽论记》卷第九，对此有三种说法。一、所依是六根，所缘是六境。二、所依是自己的五蕴身，所缘是他人身和器世间。三、所依是义，所缘是名。[1] 而本品对"分别戏论所依、缘事"也有解释，"谓色等想事为依、缘故"，即所依和所缘都是色等想事，而色等想事就是色法等一切世间法。

此外，"分别戏论所依、缘事"与根身、器世间是什么关系？《瑜伽论记》解释说："所生三事中初依、缘事，所依即是有情世间，所缘即是器世间。"[2] 但此说可商榷，因为本品

---

[1] 参见（唐）遁伦集撰《瑜伽论记》卷第九，《大正藏》第42册，第512页。
[2] （唐）遁伦集撰《瑜伽论记》卷第九，《大正藏》第42册，第511页。

说："从是因缘八分别转，能生三事，能起一切有情世间及器世间。"如果三事中第一"分别戏论所依、缘事"就是"有情世间及器世间"，那何必在"能生三事"外，另说"能起有情世间及器世间"？所以，"分别戏论所依、缘事"应该就是本品所说的"色等想事"，就是一切世间法；而有情世间及器世间也都由色等想事（即五蕴、十二处等一切法）构成，所以由"色等想事"，"能起一切有情世间及器世间"。

这里还涉及一个问题。色等想事，简单说就是色蕴等五蕴，五蕴中，色蕴是色法，其他四蕴是心法（行蕴包括心所和不相应法）；而分别是指识与心所，识与心所的分别（思维）能生起属心法的四蕴，没有问题，因为心法现行熏心法种子、心法种子生心法现行；但为什么识与心所的分别能生起属色法的色蕴，或者说，心法为何能生色法？

心法生色法是唯识论中的一个根本理论，但先前的唯识典籍没有多作解释。自陈那、护法的三分说、四分说形成后，中国法相宗历代祖师和大德又作了深入探讨，形成了见分熏和相分熏的理论。简单地说，见分熏就是诸识（包括心所）的见分能熏成自己的种子（即心法种子），相分熏就是诸识的相分（借助见分之力）能熏成所缘相分色法的种子。

《瑜伽论记》讨论了上述心法生色法的问题："测云：问：眼等诸根皆从相分熏习生，分别是见，何故此中说三分别为能生耶？解云：据实为论，相分种子能生眼等根境，今言三分［别］能生者，相分熏习要因见分方能熏习，就此胜用说为能生。"[1]

此处意谓：眼根等五根属色法，色法种子应该由相分熏而熏成，而分别的熏习属见分熏，见分熏为什么能熏成色法种子？回答是：相分熏要依赖见分，所以就见分作用"胜"，就说分别能生色等五蕴，即包括色蕴。

此外，上文中"名想言说所摄、名想言说所显分别戏论，即于此事分别计度，非一众多品类差别"，其中的"分别戏论"是指分别戏论心，实际就是第六识；其所缘是色等想事，所以是对色法和心法作无量无边的"分别计度"，也就是思维推度。

而"名想言说所摄、名想言说所显分别戏论"，《瑜伽论记》中有多种解释。《瑜伽师地论披寻记》也提供了一种解释："若婴儿等不善名言者所有分别戏论，是名名想言说所摄，谓由言说随眠之所摄故。若诸根成熟，善名言者所有分别戏论，是名名想言说所显，谓由言说随觉所显了故。"[2] 即没有语言功能的婴儿、动物等，其"所有分别戏论"（即感知等），属于"由言说随眠之所摄"。而具有语言功能的人，其"所有分别戏论"（即感知和思维等），属于"由言说随眠之所显"。

至于三事中的第二、第三事，较为明确。第二事是我见和我慢事，由我分别和我所分别生起；第三事是贪嗔痴事，由爱分别、非爱分别、彼俱相违分别生起。

---

[1] （唐）遁伦集撰《瑜伽论记》卷第九,《大正藏》第42册,第512页。
[2] 韩清净科记《瑜伽师地论科句披寻记》卷第三十六,科学出版社纽约公司,1999年,第2099页。

此八分别生三事，是依五法体系的"相、名、分别"而说的，在此背景中，分别包括所有的识和心所，不再区分是什么识（和心所）生起了什么。

就识来说，八种分别都是第六识的思维作用；而就心所来说，八种分别都是与第六识相应的慧心所的功能。慧心所有三性，八种分别在本品中本身是无记性慧心所的思辨分别作用；而如果八种分别进一步形成八种执着或生起我执法执，那就是与烦恼心所共同生起的慧心所的作用，或者说是恶慧的作用（详见下文）。

此外，上述前三种分别主要是生起法执，其后的我、我所分别则生起我执和我所执，但《成论》说，"我执必依法执而起"[1]，由此可知，自性分别等三种分别是我、我所分别的根本。最后，贪嗔痴根本烦恼又依我、法二执，特别是我执和我所执而起，由此可说，自性分别等前三种分别是八种分别的根本。

【原文】

云何名为自性分别？谓于一切色等想事，分别色等种种自性所有寻思，如是名为自性分别。

云何名为差别分别？谓即于彼色等想事，谓此有色，谓此无色；谓此有见，谓此无见；谓此有对，谓此无对；谓此有漏，谓此无漏；谓此有为，谓此无为；谓此是善，

---

[1] （唐）玄奘译《成唯识论》卷第五，《大正藏》第31册，第24页。

谓此不善，谓此无记；谓此过去，谓此未来，谓此现在。由如是等无量品类差别道理，即于自性分别依处，分别种种彼差别义，如是名为差别分别。

云何名为总执分别？谓即于彼色等想事，我及有情、命者、生者等假想施设所引分别，于总多法总执为因，分别而转；于舍、军、林、饮食、衣乘等假想施设所引分别，如是名为总执分别。

【今译】

如何称为自性分别？即在一切色等想事上，分别色等种种自性的所有思维活动，如此称为自性分别。

如何称为差别分别？即就在那色等想事上，说这是有色，说这是无色；说这是有见，说这是无见；说这是有对，说这是无对；说这是有漏，说这是无漏；说这是有为，说这是无为；说这是善，说这是不善，说这是无记；说这是过去，说这是未来，说这是现在。由如上种种无量种类差别的道理，就对［作为］自性分别所依［的每一想事，即每一法］，分别其种种性质差别［的所有思维活动］，如此称为差别分别。

如何称为总执分别？即就在那色等想事上，借助想而建立我，以及有情、命者、生者等所引生的［所有思维］分别［活动］，［此类分别是将］众多法总的认作［一法，依此］因，分别［心］生起；［同样还有，］借助想而建立宅舍、军队、树林、饮食、衣服、车辆等所引生的［所有思维］分别［活动］，如此称为总执分别。

【评析】

此处论述八种分别中的前三种分别。如文中说，分别就是寻思，即思维。三种分别中，自性分别，就是对诸法（"色等想事"）自性的思维分别，即思维每一法如何得以成立，或者说，每一法与其他法的不同之处，如色何以成为色，或色与声、香、味、触何以区分等。差别分别，就是对每一法各种性质差别的思维分别，如论中举例，此法是有色还是无色，有见还是无见，有对还是无对等。总执分别，就是对由各要素聚集而成的诸法的思维分别，包括将五蕴聚合成我等，将色香味触聚合成房屋、树林等，其特点是，将诸要素认作一整体，而作思维分别。

此三分别，都能生法执，所以，《瑜伽论记》中，窥基等都说，此三分别是法执方便[1]，即本身不是法执，但能引生法执。法执属染，此三分别本身非染，而是无记性慧心所的思维分别功能，即是无记性的思维活动。同样，所有八种分别都是无记性的思维活动。以我分别和我所分别为例，本品说，"此二分别能生……萨迦耶见"，萨迦耶见就是我见和我所见，也就是我执和我所执。由此可见，我分别和我所分别，不是我执和我所执，而是能生我执和我所执的方便。

此外，还有一种说法，如窥基说，此三分别，通二执方便[2]，即不但是能生法执的方便，也是能生我执的方便。如五

---

[1] 参见（唐）遁伦集撰《瑜伽论记》卷第九，《大正藏》第42册，第512页。
[2] 参见（唐）遁伦集撰《瑜伽论记》卷第九，《大正藏》第42册，第512页。

蕴和合而成有情，此总执分别不但能生法执，即将五蕴执为实有，也能生我执，即将和合而成的有情执为实有。不过，真正能生我执的方便，还是下面的"我、我所分别"。

此外，《瑜伽论记》还讨论了自性分别在三界普遍存在的问题："二定已上无有寻伺，云何上地有自性分别等体？解云：寻伺是假，若思、若慧为其自性。若据用唯在下地，若据实体上地通，故八分别遍通诸地。又《寻伺地》云：寻伺分别若望出世无漏无分别智，三界心法皆是分别。据此文，说寻思分别即有通别，别名寻伺唯在下地，通名寻伺上地亦有。"[1] 所以，自性分别所依的寻伺，狭义地说，只是在下地，即欲界和色界初禅；若广义地说，寻伺的体是思和慧，所以也通二禅以上的上地。

【原文】

云何名为我、我所分别？谓若诸事有漏有取[1]，长时数习我、我所执之所积聚，由宿串习彼邪执故，自见处事为缘，所生虚妄分别，如是名为我、我所分别。

【简注】

[1] 取：即烦恼。《阿毗达磨俱舍论》卷第一说："烦恼名取。"

---

[1] （唐）遁伦集撰《瑜伽论记》卷第九，《大正藏》第42册，第513页。

【今译】

什么是我分别和我所分别？即若诸［五蕴］事有漏、有烦恼，［那被］长时反复生起的我执和我所执所积聚［的众生分别心］，因过去世反复生起那些错误执着，［当下由］我见［所］依处［的诸有漏、有烦恼的五蕴］事为缘，所生的虚妄［思维］分别，如此名为我分别和我所分别。

【评析】

此处论述我分别和我所分别。

我分别和我所分别，所缘是有漏五蕴（事）；能缘是众生（分别）心，此心积集了过去无数世反复生起的我执和我所执的种子和现行（第八识积集我执等种子，第六识和第七识积集，即反复生起我执等现行），由于过去此分别心反复生起这些错误执着，当前也在有漏五蕴事上生起对我和我所的虚妄分别，这就是我分别和我所分别。

与上述三种分别一样，这两种分别，也属我执方便，不是我执本身。

关于我分别和我所分别的所缘是有漏五蕴，其中，我分别比较易知，主要是第六识和第七识对五蕴中识蕴的第八识的思维分别，进而形成我执。而我所分别，首先包括五蕴中的色蕴，如色身就属色蕴，被第六识认作我所（即为我所具有的），此分别是我所分别，进而形成我所执；其次，身外的财产、社会地位、声誉等，也被第六识认作我所，并进而形成我所执；

最后，受蕴、想蕴和行蕴，也被第六识认作是我的感受、我的思想、我的意志等，所以也是我所分别，进而形成我所执。

【原文】

云何名为爱分别？谓缘净妙可意事境所生分别。

云何名为非爱分别？谓缘不净妙、不可意事境所生分别。

云何名为彼俱相违分别？谓缘净妙不净妙、可意不可意俱离事境所生分别。

【今译】

如何称为爱分别？即对美妙可爱的事物所生的〔所有思维〕分别。

什么称为非爱分别？即对不美妙不可爱事物所生的〔所有思维〕分别。

什么称为彼俱相违分别？即对既非美妙也非不美妙、既非可爱也非不可爱事物所生的〔所有思维〕分别。

【评析】

此处论述爱、非爱、彼俱相违三种分别，此三种分别能生贪、嗔、痴三种根本烦恼。道理比较明显。

如同上述五种分别，此三分别，也属贪嗔痴方便，不是贪嗔痴本身。

【原文】

　　此中所说略有二种：一者分别自性，二者分别所依、分别所缘事。如是二种，无始世来应知展转更互为因。谓过去世分别为因，能生现在分别所依及所缘事；现在分别所依、缘事既得生已，复能为因，生现在世由彼依、缘所起分别；于今分别不了知故，复生当来所依缘事；彼当生故，决定当生依彼缘彼所起分别。

【今译】

　　以上所说［的八种分别］略说只有二种［分别］：一是分别自性，二是分别所依事和分别所缘事。如此二种，要知道是无始世来展转相互作为因。即过去世［对色等想事，即一切法］的分别作为因，能生现在世的分别所依事和所缘事；现在世的分别所依事和所缘事既得以生起，又能作为因，生起现在世由那所依和所缘而起的分别；由于对现在的分别不能［如实］了知，又生将来的所依事和所缘事；那所依事和所缘事将来生起后，必定又要生起由所依事、缘所缘事而起的分别。

【评析】

　　此处论述分别自性和分别所依、所缘事两种分别。即上述八种分别，略说只有二种分别，那就是对自性的分别，还有对所依、所缘事的分别。再据前文，"谓若自性分别、若差别分别、若总执分别，此三分别能生分别戏论所依、分别戏论所缘事"，所以这里略说的两种分别，实际只强调了八种分别中的前三种分别，此三种分别能生分别戏论所依、所缘事。进而，此三种分别中，差别分别和总执分别实际是源于或依赖于自性分别，所以，关键的分别就是自性分别。

此外，上文说，分别自性与分别所依、所缘事相互为因，以根身与器世间为例，其相互为因的过程如下：由过去世的"分别自性"或前三分别，熏成根身和器世间的种子；此种子能生现在世的根身和器世间，依此又生现在世的分别；由现在世的分别为因，又熏成下一世根身与器世间的种子，能生下一世根身与器世间的现行，依此又能生起下一世的分别。

2. 能断：四寻思四如实智
【原文】

云何了知如是分别？谓由四种寻思、四种如实智故。

云何名为四种寻思？一者名寻思，二者事寻思，三者自性假立寻思，四者差别假立寻思。

名寻思者，谓诸菩萨，于名唯见名，是名名寻思。

事寻思者，谓诸菩萨，于事唯见事，是名事寻思。

自性假立寻思者，谓诸菩萨，于自性假立唯见自性假立，是名自性假立寻思。

差别假立寻思者，谓诸菩萨，于差别假立唯见差别假立，是名差别假立寻思。

此诸菩萨于彼名事，或离相观，或合相观；依止名事

合相观故，通达二种自性假立、差别假立。

【今译】

如何了知上述［八种或二种］分别［的过失］？即由四种寻思和四种如实智。

如何称为四种寻思？一是名寻思，二是事寻思，三是自性假立寻思，四是差别假立寻思。

所谓名寻思，就是诸菩萨［在作观时］，对名只见名，这称为名寻思。

所谓事寻思，就是诸菩萨［在作观时］，对事只见事，这称为事寻思。

所谓自性假立寻思，就是诸菩萨［在作观时］，对［诸法由名言］假立的自性，只见［此］自性［为］假立，这称为自性假立寻思。

所谓差别假立寻思，就是诸菩萨［在作观时］，对［诸法由自性假立而来的］差别假立，只见差别［为］假立，这称为差别假立寻思。

这类菩萨，对那名和事，或分别观察，或结合观察；依靠对名和事的结合观察，通达自性假立和差别假立二种假立。

【评析】

此处论述四寻思。此处对四寻思的论述都非常简略，但从下文四如实智的论述可理解其确切内涵。四如实智与四寻思的差别为：四如实智是"观见"，四寻思只是"观"，因此，两者观的对象是一致的。或者说，对所观对象，四寻思只是寻思，即思维；四如实智则是如实了知，即证得。据此来分析四寻思。

首先，关于名寻思，《瑜伽论记》中，有的解释是将名分为依他起性名与遍计所执性名，如："泰云：'于名唯见名'者，西方有二释。一云：于名唯见分别性无体。二释云：于名唯见依他性名，不见分别性名。"[1] 这样，名寻思就是只见依他起性名，不见遍计所执性名。

有的解释是着眼于名与义的关系，如："景云：凡夫妄执名属于义、义属于名，若有其名必有其义，应如是执着是遍计所执。菩萨观'名'但假施设，依'名'求'义'必不可得；是故观'名唯见名'。"[2] 这样，名寻思就是观名只是假立，义实不可得。

上述两种解释，据下文名寻思所引如实智所说，"如是名为如是义，于事假立"，所以，第二种解释，即从名与义的关系来解释，更贴切。

关于事寻思，据下文事寻思所引如实智说，"观见一切色等想事，性离言说，不可言说"，所以，事寻思就是对此只是观，还未"观见"此性质。

关于自性假立寻思，据下文自性假立寻思所引如实智所说，"如实通达了知色等想事中所有自性假立，非彼事自性，

---

[1]（唐）遁伦集撰《瑜伽论记》卷第九，《大正藏》第42册，第514页。
[2]（唐）遁伦集撰《瑜伽论记》卷第九，《大正藏》第42册，第513页。

而似彼事自性显现",所以,自性假立寻思就是对此只是观,还未"观见"此性质。

关于差别假立寻思,据下文差别假立寻思所引如实智所说,"如实通达了知色等想事中差别假立不二之义,谓彼诸事,非有性非无性,可言说性不成实,故非有性;离言说性实成立,故非无性",所以,差别假立寻思就是对此只是观,还未"观见"此性质。以上三种寻思,详见下文论述。

此外,对名和事,作离相观,就是名寻思和事寻思;作合相观,就是自性假立寻思和差别假立寻思。

【原文】

云何名为四如实智?一者名寻思所引如实智,二者事寻思所引如实智,三者自性假立寻思所引如实智,四者差别假立寻思所引如实智。

云何名寻思所引如实智?诸菩萨于名,寻思唯有名已,即于此名如实了知,谓如是名为如是义,于事假立,为令世间起想起见起言说故。若于一切色等想事不假建立色等名者,无有能于色等想事起色等想;若无有想则无有能起增益执,若无有执则无言说。若能如是如实了知,是名名寻思所引如实智。

云何事寻思所引如实智?谓诸菩萨于事,寻思唯有事已,观见一切色等想事,性离言说,不可言说。若能如是如实了知,是名事寻思所引如实智。

云何自性假立寻思所引如实智？谓诸菩萨于自性假立，寻思唯有自性假立已，如实通达了知色等想事中所有自性假立，非彼事自性，而似彼事自性显现；又能了知彼事自性，犹如变化影像、响应、光影、水月、焰水、梦、幻，相似显现，而非彼体。若能如是如实了知最甚深义所行境界，是名自性假立寻思所引如实智。

云何差别假立寻思所引如实智？谓诸菩萨于差别假立，寻思唯有差别假立已，如实通达了知色等想事中差别假立不二之义，谓彼诸事，非有性非无性，可言说性不成实，故非有性；离言说性实成立，故非无性。如是由胜义谛故非有色，于中无有诸色法故；由世俗谛故非无色，于中说有诸色法故。如有性无性、有色无色，如是有见无见等差别假立门，由如是道理一切皆应了知。若能如是如实了知差别假立不二之义，是名差别假立寻思所引如实智。

【今译】

如何称为四如实智？一是名寻思所引如实智，二是事寻思所引如实智，三是自性假立寻思所引如实智，四是差别假立寻思所引如实智。

如何称为名寻思所引如实智？诸菩萨对名，思维只有名后，就对此名［进而作］如实了知，即如此名为［表达］如此义，在事上假立，为使世人能生起认识，生起见解，生起言说。若对一切色等想事不借助于语言建立色等名，就不能对色等想事生起色等认识；若没有此认识，则不能生起增益［假说自性］执；若没有此［自性］执，则没有言说。若能对此如实了知，这称为名寻思所引如实智。

如何称为事寻思如实智？即诸菩萨对事，思维只有事后，观见一切色等想事，［其体］性离言说，不可言说。若能对此如实了知，这称为事寻思所引如实智。

如何称为自性假立寻思所引如实智？即诸菩萨对自性假立，思维只有自性假立后，如实通达了知色等想事中所有假立的自性，并非该事的自性，却似该事的自性显现；此外能了知该事［假立的］自性，犹如变化出来的影像、［山谷中的］回响、光线［形成］影子、水中月、日光浮尘幻现的水、梦境、幻术所变之物，［都是］相似显现，而非实有其体。若能如此如实了知［此］最最深入道理所显示的境界，这称为自性假立寻思所引如实智。

如何称为差别假立寻思所引如实智？即诸菩萨对差别假立，思维只有差别假立后，如实通达了知色等想事中差别假立不二的道理，即那种种事，非有性非无性，可言说［的体］性实际不存在，所以非有性；离言说［的体］性实际存在，所以非无性。同样，从胜义谛看非有色，因为胜义谛中没有一切色法；从世俗谛看非无色，因为世俗谛中说有各种色法。如同有性无性、有色无色一样，有见无见等差别假立，由此道理，一切都应可了知。若能如此如实了知差别假立不二的道理，这称为差别假立寻思所引如实智。

【评析】

此处论述四如实智。关于四如实智与四寻思的差别，《瑜伽论记》说:"寻求思量名、义真妄,未能决了,名作寻思。若决定智,名如实智。"[1] 所以,四寻思和四如实智所观对象相同,两者的差别在于"未能决了"与"决定",或者说,在于"观"与"观见"(或"通达了知"):"观",只是在观察和思维;"观见",就是证得。

如上所说,本品中四寻思的论述较为简单,四如实智的论述则较为详尽。

首先,名寻思所引如实智是如实了知"如是名为如是义,于事假立",即名是要表达"事"的"义"(或者说"体")而在"事"上安立。如前所说,名寻思和相应如实智所观的"事"是色等想事(也就是名言一切法),进而,一切有为法的想事是在离言自性(唯事)上安立名,安立名后,唯事就成了想事,就可对想事进行言说,如称为地、水、火、风等。然而,名对唯事只是假立,所以,名所表达的义对唯事也是假立。如火这一名,其表达的义,是燃烧性,这样就形成了对想事中的火的表述,但对离言自性的唯事来说,此名与义都是假立,因为离言自性是要圣智才能认知的。此外,名与义之间的联系,是约定俗成,而非必然联系。仍以火为例,如前所说,火之名是表达具有燃烧性的(想)事,然而,如果一开始世人就将具有燃烧性的(想)事称为水,那么,约定俗成,世代相传(即"串习"),水就成了具有燃烧性的(想)事了。关于名

---

[1] (唐)遁伦集撰《瑜伽论记》卷第九,《大正藏》第42册,第513页。

与义的遍计所执，本论卷第七十三说了五种类别："一、依名遍计义自性，二、依义遍计名自性，三、依名遍计名自性，四、依义遍计义自性，五、依二遍计二自性。"[1] 对此下文再作详论。

其次，事寻思所引如实智是如实了知"一切色等想事，性离言说，不可言说"，即想事的本性是离言自性，离言自性"离言说，不可言说"，只有圣智能了知。

再次，自性假立寻思所引如实智是如实了知"色等想事中所有自性假立，非彼事自性，而似彼事自性显现"，即对想事假立的自性，即假说自性，不是想事的真实自性，只是以相似于想事的自性显现（唯事在凡夫的有漏智中不显现）。值得注意的是：此文引了种种比喻，而这些比喻在瑜伽行派和唯识宗经典中都是用来比喻依他起性的。但另一方，本品中其他地方说假说自性，也可被理解为是遍计所执性，如"谓所安立假说自性，即是世间长时所执"等。如前所说，本品（《本地分·真实义品》）的理论框架是离言名言二谛论，在此框架或体系中，遍计和依他都属幻妄。

最后，差别假立寻思所引如实智是如实了知"谓彼诸事，非有性非无性，可言说性不成实，故非有性；离言说性实成立，故非无性"。就想事来说，想事有"言说性"，即假说自性，但其"言说性"是增益的，非真实存在，所以想事依"言说性"是"非有性"；而想事中有"离言说性"，即离言自性，

---

[1] （唐）玄奘译《瑜伽师地论》卷第七十三，《大正藏》第30册，第703页。

其离言自性是真实存在，所以想事依"离言说性"是"非无性"。此外，从二谛看，离言自性是胜义谛，想事是世俗谛。以想事中的色法为例，色法据胜义谛而言不存在，据世俗谛而言存在。

因此，四如实智实际是通过"观"想事而"证"离言自性。即名如实智是要了知，想事的名和义都是假立；事如实智是要了知，想事的本性（唯事）离言说；自性假立如实智是要了知想事如幻，其自性（假说自性）不是想事的真实自性；差别假立如实智是要了知，想事的假说自性不存在，但想事的离言自性真实存在。

四寻思四如实智，在本论、《摄论》和《成论》中都有较为详尽的论述，但三部论对此的论述不尽相同，所以，要如实理解本品的四寻思四如实智，不宜用后两部论的四寻思四如实智思想来简单比附，详见《"唯识经典直解丛书"总序言》和本书《前言》。

3. 了不了如实智得失
（1）缺如实智过失
【原文】

　　愚夫于此四如实智，有所阙故，不现前故，便有八种邪分别转，能生三事，能起一切有情世间及器世间。谓由如是邪分别故，起诸杂染；起杂染故，流转生死；于生死中常流转故，恒有无量随逐生死种种生老病死等苦流转不息。

【今译】

　　凡夫由于缺此四如实智,四如实智不显现在当前,就有八种错误分别生起,能生起三事,能生起一切有情世间和器世间。即由如此错误分别,所以生起各种杂染;因生起杂染,所以流转生死;因在生死中不断流转,所以永远有无量伴随生死而来的种种生老病死等苦流转不止。

【评析】

　　此处论述凡夫不了如实智的三种过失:起杂染,流转生死,受种种苦。

　　杂染,据《述记》卷第二,"诸有漏法,皆名杂染,非唯染法"[1],所以杂染并不只是指烦恼等染法,而是指善性、烦恼性、无记性等一切有漏法。但杂染的主体部分仍是烦恼,由于第七识永远有诸烦恼,所以第六识的善性和无记性法也成有漏,这称杂染。

　　此处说,八种分别是"邪分别"。前文"评析"中引窥基等的观点说,八种分别本身不是执着(遍计所执或我执法执),因此八种分别是无记慧,而遍计所执是恶慧。但即使是无记慧,仍有正确和错误之区分,错误的无记慧也可说是"邪

---

[1] (唐)窥基撰《成唯识论述记》卷第二,《大正藏》第43册,第301页。

分别"。八种分别就是错误分别，所以是"邪分别"。此外，八种分别虽是无记慧，但由于凡夫有分别烦恼和俱生烦恼，八种分别自然会引生遍计所执，所以由此结果也可说，八种分别是"邪分别"。这可引用"五心"认知论来说明。"五心"是率尔心、寻求心、决定心、染净心、等流心，其中，第三决定心是认识的形成，但无论是正确认识还是错误认识，都是决定心，而此决定心是无记性的；到了第四染净心时，有或染或净的心生起，即与烦恼相应的心是染心，与善性和无记性相应的是净心。因此，八种分别，如果就第三决定心阶段来说，是无记性的，还不是遍计所执心；到第四阶段染净心时，遍计所执心才生起。所以这里说八种分别是"邪分别"，可以是从最终结果来说的。

（2）得如实智利益
A. 证大涅槃
【原文】

菩萨依此四如实智，能正了知八种分别。于现法中正了知故，令当来世戏论所摄所依缘事不复生起；不生起故，于当来世从彼依缘所起分别，亦不复生。如是分别及依缘事二俱灭故，当知一切戏论皆灭。菩萨如是戏论灭故，能证大乘大般涅槃。

【今译】

菩萨依此四如实智，能正确了知八种分别。由于对当前世的一切法正确了知，使将来世属于戏论的所依事和所缘事不再生起；由于[所依事和所缘事]不生起，在将来世由那所依事和所缘事所起的分别，也不再生起。如此，分别和所依事所缘事二者都灭，当知一切戏论也都灭。菩萨由如此戏论灭，能证大乘的大涅槃。

【评析】

此处以下论述四如实智的殊胜利益。此处是第一种利益，即依四如实智，能了知八种分别之虚妄，使将来的分别和分别的所依、所缘都不再生起，由灭戏论而证大涅槃。

B. 获大自在

【原文】

于现法中胜真实义所行处智极清净故，普能获得一切自在。谓诸菩萨于种种化，获得能化神通自在；于种种变，获得能变神通自在。普于一切所知境，智皆得自在。若欲久住，随其所乐，自在能住；若欲终殁，不待害缘，自在能殁。由诸菩萨得如是等无量自在，于诸有情，最胜无上。

【今译】

[菩萨]对现世一切法由缘真实义的殊胜智极清净，所以能完全获得一切自在。即诸菩萨对种种化，获得能化的神通自在；对种种变，获得能变的神通自在。[菩萨]对一切所知境界，智都得完全自在。[菩萨]若想久住于世，随其意愿，自在能住；若想终结一期生

命，不待害命的因缘出现，自在能灭。由于诸菩萨得诸如此类的无量自在，在一切有情中，最为殊胜无上。

【评析】

此处论述四如实智的第二种利益，即由得如实智，就能得一切自在，包括能变和能化的神通自在，能了知一切所知境的智自在，在轮回中来去自在。

这里说的能变和能化，《大乘法苑义林章》卷第六说："初神变相，略有二种：一能变，二能化。能转所余有自性物令成余物，名为能变。随欲为作诸未有事，故名能化。"所以，能变指能将一物转变成他物，能化指能从无到有地变出东西。能变有振动、炽然等十八变，能化有化身、化境、化语等三化。[1]

【原文】

菩萨如是普于一切得自在故，获得五种最上胜利：一者获得心极寂静，由住最静故，不由烦恼寂静[1]故。二者能于一切明处无所罣碍，清净鲜白[2]妙智见转。三者为利诸有情故，流转生死，无有厌倦。四者善入一切如来密意言义。五者所得大乘胜解，不可引夺，不从他缘。

当知如是五种胜利有五种业：一者菩萨成就最胜现法

---

[1] （唐）窥基撰《大乘法苑义林章》卷第六，《大正藏》第45册，第357—358页。

乐住，能灭一切为趣菩提精勤加行所生身心种种劳倦，当知是名心极寂静胜利之业。二者菩萨普能成熟一切佛法，当知是名于诸明处无碍清白微妙智见胜利之业。三者菩萨普能成熟一切有情，当知是名流转生死无有厌倦胜利之业。四者菩萨能正除遣所化有情随所生起一切疑惑，护持如来妙正法眼令得久住，于能隐没如来圣教像似正法，能知能显能正除灭，当知是名善入如来密意言义胜利之业。五者菩萨能摧一切外道异论，精进坚牢，正愿无动，当知是名大乘胜解不可引夺不从他缘胜利之业。如是菩萨所有一切菩萨所作，皆为如是五胜利业之所摄受。

云何一切菩萨所作？谓自安乐而无杂染，普能成熟一切佛法，普能成熟一切有情，护持如来无上正法摧伏他论，精进勇猛，正愿无动。

【简注】

[1] 烦恼寂静：本论卷第五十："云何烦恼寂静？谓阿罗汉苾刍，贪欲永断，瞋恚永断，愚痴永断，一切烦恼皆悉永断，由得毕竟不生法故，是名烦恼寂静。"

[2] 清净鲜白：本论卷第八十三："清净者，谓自性解脱故。鲜白者，谓相续解脱故。"

【今译】

菩萨如此完全获得一切自在，因而获得五种无上殊胜利益：一是获得心极寂静，这是因为住于[四禅等]寂静[地]，不是因为[如阿罗汉那样断除］烦恼［而获得］寂静。二是能对一切所需学习的内容［即五明］没有任何障碍，清净、纯洁、微妙的智见生起。三是为利益一切有情，所以流转生死而无有厌倦。四是能完全深入一切如来密意言说的道理。五是所得的大乘见解，牢不可破，不会盲从他人。

当知如此五种殊胜利益有五种作用：一是菩萨成就最为殊胜的现法乐住［即色界四根本定］，能消除一切为求大菩提而勤奋修行所产生的身心种种疲劳困倦，当知这是心极寂静的殊胜利益的作用。二是菩萨能完全成熟一切佛法，当知这是对一切所需学习内容无碍、清净、纯洁、微妙之智见的殊胜利益的作用。三是菩萨能完全成熟一切有情，当知这是流转生死而无有厌倦的殊胜利益的作用。四是菩萨能根本性地除遣所教化有情随时生起的一切疑惑，护持如来微妙无上正法，使之能久住于世；对能隐没如来圣教的相似法，能了知，能指明，能根本性地除灭，当知这是完全深入如来密意言说道理的殊胜利益的作用。五是菩萨能摧毁一切外道的错误观点，保持坚定牢固的精进，正愿毫不动摇，当知这是大乘胜解牢不可破和不盲从他人的殊胜利益的作用。这样，菩萨所具有的"一切菩萨所作"，都属如此五种殊胜利益的作用。

什么是"一切菩萨所作"？即自己安乐而无杂染；能完全成熟一切佛法；能完全成熟一切有情；护持如来无上正法，摧毁制伏他宗谬论；勇猛精进，保持正愿而不动摇。

【评析】

此处论述菩萨获得完全自在，由此便获得五种无上殊胜利益;进而,此五种殊胜利益有五种作用。简言之,此五种利益和作用:一是得定,能消除修学疲劳;二是生智,能成熟一切佛法;三是发大悲心,能成熟一切有情;四是通达圣教,能除众生疑、护持正法、灭相似法;五是大乘心坚定,能摧一切外道异论。

三、四种真实优劣

【原文】

当知如是四真实义,初二下劣,第三处中,第四最胜。

【今译】

当知如此四种真实义,第一、第二种低劣,第三种中等,第四种最殊胜。

【评析】

此处论述四种真实义的优劣,其优劣如文所说。其中值得注意的是,虽然第一种世间极成真实,纯属凡夫对世间法的认知境,但本品仍将其与后三种真实并列,也作为一种真实,其意义在于:世间法的存在和凡夫的认知,是有,不是无,在此意义上,仍属真实。另外,修出世间法,仍不离世间法,比如真如就不是脱离世间法的独立存在,所以证真如需观世间法,从世间法中解脱才能证真如。

摄抉择分·真实义品

【题解】

本品包括五事抉择和三自性抉择。

一、五事抉择

本品的五事，《楞伽经》称五法。五事或五法，是指相、名、分别、真如、正智。如《前言》所说，五事体系可看作从大乘"一切唯心造"到"一切法唯识"的一种过渡思想。

五法或五事出现于大乘经论中，如《般若经》等其他大乘经中也出现过"相、名、分别"；但完整论述五法定义的，是《楞伽经》；而本品则详细论述了五事。

本品五事抉择，以两首颂展开了对五事的各种论述，包括五事的定义、五事的性质、五事与诸法的关系、五事与密意说等。

1. 五事的定义

就本品五事定义的特色而言，相与名实际上是就用相互关系来定义的，相是指"所有言谈安足处事"，名是指"即于相所有增语"。但与《本地分》的离言名言法体系相比，在相、名、分别体系中，相是分别所行境，分别是凡夫有漏心，所以相是有漏相。此外，在相上安立名的是分别（凡夫心），而不是正智（圣者心），此体系中没有出现过正智在相上安立名的论述。所以，五事体系的出发点是世俗谛的一切法，而不是胜义谛的离言自性。

再看分别的定义，分别是指"谓三界行中所有心心所"，此定义不区分八识和心所，而将它们统称为分别。由此定义来看分别与相的关系，相是"分别所行境"，这意味着一切法不是脱离分别（识与心所）而存在，而只是以分别的认识对象的方式存在，这是大乘"一切唯心造"思想的一种表现，是"一切法唯识"思想的初步表达，是从认识论来说"一切法唯识"。但另一方面，此体系将八识及心所统称为分别，这样，既没有显示第八识在唯识中的突出作用（因能变唯识），也没有细化八识在唯识中的各自作用（果能变唯识），所以此体系只是包含了初步的唯识思想。

2. 五事的性质

本品对五事性质的论述包括：五事有无和假实，五事之生，五事非异非不异，五事的特征和类别，五事有色无色、有漏无漏、有为无为、有诤无诤、世间出世间属性，还有五事的内外、粗细、胜劣、远近属性，五事有无执受，五事的同分彼同分，五事的因非因等，五事有无所缘，五事的有上无上，五事的三世非世，五事的界系，五事的善、恶、无记三性等，最后是五事次第。

本品对五识性质的论述，进一步展开了五事各自的特点及相互关系。如五事非异非不异，以相与名为例，相与名若异，名应实有，因为名与相全然不同，则名应脱离相而独立存在，所以名应实有；但若相与名不异，那么，如眼识认取青色时，眼识应该也能同时认取青色之名。

3. 五事与诸法的关系

一种佛教新理论的成立，首先一定要与先前的理论有一致性或相应性，所以，需要对这种一致性作出论证和阐释。

本品论述了五事与其他各种佛教理论的相应性，包括与原始佛教和部派佛教各种理论的相应性，如五事与五位法、四缘、戒定慧、三学、四念住、八解脱、八胜处等；也包括与大乘佛教各种理论的相应性，如五事与七善巧、四依、闻思修慧等；乃至包括与瑜伽行派其他理论的相应性，如五事与四种真实、四寻思四如实智。

以五事与四种真实为例，四种真实是本论《本地分·真实义品》提出的概念，本品指出，世间所成真实和道理所成真实包括相、名、分别三事，烦恼障净智所行真实和所知障净智所行真实包括真如和正智二事。

4. 五事密意说

五事理论与其他新理论一样，往往与传统理论有似乎不同的说法，对这种不同，瑜伽行派是用密意说进行解释的，以求说明，尽管各种理论表面有不同，但从深层次看，这些理论还是有着一致性的。

关于五事与密意说，本品是借助三无性来说明的。本品的密意说，共论述了十四种经教的密意，包括一切法皆无有二的密意，一切法皆无自性的密意，一切法无生无灭、本来寂静、自性涅槃的密意，一切法等于虚空的密意，一切法皆如幻的密意，等随观色乃至识有无常的密意，等随观色乃至识皆有苦的密意，等随观即彼皆空的密意，观彼非有显现的密意，观彼虚伪不实显现的密意，永寂灭远离法想的密意，于一切处遣一切想的密意，一切法"无谛无实，无无颠倒无不颠倒"的密意，静虑境界和诸佛境界皆不可思议的密意。

如"一切法皆无自性"，本品指出："谓相、名、分别、正智皆由二种无自性性，真如不由无自性性，说无自性。"即相等四事是依生无自性性、胜义无自性性（此二无性，在本品中都是指依他起自性）说无自性。而真如不由生无自性性和胜义无自性性说无性，因为真如有实体性，有胜义存在性，所以不由上述两种无自性性说无性。

二、三自性抉择

三自性理论是瑜伽行派立宗的特色理论，《解深密经》就是依三自性理论建立"三时教法"的了义说。本品三自性抉择，以三首颂展开了各种论述，包括三自性的定义、三自性的性质、三自性与诸法的关系等。

1. 三自性的定义

本品说，遍计所执自性是"随言说依假名言建立自性"，依他起自性是"缘于相名相属",由此可知,本品的三自性是以五事体系为基础。尤其是遍计所执自性的种类有:依名遍计义自性、依义遍计名自性、依名遍计名自性、依义遍计义自性、依二遍计二自性。这五种遍计所执自性完全是对名和义的执着,故而完全是依五法体系而说的。

2. 三自性的性质

本品论述的三自性性质,包括三自性的遍知、永断、证得,三自性的通达与随入,三自性的类别、依止,三自性若无之过,三自性作用、粗细,三自性有体无体转,三自性生与不生,三自性有执无执,三自性本质和类别,三自性染净、所由等。

本品对三自性性质的论述,与离言名言法体系有许多相同处,但也出现了一些不同于离言名言法体系的论述。如见道时三自性的所断所证,《本地分·真实义品》说,"不于实无起增益执,不于实有起损减执",所以是要破增益执和损减执二执,才能证真如圆成实性,这是基于离言名言法体系的立场。而本品说:"问:若观行者如实悟入遍计所执自性时,当言随入何等自性?答:圆成实自性。问:若观行者随入圆成实自性时,当言除遣何等自性?答:依他起自性。"所以,证圆成实性只是破遍计所执(相当于增益执)。其后唯识理论大体是沿用此说法。

3. 三自性与诸法的关系

本品论述了三自性与相等五事的关系,三自性与无生法忍和三解脱门的关系，以及三自性与凡圣智等的关系等。以三自性与相等五事为例，诸经论对此问题众说纷纭，本论（还有《显扬论》）认为，相、名、分别、正智属依他起性，真如属圆成实性，五法无遍计所执性。《成论》认为，此说最为完善。

一、五事抉择

（一）第一颂

【原文】

复次，若欲了知真实义者，当先了知略有五事。嗢拕南曰：

总举别分别，有实世俗事，

若生若异等，相行等色等。

【今译】

其次，若要了知真实义，应当先了知［一切法］略说有五事。颂云：

总举别分别，有实世俗事，

若生若异等，相行等色等。

【评析】

此处是五事抉择的第一颂，包含十方面内容：一是"总举"，二是"别分别"，三是"有"，四是"实"，五是"世俗事"，六是"若生"，七是"若异等"，八是"相"，九是"行等"，十是"色等"。其具体含义，详见下文。

1. 五事名称
【原文】
　　云何五事？一相，二名，三分别，四真如，五正智。

【今译】
　　什么是五事？[五事，]一是相，二是名，三是分别，四是真如，五是正智。

【评析】
　　此处是列举五事名称，在上述五事第一颂中，是第一"总举"。
　　五事可表示一切法，若简单地说，从有漏无漏来区别，相、名、分别是世间有漏染法，真如和正智是出世间无漏净法；从有为无为来区别，相、名、分别、正智是有为法，真如是无为法（但实际上，本品下文指出，相通有漏无漏两种，所以也通世间和出世间两种。而其他唯识典籍甚至指出，名也通有漏无漏，详见下文）。

2. 五事涵义
【原文】
　　何等为相？谓若略说所有言谈安足处事。

何等为名？谓即于相所有增语。

何等为分别？谓三界行中所有心心所。

何等为真如？谓法无我所显、圣智所行、非一切言谈安足处事。

何等为正智？谓略有二种：一、唯出世间正智；二、世间出世间正智。

何等名为唯出世间正智？谓由此故，声闻、独觉、诸菩萨等通达真如。又由此故，彼诸菩萨于五明处善修方便，多住如是一切遍行真如[1]智故，速证圆满所知障净。

何等名为世间出世间正智？谓声闻、独觉以初正智通达真如已，由此后所得世间出世间正智，于诸安立谛[2]中，令心厌怖三界过患、爱味三界寂静；又由多分安住此故，速证圆满烦恼障净。又即此智未曾得义，名出世间；缘言说相为境界义，亦名世间，是故说为世间出世间。世尊依此，密意说如是言：我说有世间智，有出世间智，有世间出世间智。若分别所摄智，唯名为世间；初正智所摄智，唯名出世间；第二正智所摄智，通名世间出世间。

【简注】

[1] 遍行真如：《成论》卷第十说："谓此真如，二空所显，无有一法而不在故。"即此真如是由二空所显，存在于一切法中。

[2] 安立谛：即四谛。

【今译】

什么是相？即若略说［就是］所有言谈安立处事。

什么是名？即就是在相上所有增加上去的语言。

什么是分别？即三界一切有为法中所有的心和心所。

什么是真如？即由法无我所显、圣者智慧所认识、非一切言谈安立处事。

什么是正智？即大略有二种：一是唯出世间正智，二是世间和出世间正智。

什么称为唯出世间正智？即由此［正智］，声闻、独觉和诸菩萨等［圣者］能通达真如。又由此［正智］，诸菩萨在努力修学五明时，［若能］经常安住于此［缘］一切法中遍行真如之智，［就能］迅速圆满证得所知障断尽。

什么称为世间出世间正智？即声闻和独觉以最初的［唯出世间］正智［即根本智］通达真如后，由此后所得世间出世间正智［即后得智］，在诸安立谛中，使心厌恶恐惧三界过失、贪爱迷恋［出］三界的寂静；此外，由于经常安住在此［后所得］正智中，能迅速圆满证得烦恼障断尽。此外，此智就其在凡夫位从未曾获得之义，称出世间；［而据其仍］缘言说相为境界之义，也称世间，因此称为世间出世间［正智］。世尊依此道理，密意说这样的话：我说有世间智，有出世间智，有世间出世间智。若分别所属的智，只是称为世间；最初正智［即根本智］所属的智，只是称为出世间；第二正智［即后得智］所属的智，通称世间出世间。

【评析】

此处论述五事各自的涵义，在上述五事第一颂中，是第二"别分别"。

其一是相的定义。此处相的定义，是从与名的关系上来界定，即相是"所有言谈安足处事"。

相实际就是一切法，但相所表示的一切法，随论述语境，其范围有宽有狭，故相所表示的一切法，与五事所表示的一切法，有异有同。对相与五事的关系，《瑜伽论记》有详尽论述，现将其中的重要内容介绍于下。[1]

第一，若据相的定义（"言谈安足处事"）来说，则真如不是相，如下文说，真如"非一切言谈安足处事"，即真如离言；而其他四事都有相，所以都是相，如下文所说，相有相相、名相、分别相、正智相。比如名相，因为即使名，也需诠释，所以名也是相，称为名相。如果质疑：不但真如离言，其他四事，其自相也不可说，为什么可称相？回答是：虽四事自相不可说，但其共相可说，故据共相，四事可称为相。这样，相是"言谈安足处事"，实际是说，诸法共相是"言谈安足处事"，例如青色，有树叶的青、草的青、染料的青等，青色实际是所有这些青的共相。

第二，若据"有体"（即有存在性）来说，五事都是相，因为五事都有体，即都有其存在性。在三自性判别中，只有遍

---

[1] 参见（唐）遁伦集撰《瑜伽论记》卷第十九，《大正藏》第42册，第741页。

计所执自性无体，本论认为，五事都不是遍计所执自性，所以都有体。这样真如也可称相，即下文说的真如相。

第三，若据相与其他四事的区别（即不属于其他四事）来说，即就狭义的相来说，据五位百法，相（或相相）主要包括色法（五根、五境和法处所摄色）以及心不相应行法（除名句文）。

以上就是相在各种场合中使用时的主要含义。

其二是名的定义，名是"于相所有增语"，由此可见，名并非能独立存在，名是在相上的"增语"，"增语"实际就是相的名称。

其三是分别的定义，分别是"三界行中所有心心所"，即分别是诸识及其相应心所。这是分别的一种用法，此时分别是作为名词。此外，分别还有一种用法，如本品下文说："由分别故，或分别相，或分别名，或俱分别。"此时分别是作为动词，指心与心所的认识活动，即思维活动。如《瑜伽论记》说："心及心所，有所思虑，名为分别。"[1]

若将《本地分·真实义品》思想与本品相比较，虽然某种意义上也可以这样说：诸相本是离言，此离言相相当于前品的离言自性或离言自性中的"唯事"；离言相安立了名，相当于前品的"想事"。但实际上，两品的思想还是有一定的差别。

首先是出发点的差别。前品的出发点是胜义谛，是由圣

---

[1]（唐）遁伦集撰《瑜伽论记》卷第十九，《大正藏》第42册，第741页。

智（即正智）在胜义谛离言自性上安立名言法。本品的出发点是世俗谛，如下文所说，相、名、分别是世俗谛。下文说"相是分别所行境"，所以分别是凡夫的有漏心，则相也是有漏相。且此有漏相无始以来一直与名相连，相是带有名的相（无名的相，即未知事物和新事物，下文再说），名是安立在相上的名。且此种相名相连，是作为一种既定事实，无始以来一直如此。分别（凡夫心）的所缘，就是带有名的有漏相。

其次是关于离言相的含义，前品也与本品不同，详见下文。

其四是真如的定义，真如是"法无我所显、圣智所行、非一切言谈安足处事"。关于"法无我所显"，严格地说，真如是人、法二无我所显，本品只说"法无我"，因为"人无我"是小乘也能证得的境界，"法无我"是大乘独证的境界。此外，"圣智所行"，这里的"圣智"指唯出世间智，即通常说的根本无分别智。最后，"非一切言谈安足处事"，真如离言，超出一切戏论，故"非言谈安足处事"。如上所说，若据此义，相就不包括真如，因为相是"言谈安足处事"；虽然实证的真如不是相，但佛菩萨宣说的真如也是相，因为佛菩萨对那离言、不可说的所证境界，安立了真如的名，进而宣说其义，由此真如也成了一种相，即真如相。

其五是智，本品说有三种智，一种是世间智，即凡夫的有漏智，两种是圣者的无漏智。正智就是圣者的无漏智，包括唯出世间智和世间出世间智。在大乘，唯出世间智和世间出世间智也称根本无分别智和后得智，但小乘证四谛，并非是无分别，所以将小乘见道的智称为根本无分别智并不合适，故将大小乘的见道智统称为唯出世间智。

唯出世间智的作用，首先是使三乘证真如，即文中所说的"由此故，声闻、独觉、诸菩萨等通达真如"。一般说，声闻乘等证得的是四谛，但大乘认为，四谛中也有真如，所以也可说二乘证真如。此外，若按七真如来说，四谛也是真如，所以说声闻、独觉也由此唯出世间智通达真如。其次，大乘菩萨修学五明时，若能经常安住此唯出世间智，就能迅速彻底断所知障，证佛果。但修五明本身用的是世间出世间智，即后得智，为什么论中说要多安住唯出世间智，即根本智？对此，《瑜伽论记》有三种解释。第一种解释说：菩萨修五明时，要先以根本无分别智断二障证二空，然后后得智才能通达五明，所以说修五明也是唯出世间智。第二种解释说：菩萨学五明，也是为了断所知障，为此需"多住如是一切遍行真如智（即根本无分别智）"。二乘不求断所知障，所以不学五明，不住遍行真如智。第三种解释说：真如遍一切法，所以通达真如，也就通达五明。[1]

世间出世间智的作用，本品侧重其对声闻、独觉的作用，即能使二乘速断烦恼障、速证正果。实际上，世间出世间智，作为后得智，大乘菩萨也同样用来修六波罗蜜多，说法度众

---

[1] 参见（唐）遁伦集撰《瑜伽论记》卷第十九，《大正藏》第42册，第741页。

生，圆满自利利他功德。

五事相互间的关系，先看相、名、分别，其中，相是出发点，即存在着一切法（相）；而一切法本无名，名是在相上安立，这样，相是"言谈安足处事"，名是对相的"增语"；而能在相上安立名的，是分别，即三界凡夫的心和心所。以上三法，就是有漏的一切法，是染法。有漏染法的本性是真如，能证真如的是正智，真如和正智是无漏净法。真如本来就存在于一切有为法中；正智有其本有种，在断除了有为法的杂染性后，正智的种子能生起现行。

3. 五事有无

【原文】

问：相，当言有耶，当言无耶？

答：当言是有。

问：为如自性、差别假立故立，如是当言有耶？

答：如是当言无。

问：为如分别所行境，如是当言有耶？

答：如是当言有。

如是菩萨于相有性得善巧故，于诸相中善记为有，善记为无，善记为亦有亦无，善记为非有非无。彼由如是善记别故，远离增益、损减二边，行于中道，善说法界。

问：此相为以言说义当言是有，为以离言说义当言是有？

答：俱由二义当言是有。何以故？若如语言安立足处，如是以言说义当言是有。若如自性、差别假立不成就义，如是以离言说义当言是有。

如相，名、分别亦尔。

问：真如、正智当言有耶，当言无耶？

答：当言是有。

【今译】

问：相，应当说是有，应当说是无？

答：应当说是有。

问：是如自性假立、差别假立那样建立［相］，这样来说［相］应当是有？

答：这样应当说［相是］无。

问：是如［思维］分别［心］所缘的对象，这样来说［相］应当是有？

答：这样应当说［相是］有。

这样，由于菩萨对相的存在性有了善巧的把握，在诸相中，善于识别［什么是］有，善于识别［什么是］无，善于识别［什么是］亦有亦无，善于识别［什么是］非有非无。他们由于这样善于识别，所以能远离增益执和损减执两边，行于中道，善巧地说一切法。

问：此相是据言说义，应当说是有，还是据离言说义，应当说是有？

答：由此二义都可说是有。为什么呢？若据［相］是语言安立的基础，这样据言说义，应当说［相］是有；若据［相的］自性假立、差别假立不能成立的道理，这样就要据离言说义，说［相］应当是有。

如同相，名和分别的有或无，也是如此。

问：真如和正智，应当说是有，应当说是无？

答：应当说是有。

【评析】

此处论述五事的有无性，即五事的存在性，在上述五事第一颂中，是第三"有"。

五事都是有，但各自的有，含义不同。

相之有，是指其作为"分别所行境"而有，就是作为心和心所的认识对象而有其存在性，而实有自性和实有差别的相是没有的（即"为如自性、差别假立故立……如是当言无"），也就是说，相（一切法）没有客观独立的存在性，而只是识的认识对象。这是唯识论"一切法唯识"的初步表述，是从认识论说"一切法唯识"，即客观独立的相（一切法）是不存在的；相只是人们的认识对象，相的存在，只是存在于人们的认识领域中。但其他的瑜伽行派典籍也有明确提出"一切法唯识"的，如《楞伽经》说，"观察三界一切唯是心、意、意识自分别起"[1]，即一切法（相）都由心意识的分别而起，这是从存在论说"一切法唯识"。

---

[1]（唐）实叉难陀译《大乘入楞伽经》卷第五，《大正藏》第16册，第618页。

而本品对相的界定，是从远离增益执和损减执两边来说的。即对相的正确认识是：据因缘而有，说相是有，这是"善记为有"；据实有体性无，说相是无，这是"善记为无"；据上述因缘有、实体无综合来说相，就是"善记为亦有亦无"；据非有实体非无因缘综合来说相，就是"善记为非有非无"。这样就能破除增益执和损减执，行于中道而说一切法。

进而，从相与名的关系来看相的存在性，相（诸法共相）是名的安立处，没有相，名也无从安立，这样，在"言说义"上可说相是有。但在相上安立了名，形成了诸法的言说自性（《本地分·真实义品》称为假说自性），此言说自性实际是无（即实有的自性、差别实际是无），但诸法的离言自性是有，这样，"以离言说义"可说相是有。

进而，此处说了相的"言说义"和"离言说义"。若将《本地分·真实义品》与本品相比较，两者关于离言相的说法也有差别。前品的离言相指离言自性，包括真如与离言唯事。本品的"离言说义"，不从独立的离言自性出发，不说有独立的唯事，而是从世俗相出发，世俗相是名言的安立处，但在名言安立的同时，就形成了假立的自性和假立的差别，但自性假立和差别假立根本上说是不成立的，这就是相的"离言说义"。再从修行方法来说，本品是破遍计所执（对自性假立和差别假立的执着），就证得离言相；而前品是双破增益执和损减执，即破对假说自性是有的执着和破对离言自性是无的执着，方证离言自性。这是因为，本品不以离言唯事为名言相成立的前提。

此外，名和分别的有与无，与相的有与无相同。具体地说，名的有，是在相上的施设有，不是自性有，即名也无实有自性。分别的有，也是作为相的能缘而有，也不是自性有，即不是独立存在而不依赖境的有。

真如和正智是胜义有，故说是有，不说是无。但下文将进一步说明，真如是无漏无为法，是不生不灭的存在。而正智则是无漏有为法，在凡夫位并不存在，通过修行，到见道位才生起；菩萨八地前，无漏正智与有漏智交替生起，八地和八地以上，无漏正智能持续生起，佛地也恒相续。

4. 五事假实

【原文】

问：相，当言实有，当言假有？

答：实有行中当言实有，假有行中当言假有。有相诸行，亦有二种。

问：名，当言实有，当言假有？

答：当言假有，唯于相中假施设故。

问：分别，当言实有，当言假有？

答：二种俱有。

问：真如，当言实有，当言假有？

答：当言实有，胜义摄故。

问：正智，当言实有，当言假有？

答：当言俱有。此中智是实有，若智眷属诸心心所亦名为智，说之为假，故有二种。

【今译】

问：相，应当说是实有，应当说是假有？

答：在实有法中，相应当说是实有；在假有法中，相应当说是假有。有相的一切法，亦有［实有和假有］二种［法］。

问：名，应当说是实有，应当说是假有？

答：应当说是假有，［因为名］只是在相中假施设。

问：分别，应当说是实有，应当说是假有？

答：应当说实有和假有都有。

问：真如，应当说是实有，应当说是假有？

答：应当说是实有，因为属胜义谛。

问：正智，应当说是实有，应当说是假有？

答：应当说实有和假有都有。其中，智是实有；如果智的眷属，即诸心和心所，也称为智，［则智的眷属］说是假［智］，所以二种都有。

【评析】

此处论述五事的实有与假有，在上述五事第一颂中，是第四"实"。

其一，关于相的实有和假有，涉及实有行、假有行以及有相诸行等概念，《瑜伽论记》对此有两种解释。第一种解释：实有行和假有行指前六识的影像相分；有相诸行，指六识影像的本质，此本质实际是第八识的相分，因本质有影像，所以称有相诸行。第二种解释：实有行和假有行指相分；有相诸行，指心识，心识有影像相分，所以称有相诸行。[1]但下文对分别（识与心所）的实有和假有还有论述，所以，本书取第一种解释。

因此，相有实有行和假有行，就是六识的相分有实有和假有两种，如相分中的青黄赤白等是实有行，长短方圆是假有行；而有相诸行有实有与假有两种，就是本质有实有与假有两种，如本质（即第八识相分）中的青黄赤白等是实有，长短方圆是假有。

其二，名是假有，因为名只是在相上安立。

其三，分别二种都有，因为分别包括识和心所，识都是实有，而心所有假有实，所以分别二种都有。《瑜伽论记》中有一种解释："分别二种俱有，以缘假实二相故。"[2]此说可商榷，如五俱意识缘实法（实相），独散意识缘假法（假相），但五俱意识和独散意识都是实有。

其四，真如属胜义谛，所以是实有。

其五，智的假实，是据智与智的眷属来说的。以大圆镜智心品为例，大圆镜智共有第八识与二十一心所（五遍行心所、五别境心所、十一善心所），其中，智就是慧心所，慧心所是真正的智，是实有；第八识和其他二十个心所不是真正的智，

---

[1] 参见（唐）遁伦集撰《瑜伽论记》卷第十九，《大正藏》第42册，第741页。
[2] （唐）遁伦集撰《瑜伽论记》卷第十九，《大正藏》第42册，第742页。

只是智眷属，智眷属说是智，此智为假有。

5. 五事与二谛
【原文】

问：相，当言世俗有，当言胜义有？

答：当言世俗有。由二因缘故：一杂染起故，二施设器故。

问：名，当言世俗有，当言胜义有？

答：当言世俗有。由三因缘故：一杂染起故，二施设器故，三言说所依故。

问：分别，当言世俗有，当言胜义有？

答：当言世俗有。由四因缘故：一杂染起故，二施设器故，三言说随眠故，四言说随觉故。

问：真如，当言世俗有，当言胜义有？

答：当言胜义有，是清净所缘境性故。

问：正智，当言世俗有，当言胜义有？

答：初正智当言胜义有。第二正智当言俱有。

【今译】

问：相，应当说是世俗有，应当说是胜义有？

答：应当说是世俗有，这是依二种因缘而说：一、相由杂染［心熏成种子，种子］生起［相的现行］；二、相是施设［名］的所依处。

问：名，应当说是世俗有，应当说是胜义有？

答：应当说是世俗有。这是依三种因缘而说：一、名由杂染［心在相上施设］而起；二、［名是我、法的］施设所依处；三、［名是］言说的所依处。

问：分别，应当说是世俗有，应当说是胜义有？

答：应当说是世俗有。这是依四种因缘而说：一、分别心由［过去］杂染［心熏成的种子］而生起；二、［分别心是在相上］施设［名的］主体；三、［分别依］言说种子［而起］；四、［分别依］言说现行［而起］。

问：真如，应当说是世俗有，应当说是胜义有？

答：应当说是胜义有，因为是清净［正智］所缘境的［体］性。

问：正智，应当说是世俗有，应当说是胜义有？

答：第一正智［即唯出世间智］应当说是胜义有。第二正智［即世间出世间智］应当说［世俗有和胜义有］二种都有。

【评析】

此处论述五事属世俗谛还是胜义谛，在上述五事第一颂中，是第五"世俗事"。

首先是相，论中说相是属世俗有，这有两个原因。一相由杂染而起，胜义有不是杂染起，所以相是世俗有。二是施设器，即在相上可施设名，作为分别心的所缘和名言的所诠，而名和分别都是世俗有，所以相是世俗有。

其次，名也属世俗有，这有三个原因：一、名是由杂染心而起；二、依名可施设我、法；三、名可作为凡夫有漏智诠释表达的所依处。

分别，本品说也属世俗有，这有四个原因：一、分别心也是三性（善、恶、无记）杂染而生。二、分别心是相与名的所依止。还有两个原因，即分别有言说随眠和言说随觉。

关于言说随眠和言说随觉，据《瑜伽论记》，有多种解释。一、传统解释是，由言说随眠（即名言种子）所起的分别，是指不能了知名言的众生所起的分别，如婴儿、动物等。此类众生虽不能了知名言，却由名言种子的力量，也能一定程度上起分别，或者作总相计度。而由言说随觉所起的分别，则是能了知名言的众生所起的分别，是现行分别心所起的分别。二、言说随眠分别指第八阿赖耶识，该识是言说随眠分别之体，并有言说种子。言说随觉分别指前六识，六识是随言说而起觉境。三、言说随眠指第八识中的其他识的种子和心所的种子，因为种子无现行言说名和思维名。言说随觉指现行的心和心所，因其能起现行言说名和思维名。[1]

真如是胜义有，本品说是因为真如是清净智所缘境的体性，实际这是从认识论而说；另外，从三自性来说，真如是圆成实性，圆成实性在唯识论中被认为是真实有，这是从存在论而说。

正智的属性分两种情况，一是唯出世间智，即根本无分别智，这是属胜义有；二是世间出世间智，即后得智，由于后得智既缘胜义谛也缘世俗谛，所以二种属性都有。

---

[1] 参见（唐）遁伦集撰《瑜伽论记》卷第十九，《大正藏》第42册，第742页。

6. 五事之生

【原文】

问：相，当言谁所生？

答：当言相所生及先分别所生。

问：名，当言谁所生？

答：当言补特伽罗欲所生。

问：分别，当言谁所生？

答：当言分别所生及相所生。

问：真如，当言谁所生？

答：当言无生。

问：正智，当言谁所生？

答：当言由听闻正法，如理作意，正智得生。

【今译】

问：相，应当说是由什么所生？

答：应当说是相所生和先前的分别［心］所生。

问：名，应当说由什么所生？

答：应当说是众生的意欲所生。

问：分别，应当说是由什么所生？

答：应当说是分别所生和相所生。

问：真如，应当说是由什么所生？

答：应当说无生。

问：正智，应当说是由什么所生？

答：应当说由听闻正法，如理作意，正智得以生起。

【评析】

此处论述五事之生，在上述五事第一颂中，是第六"若生"。

所谓相是由"相所生及先分别所生"，《瑜伽论记》中有两种解释。一、"相所生"，指六识相分的生起，即六识的影像相分是从本质（第八识的相分）所生。"先分别所生"，指第八识相分的生起，即第八识相分是从先前的分别业和烦恼的心熏成的种子所生。二、"相所生及先分别所生"都指第八识相分的生起，因为第八识相分是后从前起，及从同时的四大所生，所以称为"相所生"；"先分别所生"，同上。[1]

所谓名是由"补特伽罗欲所生"，由于名是分别心在相上安立，所以是由众生的意欲所生，即一开始人们对某现象随自己的意欲给予了一个名称，后人就约定俗成地沿用此名称。

所谓分别"从分别所生及相所生"，据《瑜伽论记》，指后分别心从前分别心生起（即等无间缘），还有，后分别心从先前的分别种生起（即因缘）及从境界相生起（即所缘缘）。[2]

真如则无生，因为真如是无为法，不生不灭。

正智的生起，本品说是"由听闻正法，如理作意"，应该说这是正智生起的必要条件，但正智本身有其种子，正智的因

---

[1] 参见（唐）遁伦集撰《瑜伽论记》卷第十九，《大正藏》第42册，第742页。
[2] 参见（唐）遁伦集撰《瑜伽论记》卷第十九，《大正藏》第42册，第742页。

缘是自种，本品此处是略说。

7. 五事非异非不异

【原文】

问：相与名，当言异，当言不异？

答：俱不可说。何以故？俱有过故。异有何过？名应实有。不异有何过？若取相时应亦取名。

问：相与分别，当言异，当言不异？

答：俱不可说。何以故？俱有过故。异有何过？分别应非相为性。不异有何过？离分别外所有诸相，应以分别为性。

【今译】

问：相与名，应当说是异，应当说是不异？

答：都不可说。为什么呢？因为两种说法都有错。[说二者]异有什么错？[那样的话，]名应该是实有。[说二者]不异有什么错？[那样的话，]若[识]认取相时应该也能认取名。

问：相与分别，应当说是异，应当说是不异？

答：都不可说。为什么呢？因为两种说法都有错。[说二者]异有什么错？[那样的话，]分别就不是相。[说二者]不异有什么错？[那样的话，]分别之外的所有相，应该都是分别。

【评析】

此处以下论述五事的异与不异，在上述五事第一颂中，是第七"若异等"。

此处是论述相与名以及相与分别的异与不异。

首先是相与名的关系，本品指出，说二者异或不异都有错。相与名若异，名应实有，这是因为，名本是在相上安立的（或者说，名依声假立，声属相），是假有，若名与相全然不同，则名应脱离相而存在，那样的话，名就是一种独立的存在，所以"名应实有"。但若相与名不异，那么，如眼识认取青色时，眼识应该也能同时认取青色之名。

其次，相与分别二者，说异或不异也都有错。若二者异，那分别就不是相，实际上，分别就是识与心所，而第六识可以缘其他识与心所，此时其他识与心所就是所缘相，而所缘相也是相的一种。但若二者不异，错误就是"离分别外所有诸相，应以分别为性"。举例来说，五事中除相外的其他四事相中，正智相不是分别，因为正智相是无漏，分别是有漏；真如相不是分别，因为真如相是无漏无为，而分别是有漏有为。所以，说相与分别不异，是错误的。此外，相相与名相是否即以分别为性，或者说，是否就是分别（或不异分别）？在唯识论中，无相唯识与有相唯识对此有着不同看法。无相唯识认为，一切法即是识，所以，相相与名相不异分别。但有相唯识则认为，一切法不离识，但不即是识，所以，相相与名相不离分别，但不是分别。

【原文】

问：相与真如，当言异，当言不异？

答：俱不可说。何以故？俱有过故。

异有何过？诸相之胜义应非即真如。又修观者应舍诸相别求真如。又于真如得正觉时，不应于相亦得正觉。

不异有何过？如真如无差别，一切相亦应无差别。又得相时应得真如。又得真如时亦如得相应不清净。

如诸行上有无常、苦、无我共相，虽复是有，而不可说与彼诸行若异不异。又如身心粗重轻安，虽复是有，而不可说与彼身心若异不异。又如善、恶、无记法中种子，虽有而不可说与彼诸法若异不异。何以故？俱有过故。又如虚空遍一切故，于诸色处虽有虚空，而不可说与彼诸色若异不异。何以故？俱有过故。异有何过？不遍一切故。虚空应无常。不异有何过？离色，虚空应无所有。此中道理，如其所应，当知亦尔。声闻乘中有处，世尊依于诸行显示不异亦非不异记别[1]道理。如说：蕴刍，取，非即蕴，亦不离蕴。此中欲贪说名为取。不异有何过？诽谤蕴中善、无记法不清净过。异有何过？于诸取中增益常性不清净过。

如相与真如不异非不异道理，名、分别、正智与真如，当知亦尔。

【简注】

[1] 记别：本论卷第八十一："记别者，谓广分别略所标义，及记命过弟子生处。"此处是前一含义，即对简略说的道理作详细解释。

【今译】

问：相与真如，应当说是异，应当说是不异？

答：都不可说。为什么呢？［两种说法］都有错误。

［说两者］异，有什么错？［那样的话，］诸相［即一切法］的胜义应非即是真如。此外，修观者应舍弃诸相［一切法］而另外去求真如。此外，［修行者］对真如得正觉时，不应对相也得正觉。

［说两者］不异，有什么错？就像真如无差别，一切相也应无差别。此外，在得知［任一］相时应［同时］得知真如。此外，［修行］所证得的真如，也应如所得相那样不清净。

如一切法上有无常、苦、无我等共相，［这些共相］虽然是有，但不可说与那一切法或异或不异。此外，就像身心的粗重或轻安，［那粗重或轻安］虽然是有，却不可说与那身心或异或不异。此外，就像善、恶、无记法的种子，［那种子］虽然是有，却不可说与那诸法或异或不异。为什么呢？［两种说法］都有错。此外，就像虚空普遍［存在］于一切［处］，所以，在一切物质处虽然有虚空，却不可说［虚空］与那物质或异或不异。为什么呢？［两种说法］都有错。［说两者］异，有什么错？［那样的话，虚空就］不普遍［存在］于一切［处］，虚空应是无常。［说两者］不异，有什么错？离开物质，虚空应不存在。相与真如异或不异的道理，与上述比喻相应，要知道也是这样。声闻乘［经典］中有的地方，世尊依一切法显示不异亦非不异的详细道理。如说：比丘，取，非即蕴，亦不离蕴。其中，欲贪称为取。［取与诸蕴］不异有什么错？［那样就有］错误地将五蕴中的善、无记法说成是不清净的过错。［取与诸蕴］异有什么错？［取与无常诸蕴异，取就是常，这样就］在诸取中增加了常性却是不清净的过错。

就像相与真如不异非不异的道理，名［与真如］、分别［与真如］、正智与真如，应当知道也是如此。

【评析】

此处论述相与真如的异或不异。本品指出，说两者异或不异都有过错，包括异有三过、不异有三过，另有四个比喻。

说相与真如异的三过是：一、"诸相之胜义应非即真如"。此意：一切法（诸相）的胜义（即本性）就是真如，如果两者异，则两者毫无关系，那么真如就不是一切法的本性。二、"修观者应舍诸相别求真如"。此意：真如就存在于一切法中，如果两者异，修观者就要舍弃一切法而另外去求真如。三、"于真如得正觉时，不应于相亦得正觉"。此意：对真如得正觉时，应该对一切法也应得正觉；但如果两者异，那么在证真如时就不能对一切法得正觉。

说相与真如不异的三过是：一、"如真如无差别，一切相亦应无差别"。即一切法中的真如是无差别，如果相与真如不异，那么，一切相也应无差异。二、"得相时应得真如"。即如果相与真如不异，那么在见闻觉知任何一相时，应同时见闻觉知真如。三、"得真如时亦如得相应不清净"。即真如是清净的，相是不清净的，如果相与真如不异，则修行所证得的真如也应不清净。

四个比喻，第一，如诸行的无常等共相与诸行，不可说异或不异。即若一切法（诸行）与无常异，那一切法就不是无常；如果不异，则一切法中的无常没有差异，一切法相互间也无差异。苦、无我等共相与诸相，也是如此，不可说异或不异。

第二，如身心的粗重、轻安与身心不可说异或不异。即若两者异，那粗重或轻安就与身心无关，就不是身心的粗重或轻安；如果两者不异，那三界众生应该没有不同，就不是欲界众生身心粗重、色界和无色界众生身心轻安，而是三界众生身心同是粗重或同是轻安。

第三，善、恶、无记三性法种子与现行不可说异或不异。即若两者异，则某法种子不能生起某法现行；若两者不异，则种子与现行无差别。

第四，虚空与色（物质）不可说异或不异的过错。此处是借小乘的说法，小乘教理中，有虚空（无为）和空界两个概念。虚空与空界有所不同，据《大毗婆沙论》卷第七十五，虚空非色，空界是色；虚空无见，空界有见；虚空无漏，空界有漏；虚空无为，空界有为。[1] 论中的虚空遍一切处，即指虚空无为。这样的话，虚空若与物质（色法）异，物质中就没有虚空，虚空就不遍一切处。另外，若有物质没有虚空，物质灭，虚空生，那虚空也成为无常，而非无为法的恒常。若虚空与物

---

[1] 参见（唐）玄奘译《阿毗达磨大毗婆沙论》卷第七十五，《大正藏》第27册，第388页。

质不异，则离开了物质，应该没有虚空。

由上述四个比喻，可知相与真如也不可说异或不异。

此外，论中的"取，非即蕴，亦不离蕴"，取指欲贪，为烦恼性，取若不异五蕴，因五蕴中有善法和无记法，则善法和无记法也应为烦恼性；取若与五蕴异，因五蕴为无常，则取应为常，但常性应清净，取为烦恼性，这就是"增益常性不清净过"。

此外，同相与真如非异非不异一样，名与真如、分别与真如、正智与真如，都是非异非不异。

【原文】

问：相与正智，当言异，当言不异？

答：如与分别，俱不可说。

问：名与分别，当言异，当言不异？

答：当言异。

问：名与正智，当言异，当言不异？

答：当言异。

问：分别与正智，当言异，当言不异？

答：当言异。

【今译】

问：相与正智，应当说是异，应当说是不异？

答：如［相］与分别，［异或不异］都不可说。

问：名与分别，应当说是异，应当说是不异？

答：应当说是异。

问：名与正智，应当说是异，应当说是不异？

答：应当说是异。

问：分别与正智，应当说是异，应当说是不异？

答：应当说是异。

【评析】

此处论述除真如外，其他诸事之异或不异。

相与正智异与不异，如同相与分别，不可说异或不异。即异的话，正智应该不是相；不异的话，离正智外所有诸相，应以正智为性。参见上文相与分别异或不异。

此外，名与分别异，因为名作为所缘，是识的相分；分别作为能缘，是识的见分。

名与正智异，因为名一般是指有漏名（佛的名言是无漏），正智无漏；名只是所缘，正智起能缘作用。

分别与正智异，因为分别有漏，正智无漏。

8. 五事特征

【原文】

问：相有何相？

答：分别所行相。

问：名有何相？

答：言说所依相。

问：分别有何相？

答：相为所行相。

问：真如有何相？

答：正智所行相。

问：正智有何相？

答：真如为所行相。

【今译】

问：相有何种相〔作为特征〕？

答：〔相是〕分别〔心〕的所行相。

问：名有何种相〔作为特征〕？

答：〔名是〕言说的所依相。

问：分别有何种相〔作为特征〕？

答：〔分别以〕相为所行相。

问：真如有何种相〔作为特征〕？

答：〔真如是〕正智所行相。

问：正智有何种相〔作为特征〕？

答：〔正智以〕真如为所行相。

【评析】

此处论述五事之特征，在上述五事第一颂中，是第八"相"。

相之特征，就是作为分别（心和心所）的认识对象。名之特征，就是作为言说的所依相。分别之特征，就是以相作为认识对象。真如之特征，就是作为正智的认识对象。正智之特征，就是以真如作为认识对象。

从五事之特征来看，五事都处在相互联系之中。相与分别、真如与正智，都是作为所缘和能缘的关系而存在。名之特征，本品突出了其作为言谈所依处的特点，但从名与相、分别的关系来看，名是由分别在相上安立，名是能诠，相是所诠，所以三者也处在相互联系中。由此可见，五事或一切法，没有一法为独立而不依赖其他事而存在，都是相互依赖而存在的。

此外，相是分别所行相，那么，名是否也是分别所行相？应该说，诸识中，只有第六识是以名为所行相（即认识对象），其他识都不以名为所行相，所以，论中不说名是分别所行相。

9. 五事类别

【原文】

问：相有何行相？

答：应知此相有种种行相、无量行相，由分别行相种种无量故。谓色相、心相、心所有相、心不相应行相、无为相；蕴相、界相、处相、缘起相、处非处相、根相、谛相；念住相、正断相、神足相、根相、力相、觉支相、道支相；行迹相[1]、法迹相[2]；奢摩他相、毗钵舍那相、举相、舍相；缘相、依相；地相、水相、火相、风相、空相、识相、此世界相、彼世界相；日相、月相；那落迦相、傍生相、饿鬼相、人相；四大王众天相、三十三天相、夜摩天相、覩史多天相、乐化天相、他化自在天相，初静虑相、第二静虑相、第三静虑相、第四静虑相，空无边处相、识无边处相、无所有处相、非想非非想处相；起相、尽相；有相、非有相；杂染相、清净相；见闻觉知相，已得寻求相[3]，心随寻伺相[4]，如是等类余无量相。

复有六相：一、有相相；二、无相相；三、狭小相；四、广大相；五、无量相；六、无所有相。云何有相相？谓解了事名分别所有相。云何无相相？谓不解了事名分别所有相。云何狭小相？谓欲界事分别所有相。云何广大相？谓色界事分别所有相。云何无量相？谓空、识无边处无色界事分别所有相。云何无所有相？谓无所有处无色界事分别所有相。

复有余五相：一、相相；二、名相；三、分别相；四、真如相；五、正智相。

复有余二相：一、本性相；二、影像相。云何本性相？谓先分别所生，及相所生，共所成相。云何影像相？谓遍计所起、胜解所现、非住本性相。

【简注】

[1] 行迹相：指修行及证得禅定的四种类别，包括苦迟通行（钝根未得根本定）、苦速通行（利根未得根本定）、乐迟通行（钝根已得根本定）、乐速通行（利根已得根本定）。

[2]法迹相：指无贪、无嗔、正念、正定。无贪、无嗔能得戒，正念能得定，正定能得慧，所以，法迹为三乘所依。

[3]已得寻求相：指心（或第六意）已经思考得出结论。

[4]心随寻伺相：指心（或第六意）仍在思考中。

【今译】

问：相有何种显现相？

答：应知此相有种种显现相、无量显现相，因为［相是分别的认识对象，而］分别的显现相有无量种。［相的显现相包括：属五位法的，］即色相、心相、心所有相、心不相应行相、无为相；［属善巧的］蕴相、界相、处相、缘起相、处非处相、根相、谛相；［属菩提分法的］念住相、正断相、神足相、根相、力相、觉支相、道支相；［属禅定止观的］行迹相、法迹相，奢摩他相、毗钵舍那相、举相、舍相；［属识的所缘所依的］缘相、依相；［属六界的］地相、水相、火相、风相、空相、识相；［属三界和众生的］此世界相、彼世界相；日相、月相；地狱相、傍生相、饿鬼相、人相；四大王众天相、三十三天相、夜摩天相、覩史多天相、乐化天相、他化自在天相，初静虑相、第二静虑相、第三静虑相、第四静虑相、空无边处相、识无边处相、无所有处相、非想非非想处相；［属生灭等其他各种相，包括］起相、尽相；有相、非有相；杂染相、清净相；见闻觉知相，已得寻求相，心随寻伺相，诸如此类的其他无量相。

又有六种相：一、有相相；二、无相相；三、狭小相；四、广大相；五、无量相；六、无所有相。什么是有相相？即对已知名称事进行［思维］分别的所有相。什么是无相相？即对不知名称事进行［思维]分别的所有相。什么是狭小相？即对欲界事进行[思维]分别的所有相。什么是广大相？即对色界事进行[思维]分别的所有相。什么是无量相？即对无色界的空无边处、识无边处事进行[思维]分别的所有相。云何无所有相？即对无色界的无所有处事进行[思维]分别的所有相。

又有其他五相：一、相相；二、名相；三、分别相；四、真如相；五、正智相。

又有其他二相：一、本性相；二、影像相。什么是本性相？即由先分别所生以及相所生共同所成相。什么是影像相？即由遍计所起、胜解所现、非住本性相。

【评析】

此处论述五事行相，在上述五事第一颂中，是第九"行等"。

关于相与行相的关系，《瑜伽论记》解释说：相是总，行相是别，如四谛是总，十六行相是别。[1] 实际上也可理解为：相（特征相）指内涵（本质），行相指外延（范围）。

此处共论述四类行相：一、种种无量相；二、六相；三、五相；四、二相。

一、种种无量相，择要而言，包括五位法相、善巧相、菩提分相、止观相、六界相、三界众生相，及其他各种有为相。

---

[1] 参见（唐）遁伦集撰《瑜伽论记》卷第十九，《大正藏》第42册，第744页。

二、六相，包括已知名与不知名的相，以及三界中的不同相。其中，据《瑜伽论记》，有相相是"解了事名分别所有相"，指对已知名的事物进行分别，此分别心（第六识）是依名而起分别（思维），此分别中，由于知名，所以境相明了，故称有相相。无相相是"不解了事名分别所有相"，由于不知名，所以分别心中，境相不明，故称无相相。[1] 其他四相，指欲界、色界和无色界各处（除非想非非想处）的相。

三、五相，即五事的相。五事都可说有相，先看真如相，按相的定义，相是言谈安足处，真如非言谈安足处，所以真如不是相；但第六识可思维真如，此时真如就是第六识的影像相。再看正智相，正智是胜义有，相是世俗有，由此来说，正智不是相；但当凡夫的分别心认识正智事时，正智就是凡夫（第六识）心中的影像相。由此可说，五事都有相。所以，《瑜伽论记》中一种解释是：五事的影像相都属五事中的相，五事的本性相则各属自事。[2]

四、二相，《瑜伽论记》对二相有多种解释，其中，玄范引玄奘的解释："先分别生"指从第八识中的种子生本质相，因为种子是先前的分别心熏成；"相所生"指眼识等五识（还有五俱意识）上显现影像相，因为影像相是从本质所现。此二种相称为本性相，因为此二相能对寻求意识（即独头意识）的影像相作为根本。此本性相是众人共许，所以称为共所成相。影

---

[1] 参见（唐）遁伦集撰《瑜伽论记》卷第十九，《大正藏》第42册，第744页。
[2] 参见（唐）遁伦集撰《瑜伽论记》卷第十九，《大正藏》第42册，第744页。

像相则指寻求意识（即独头意识）上的影像。[1]

本品说影像相是"遍计所起"，《瑜伽论记》中文备解释，对此文有两种观点：一种观点认为，这里的"遍计"就是遍计所执，所以一切影像都是遍计所执。另一种观点认为，"遍计"不同于遍计所执，"遍计"是分别的异名，如下文说"若分别、若思惟、若遍计……等是分别差别"，所以，不说影像相都是遍计所执。[2]

关于五位法的本性相、影像相与五事的关系，《瑜伽论记》总结为：十一种色法的本性相和影像相，都属相。八个心王和五十一个心所，本性相属分别或正智，影像相属相。二十四个心不相应行法中，除名句文，其他二十一法的本性相和影像相属相；名句文的本性相属名，影像相属相。六无为法中，除真如的其他五无为的本性相和影像相属相，真如无为的本性相属真如，影像相属相。[3]

【原文】

问：名有何行相？

答：由相势力，亦有种种无量行相。又若略说，有十二种：一假说名，二实事名，三种类相应名，四各别相应名，五随德名，六假立名，七共所知名，八非共所知名，

---

[1] 参见（唐）遁伦集撰《瑜伽论记》卷第十九，《大正藏》第42册，第744页。
[2] 参见（唐）遁伦集撰《瑜伽论记》卷第十九，《大正藏》第42册，第744页。
[3] 参见（唐）遁伦集撰《瑜伽论记》卷第十九，《大正藏》第42册，第744页。

九显了名，十不显了名，十一总名，十二别名。

【今译】

问：名有何种显现相？

答：[名是在相上安立，相有无量显现相，所以]名由相的力量，也有种种无量显现相。此外，[名的显现相]如果略说，有十二种：一是假说名，二是实事名，三是种类相应名，四是各别相应名，五是随德名，六是假立名，七是共所知名，八是非共所知名，九是显了名，十是不显了名，十一是总名，十二是别名。

【评析】

此处论述名的行相。名是在相上安立，因此，如果相有无量种行相，名也有无量种行相。但略说的话，名有十二种。这十二种名，大体两个一对。据《瑜伽论记》，十二名的含义大体如下（个别含义，笔者稍作改动）。

首先，假说名和实事名，就是假法（如瓶等）与实法（如青黄赤白等）的名称。

其次，种类相应名和各别相应名：种类名，如教师、学生等；各别名，即每一个个人的名字。

此后，随德名和假立名：随德名是依据性质的命名，如佛教中的法师、律师、禅师等；假立名是如绰号等完全无根据的命名，如将瘦人称为胖子等。

此后，共所知名和非共所知名：前者如日月；后者则非人所共知之名，如各学科、行业、地区内的术语、称呼或说法。

此后，显了名和不显了名：前者是一名指一物，后者是一名可称多物。

最后，总名和别名，这与种类名和各别名相似。《瑜伽论记》对后者的解释是，如刹帝利是种类名，其中某一人名是各别名；对总名与别名的解释是，如五蕴是总名，色蕴等是别名。[1]这样看，似乎两对名差不多，或许区别在于，各别名要落到单个人或物上，而别名不但包括单个人或物，也可以是一个类别，如色蕴。这样说，总名与别名比种类名和各别名范围更宽。

【原文】

问：分别有何行相？

答：由相、名势力故，亦有种种无量行相。若略说者，当知有七种：一有相分别，二无相分别，三于境界任运分别，四寻求分别，五伺察分别，六染污分别，七无染污分别。

问：真如有何行相？

答：其相不可说行相。

问：正智有何行相？

答：若出世间正智，亦有其相不可说行相。若世间出世间正智，有取安立谛行相。

---

[1] 参见（唐）遁伦集撰《瑜伽论记》卷第十九，《大正藏》第42册，第744页。

【今译】

问：分别有何显现相？

答：[分别是在相上分别，在相上安立名，所以]由相、名的力量，也有种种无量显现相。若略说，当知[分别]有七种：一是有相分别，二是无相分别，三是对境界的任运分别，四是寻求分别，五是伺察分别，六是染污分别，七是无染污分别。

问：真如有何显现相？

答：真如相是不可说相。

问：正智有何显现相？

答：如果是出世间正智，也有不可说相。如果是世间出世间正智，有取安立谛显现相。

【评析】

此处论述分别、真如和正智行相。

分别的行相，与相、名相应，也有无量种，略说有七种。这七种行相，本论与《大乘阿毗达磨杂集论》（以下简称《杂集论》）的解释略有不同，即本论是从现象上描述，《杂集论》是据分别的各种性质进行论述。

据本论，有相分别是指能运用语言的人所起的分别（即思维），无相分别指不能运用语言的婴儿等所起的分别，任运分别指对境自然而起的分别（如五识和五俱意识），寻求分别指对诸法初步观察所起的分别，伺察分别指在寻求分别后的更深入的观察所起的分别，染污分别指与烦恼心相应所起的分别，不染污分别指与善心或无记心相应所起的分别。

据《杂集论》，分别有三种：自性分别、随念分别和计度分别。自性分别是对现在事物所起的分别，随念分别是对过去事物回忆而起的分别，计度分别是对过去、未来以及现在不现见事物所起的分别。进而又有七种分别，其中，任运分别指五识对自境任运生起的分别；有相分别包括自性分别和随念分别，取过去和现在种种境；无相分别指希求未来所起的分别；其他分别都属计度分别，由计度，或寻求，或伺察而起的分别，其性质或染污，或不染污。[1]

此外，真如相是不可说相，即离言相。

正智相分为两种，如果是出世间正智（即根本无分别智），此智缘真如，所以无论能缘还是所缘，都是不可说相，即离言相；如果是世间出世间正智（即后得智），此智缘安立谛（即四谛），所以显现取安立谛相。

【原文】

复次，若相，若影像，若显现，若有，若戏论，若萨迦耶，若有为，若思所造，若缘生，如是等是相差别。

若名，若想，若施设，若假言说，若世俗，若假立，若言论，如是等是名差别。

---

[1] 参见（唐）玄奘译《大乘阿毗达磨杂集论》卷第二，《大正藏》第31册，第703页。

若分别，若思惟，若遍计，若邪道，若邪行，若越流[1]，若不正取，如是等是分别差别。

若真如，若实性，若谛性，若无颠倒性，若不颠倒性，若无戏论界，若无相界，若法界，若实际，如是等是真如差别。

若正智，若正慧，若正觉，若正道，若正行，若正流，若正取，如是等是正智差别。

【简注】

[1] 越流：本论卷第五十九说："有越流行心，谓于诸法不如理分别推求故。"

【今译】

其次，或[本性]相，或影像[相]，或[五境]显现，或[五根]有，或[设施名的]戏论[相]，或[相的]虚伪不实，或[具有生住异灭的]有为[相]，或[相由]思所造，或[相由]缘所生，诸如此类都是相的差别。

或[诠释义的]名，或[作为名之因的]想，或[作为对所诠法的]施设，或[我相、人相、众生相、寿者相等]假言说，或[军、林等]世俗[名]，或[对胜义谛建立的种种]假立[差别名]，或[商榷是非而起的]言论，诸如此类的都是名的差别。

或[三界心和心所的]分别，或[有漏寻伺的]思维，或[第六识和第七识的]遍计[所执]，或[欲取、见取、戒取、我语取等]

邪道，或［苦行等］邪行，或［不如理分别推求的］越流，或［落入空有两边的］不正取，诸如此类都是分别的差别。

或真如，或实性，或谛性，或无颠倒性，或不颠倒性，或无戏论界，或无相界，或法界，或实际，诸如此类都是真如的差别。

或正智，或［无漏寻伺的］正慧，或［断遍计所执的］正觉，或［断欲取等四取的］正道，或［远离苦行等的］正行，或［如理分别推求的］正流，或［不落空有两边的］正取，诸如此类都是正智的差别。

【评析】

此处论述五事行相的种种差别。

据《瑜伽师地论义演》，相之行相差别有九种，其中，相即本性相，影像即影像相，显现指五境，有指五根，戏论指施设名的相，萨迦耶指相的虚伪不实性，有为指相有生住异灭四相迁流，思所造指相由业生，缘生指相托众缘而起。

名之行相有七种，其中，名意谓彰显所诠之理，想是名之因，施设指随所诠法施设名，假说指假说我相、人相、众生相、寿者相等，世俗指军、林等法，假立指依胜义建立种种差别，言论指商榷是非而起言论。

分别之行相也有七种，其中，分别指三界心和心所，思惟指有漏寻思，遍计指第六识和第七识有执之心，邪道指戒取等执，邪行指盲目苦行，越流指不如理分别推求（越流的另一解为褒义，指求趣圣果，与此处前后语境不合），不正取指落入空有边见。

真如之行相有九种，如文所说。

正智行相有七种，正与分别七种行相相反。[1]

《瑜伽师地论义演》的上述解释非常细致，详尽阐释了五事各种行相的特定含义；但另一方面，五事的各种行相，也可看作同义，是同一事的不同名称，如分别、思维、遍计等可看作都是相同含义，遍计不一定等于遍计所执。

10. 五事与诸法

（1）五事与五位法

【原文】

问：如是五事，几色？几心？几心所有？几心不相应行？几无为？

答：相，通五种。名，唯心不相应行。分别、正智，通心及心所有。真如，唯无为。

【今译】

问：如此五事，几事是色法？几事是识法？几事是心所法？几事是心不相应行法？几事是无为法？

答：相通色法等五种法。名只是心不相应行法。分别和正智通心法和心所法。真如只是无为法。

---

[1] 参见 (唐) 清素述《瑜伽师地论义演》卷第二十九,《金藏》第120册，第765—766页。

【评析】

此处以下论述五事与各种法的关系,在上述五事第一颂中,是第十"色等",而"等"包含以下各项内容。此处是第一项内容,论述五事与五位法的关系。

首先是相与五位法的关系,其中,色法、识法、心所法、心不相应行法、无为法,五位法都有相,所以相通五种。名,如论中所说,只是心不相应行法。

分别是三界心和心所,所以通识法和心所法。正智实际是无漏慧心所,所以是心所法,但正智的眷属是识与遍行、别境和善心所,所以正智也通识法与心所法。

(2) 五事与七善巧

【原文】

问:如是五事,几,蕴所摄?几,非蕴所摄?

答:三,蕴所摄;相,摄、不摄;真如,不摄。

问:如是五事,几,界、处所摄?几,非界、处所摄?

答:一切皆是界、处所摄。

问:如是五事,几,缘起所摄?几,非缘起所摄?

答:三,缘起摄;相,摄不摄;真如,不摄。

如缘起摄,处非处[1]摄及与根[2]摄,当知亦尔。

问:如是五事,几,谛所摄?几,非谛所摄?

答:谛有二种,一安立谛,二非安立谛。安立谛者,谓四圣谛;非安立谛者,谓真如。此中,三,是安立谛所摄；相，亦摄亦不摄；真如，唯非安立谛所摄。

【简注】

[1] 处非处：本论卷第二十七："又处非处善巧，当知即是缘起善巧差别。此中差别者，谓由处非处善巧故，能正了知非不平等因果道理，则善不善法，有果异熟。若诸善法，能感可爱果异熟法。诸不善法，能感非爱果异熟法。若能如是如实了知，名处非处善巧。"所以，处非处善巧与缘起善巧有相似处，其差别处在于：处非处善巧着眼于善恶因果，若如实了知善恶因果，就是处非处善巧。

[2] 根：指二十二根，包括六根（眼根、耳根、鼻根、舌根、身根、意根），还有男根和女根，命根，五受根（苦根、乐根、忧根、喜根、舍根），五善根（信根、精进根、念根、定根、慧根），三无漏根（未知当知根、已知根、具知根）。

【今译】

问：如此五事，几事属蕴？几事不属蕴？

答：[名、分别、正智]三事属蕴，相或属或不属蕴，真如不属蕴。

问：如此五事，几事属界和处？几事不属界和处？

答：五事皆属界和处。

问：如此五事，几事属缘起？几事不属缘起？

答：[名、分别、正智]三事属缘起，相或属或不属缘起，真如不属缘起。

如与缘起的所属关系一样，五事与处非处的所属关系，以及与

[二十二] 根的所属关系，当知都是如此。

问：如此五事，几事属谛？几事不属谛？

答：谛有二种，一是安立谛，二是非安立谛。安立谛者，就是四圣谛；非安立谛，就是真如。五事中，[名、分别、正智]三事属安立谛，相或属或不属安立谛，真如只属非安立谛。

【评析】

此处论述五事与七善巧（蕴、界、处、缘起、处非处、根、谛）的关系。

五事与五蕴的关系：名、分别、正智三者属五蕴；真如不属五蕴；相既属五蕴也不属五蕴，如相相、名相、分别相、正智相属五蕴，真如相不属五蕴。

五事与十八界、十二处的关系：五事都属十八界、十二处，因为真如在十二处中属法处，在十八界中属法界（另一方面，真如是一切法本性，所以就存在于每一蕴、每一处、每一界中，只是就真如与蕴处界的所属关系来说，真如属法处、法界）。

五事与缘起的关系：名、分别、正智三者属缘起；真如是无为法，不属缘起；这样，相既属缘起也不属缘起。

此外，五事与处非处善巧的关系，同五事与缘起的关系相同，因为缘起包括善、恶、无记三性因果，而处非处只是指善恶因果。

五事与根善巧的关系，据《瑜伽论记》："根须分别。相，通诸法，谓于二十二根中有漏不摄；名，非根摄；分别、正智，通于四蕴，亦通根非根摄；真如，非根故。"[1] 即五事与根善巧的关系，还需细致分别。相通诸法，所以二十二根都在相中，但二十二根中的十有漏根，不属善巧，十有漏根是眼根、耳根、鼻根、舌根、身根、女根、男根、命根、苦根、忧根，这样相通善巧和非善巧。名不属根，所以也不是根善巧。分别和正智通受、想、行、识四蕴，所以既有属善巧的，也有不属善巧的。真如则非根，也非根善巧。

五事与安立谛、非安立谛的关系：名、分别、正智三者属安立谛；真如属非安立谛；相既属安立谛也属非安立谛，因为真如相属非安立谛，其他四相属安立谛。

（3）五事与四缘

【原文】

问：如是五事，几，因缘所摄？几，等无间缘？几，所缘缘？几，增上缘所摄？

答：相，一切缘所摄；名，等无间缘所不摄；分别、正智，四缘所摄；真如，唯所缘缘摄。

【今译】

问：如此五事，几事属因缘？几事属等无间缘？几事属所缘缘？

---

[1] （唐）遁伦集撰《瑜伽论记》卷第十九，《大正藏》第42册，第745页。

几事属增上缘?

答：相属四种缘，名不属等无间缘，分别和正智属四缘，真如只属所缘缘。

【评析】

此处论述五事与四种缘的关系。

论中说，五事与四缘的关系是：相可属四缘。分别和正智也可属四缘。真如只是作所缘缘，因为真如是无为法，不作因缘生起他法；真如不生不灭，所以没有等无间缘；此外，就狭义的增上缘来说，真如不会直接帮助生起他法，所以也不作增上缘；真如只是根本无分别智的认识对象，所以只能作所缘缘。

至于名，本品只说不作等无间缘，因为能作等无间缘的是心法，名是心不相应行法，所以不作等无间缘。那么，进一步问：名是否能作其他三缘？从论文的语气来看，似乎可以，那就来仔细分析一下。先看所缘缘，第六识可缘名，所以名可作所缘缘。而增上缘的含义极广泛，名也可作增上缘。但名能否作因缘？因缘是诸法种子，《瑜伽论记》说："名有种子，即是因缘。"[1] 所以，按《瑜伽论记》的说法，名也可作因缘。但按《瑜伽论》和《百法论》等著作中的五位百法理论，名是心不相应行法，属假法，应该没有种子。名言种子虽可由名熏成，

---

[1] （唐）遁伦集撰《瑜伽论记》卷第十九，《大正藏》第42册，第745页。

但熏成的是诸法种子，并非是名的种子。由此来看，名自身是没有种子的，只是在由名熏成诸法名言种子的意义上，说名可作因缘。

进一步探讨，从唯识理论来看，前期似乎都是一切法皆有种子的思想。如《解深密经》说，"相、名、分别言说戏论习气"[1]，所以，五法体系中，一切有为法（相、名、分别、正智）都有种子。《摄论》的一切法体系是十一识，十一识皆有种子，"此中若身、身者、受者识，彼所受识，彼能受识，世识，数识，处识，言说识，此由名言熏习种子"[2]。其中，"世识，数识"等就是五位百法体系中的心不相应行法，"世识，数识"有种子，就相当于心不相应行法有种子。因此，在前期的五法体系和十一识体系等一切法体系中，一切法都有种子。只是在世亲以五位百法作为一切法体系后，玄奘等明确界定，五位百法中，识法、心所法、色法有种子，心不相应行法没有种子（无为法当然也没有种子）。由此来看，《瑜伽论记》说"名有种子，即是因缘"，也属正常。

（4）五事与四依

【原文】

问：如是五事，几，法依所摄？几，义依？几，了义

---

[1] （唐）玄奘译《解深密经》卷第一，《大正藏》第16册，第692页。
[2] （唐）玄奘译《摄大乘论本》卷中，《大正藏》第31册，第138页。

经依？几，智依所摄？

答：相，三依所摄。名，唯法依所摄。如相，分别亦尔。真如，智所行故，义依所摄。正智，唯智依所摄。

【今译】

问：如此五事，几事属法依？几事属义依？几事属了义经依？几事属智依？

答：相［不属智依，］属前三种依。名，只属法依。与相一样，分别也属前三种依。真如，是［根本无分别］智的所行境，所以属义依。正智，只属智依。

【评析】

此处论述五事与四依关系。四依中，法依即依法不依人，义依即依义不依文（或语），了义经依即依了义经不依不了义经，智依即依智不依识。

相，属前三依，因为法、义都属识的相分，听法者所听的法，在第六识相分中显现为法和义，了义经也归结为所取之义，所以相通法依、义依、了义经依。但相不属智依，因为相与智相对而言，相是世间法，智是出世间法，故相不是智依。

名，只属法依，因为名不是智，所以不是智依；名是能诠，义是所诠，所以名不是义依；名是教法（能诠），了义经依取所了之义（所诠），所以名不是了义经依。

分别，与相一样，属法依、义依、了义经依，因为此三依都以分别为体。以分别是法依为例,《瑜伽论记》说：法是教法，属分别心的相分，相分从见分（即分别心），所以分别是法依。分别不属智依，因为分别不是智，所以不是智依。[1]

真如，只是根本无分别智所行之境，是根本智所了之义，所以只属义依。

正智，不是属世间法的相、名、分别，也不是真如，所以只是智依。

（5）五事与有色、无色
【原文】
问：如是五事，几，有色？几，无色？

答：相，通二种。分别、正智，唯无色。名与真如，俱非二种，是假有故、不可说故。

如有色、无色，有见、无见，有对、无对，亦尔。

【今译】
问：如此五事，几事属有色？几事属无色？

答：相，通［有色和无色］二种。分别和正智，只是无色。名与真如，都既非有色也非无色，因为名是假有，真如则不可说。

与有色和无色一样，［五事与］有见和无见、有对和无对［的关系］也是如此。

---

[1]（唐）遁伦集撰《瑜伽论记》卷第十九,《大正藏》第42册,第745页。

【评析】

此处论述五事与有色、无色的关系。有色即色法（物质）。无色，是非色法类的法，传统的说法，在五位法中，包括识法和心所法、心不相应行法和无为法，如《阿毗达磨大毗婆沙论》卷第一百九十七说："此中无色法，谓心、心所法、不相应行、无为。"[1] 但本品的说法，属不相应行的名和属无为法的真如，都既不属有色也不属无色。

相包括色法和非色法，即使狭义的相（相相），也包括色法（十一色）和心不相应行法（除名句文），前者色法，后者非色法，所以，相通有色和无色两种。

名则"俱非二种，是假有故"，即名既不是有色也不是无色，因为名是假有。这可以理解为，名是在相上安立，或者说，是在色和无色上安立，所以不能单说是有色或无色。而真如，因为"不可说"，所以也既不属有色又不属无色。

有见、无见，按《俱舍论》的说法："十八界中，色界，有见。"[2] 其他为无见。五事与有见无见的关系，与有色无色一样，即相通二种，分别、正智唯无见，名与真如俱非二种。

有对、无对，按《俱舍论》的说法："唯色蕴摄十界有对。"[3] 色蕴所摄十界即五根五境，是有对。其他为无对，如意

---

[1] （唐）玄奘译《阿毗达磨大毗婆沙论》卷第一百九十七，《大正藏》第27册，第985页。
[2] （唐）玄奘译《阿毗达磨俱舍论》卷第二，《大正藏》第29册，第7页。
[3] （唐）玄奘译《阿毗达磨俱舍论》卷第二，《大正藏》第29册，第7页。

处、法处。五事与有对无对的关系，与有色无色一样，即相通二种，分别、正智唯无对，名与真如俱非二种。

（6）五事与有漏、无漏
【原文】
问：如是五事，几有漏？几无漏？
答：相通二种。二唯有漏。二唯无漏。真如，漏尽所缘义故名无漏，非漏尽相义故。正智，漏尽对治义故名无漏。

【今译】
问：如此五事，几事是有漏？几事是无漏？
答：相通［有漏和无漏］二种。［名和分别］二事只是有漏。［真如和正智］二事只是无漏。真如是就漏尽所缘的含义，所以称为无漏，并非是就漏尽相的含义［而称为无漏］。正智是就漏尽对治的含义，所以称为无漏。

【评析】
此处论述五事与有漏、无漏的关系。
相通有漏和无漏，如色身，凡夫色身为有漏，佛色身为无漏。
名和分别，只是有漏。
真如和正智，只是无漏，但两者无漏的道理不同。

所谓真如的无漏，不是就其漏尽相而言，而是就其为漏尽所缘而言，意谓心法和色法漏尽（即断尽有漏），并不就是真如，真如有其自己的存在；真如不生不灭，不会由有漏转变成无漏，所以真如本身没有漏尽相（即漏尽状态，亦即断尽烦恼的状态）。但凡夫在漏尽（断尽烦恼现行和种子）时，其无漏的根本智生起，此无漏智即以真如为所缘，此即"漏尽所缘"。真如的此无漏义，实际是强调，真如本无转变，无论一切法是有漏还是无漏，真如都是无漏。但一切法有漏时，真如不显现；一切法漏尽，真如成为根本无分别智的所缘，真如显现。

所谓正智是"漏尽对治义"，即正智可对治漏（烦恼），使之尽（烦恼断尽），由此称之无漏，而凡夫智则不能使漏尽。正智的此无漏义，实际是强调，正智虽然也是无漏，但并非如真如那样一直存在，而是到见道位才生起。正智生起与烦恼（现行和种子）断尽是同时的，即正智生起就断尽烦恼和种子（分别烦恼现行和种子在见道位断尽，俱生烦恼现行和种子要到成佛时断尽）。此外，正智也不是从有漏智转变为无漏智，正智有自种，是由自种在见道位生起。

另外，《成唯识论疏抄》（以下简称《疏抄》）卷第十六说："相及名即通漏、无漏。佛得无漏名句文身。若十地已来，菩萨所有名句智（"智"，疑作"文"——引者注）皆是有漏，即以第八识是有漏故。"[1] 所以，名通有漏、无漏二种，因为佛的

---

[1] （唐）灵泰撰《成唯识论疏抄》卷第十六，《卍新续藏》第50册，第466页。

名句文无漏；除佛外，其他有情的名句文都是有漏的，即使十地菩萨，其名句文也是有漏的，因为十地菩萨第八识仍是有漏。

（7）五事与有为、无为
【原文】
问：如是五事，几有为？几无为？
答：相通二种。三唯有为。真如唯无为，诸行寂静所缘义故，非诸行寂静相义故。

【今译】
问：如此五事，几事是有为法？几事是无为法？
答：相通［有为法和无为法］二种。［名、分别、正智］三事只是有为法。真如只是无为法，这是就真如是一切法寂静时［为根本智］所缘的含义而说的，并非说真如就是一切法寂静状态本身。

【评析】
此处论述五事与有为法、无为法的关系。
相通有为、无为两种，因为相有五相，即相相、名相、分别相、真如相、正智相，其中，真如相是无为法，其他都是有为法，所以相通有为法和无为法。同理可知，名、分别、正智只是有为法。
而真如作为无为法，是指"诸行寂静所缘义故，非诸行寂静相义故"。其中，真如是"诸行寂静所缘义"。如前所说，诸行寂静（即断尽烦恼）时，根本无分别智能以真如为所缘，即证得真如。而真如"非诸行寂静相义故"，这是因为，"诸行寂静相"相当于上述"漏尽相"，所以真如"非诸行寂静相义故"。此外，就六无为与五事的关系来说，只有真如无为属真如，其他五种无为都属相，不属真如。而"诸行寂静相"在六无为中属择灭无为，属于相，不属真如，所以真如"非诸行寂静相义故"。

（8）五事与有诤、无诤等

【原文】

问：如是五事，几有诤？几无诤？

答：相通二种，二唯有诤，二唯无诤。如有漏无漏，此中道理当知亦尔。

如有诤、无诤，如是有爱味、无爱味，依耽嗜、依出离，当知亦尔。

【今译】

问：如此五事，几事有诤？几事无诤？

答：相通〔有诤和无诤〕二种，〔名和分别〕二事只是有诤，〔真如和正智〕二事只是无诤。其中的道理，就如有漏无漏一样，应该知道也是如此。

如同有诤、无诤，有爱味和无爱味，是依耽嗜和依出离，应当知道也是如此。

【评析】

此处论述五事与有诤、无诤的关系。

诤是什么含义？《瑜伽论记》卷第十八说："五取蕴名有诤法事者，即所诤事体上无常苦义违于常乐，名诤自性；五取蕴是有法，能有无常苦等诤法，故言有诤法。"[1] 所以，诤指五蕴上的无常、苦等。

真如与正智是出世间法，不与无常、苦等相应，所以无诤。名和分别是世间法，与无常、苦等相应，所以有诤。相有名相、分别相，也有真如相和正智相，所以，相通有诤、无诤。

而五事与有爱味和无爱味的关系，同五事与有诤和无诤的关系相同。有爱味是依耽嗜，同有诤；无爱味是依出离，同无诤。所以，相通有爱味和无爱味二种，名和分别二事只是有爱味，真如和正智二事只是无爱味。

（9）五事与世间、出世间等
【原文】

问：如是五事，几世间？几出世间？

答：三是世间。真如是出世间。正智，一分唯出世间，

---

[1] （唐）遁伦集撰《瑜伽论记》卷第十八，《大正藏》第42册，第714页。

一分通世间出世间。

真如，一切言说戏论寂静所缘义名出世间，非超过言说戏论相义故。

如世间、出世间，堕摄[1]、非堕摄，当知亦尔。

【简注】

[1] 堕摄：本论卷第四说："略有三界，谓欲界，色界，无色界，如是三种名堕摄界。"所以，堕是三界，非堕是出三界。

【今译】

问：如此五事，几事是世间法？几事是出世间法？

答：[相、名、分别]三事是世间法。真如是出世间法。正智，一部分只是出世间法，一部分通世间法和出世间法。

真如［就其是使］一切言说戏论寂静［的正智］所缘的含义而说其是出世间，并非［是就其］超过言说戏论相的含义［而说其是出世间］。

如同世间和出世间一样，属于堕还是非堕，应当知道也是如此。

【评析】

此处论述五事与世间、出世间关系。

其中，相、名、分别是世间法；正智中，唯出世间正智（根本无分别智）只是出世间法；世间出世间正智（后得智）既可缘世间法，也可缘出世间法，所以通世间法和出世间法。

此外，真如是出世间法，但这是据特定含义而说的。即真如既是正智（根本智）所缘，也是"超过言说戏论相"的离言法，说真如是出世间法，是据前一特点（正智所缘）而说，并非是据后一特点（离言法）而说。因为离言真如，既存在于出世间法中，也存在于世间法中，所以不能依离言说真如是出世间法。但正智缘真如，正智的生起是在见道位，此位出世间法生起，所以，说真如是出世间法，就是依此特点而说的。

此外，堕摄与非堕摄，即属于三界还是出三界。五事中，相、名、分别堕摄；真如非堕摄；正智，一分堕摄，一分非堕摄。

（10）五事与四对

【原文】

问：如是五事，几内？几外？

答：相通二种。名唯是外。分别，生所摄故通二种。真如非二种。如分别，正智亦尔。

【今译】

问：如此五事，几事属内？几事属外？

答：相通［内外］二种。名只是外。分别，因为是缘［心和境］而生，所以通［内外］二种。真如不属［内外］二种。如同分别，正智也属［内外］二种。

【评析】

此处以下是依四对论述五事与诸法的关系。四对指内外、粗细、胜劣、远近。

依四对描述诸法，有部派佛教的根源。如《阿毗达磨集异门足论》论述五蕴："云何色蕴？答：诸所有色，若过去若未来若现在，若内若外，若粗若细，若劣若胜，若远若近，如是一切略为一聚说名色蕴。"[1] 该论对其他诸蕴，也都依四对进行论述。

此处先论述五事与内外的关系。内外的含义，就十二处来说，六是内处，包括眼、耳、鼻、舌、身、意处；六是外处，包括色、声、香、味、触、法处。《瑜伽论记》卷第七说："若缘外尘，随境名外；若缘内身，随境名内。"[2] 所以，内指身心，外指身外境。

相包括内身（五根）和外境（五境），所以相通内和外。名在十二处中属法处，所以只是属外。分别，可缘境缘心，所以也通内和外。真如在十二处中也属法处，但那只是将不属于其他十一处的存在都归入法处，根本上说，真如是无为法，非心非境，所以非内非外。正智与分别相同，可缘心缘境，所以也通内外。

【原文】

问：如是五事，几粗？几细？

---

[1] （唐）玄奘译《阿毗达磨集异门足论》卷第十一，《大正藏》第26册，第412页。
[2] （唐）遁伦集撰《瑜伽论记》卷第七，《大正藏》第42册，第450页。

答：三通二种。真如唯细，难识义故，非相渐减极略义故。正智唯细，行细义故。

【今译】

问：如此五事，几事粗？几事细？

答：[相、名、分别]三事通[粗细]二种。真如只属细，因为难以了知，并非是依相逐渐减至极细微义而说。正智只属细，这是据其活动状态极细微的含义而说。

【评析】

此处是论述五事与四对中粗细的关系。粗细的含义，《瑜伽师地论义演》说："易了名粗，难识名细。"[1]

相通粗细，如色法，包括从粗显五境色到极微细色，所以色法通粗细。

名在相上安立，表所诠义，故随相通粗细，名也通粗细。

分别也通粗细，《俱舍论颂疏论本》卷第一说："谓眼等五识相应四蕴，依五根名粗。第六意识相应四蕴，唯依意根名细。"[2] 分别是诸识和心所，包括六识，所以也通粗细。

真如只属细，此细是就其细微难知而说细，并非如色法（物质）那样逐渐从粗显减至极微那样的细。

正智，本品说只属细，实际这是就唯出世间智（根本智）

---

[1]（唐）清素述《瑜伽师地论义演》卷第二十九，《金藏》第120册，第768页。
[2]（唐）圆晖述《俱舍论颂疏论本》第一，《大正藏》第41册，第823页。

而说，因为此智只缘真如，所以只属细；如果是世间出世间智（后得智），那么，此智可缘世间法，世间法（相）有粗有细，此智也通粗细。

【原文】

问：如是五事，几劣？几胜？

答：三通二种。真如唯胜，清净所缘义故，非从下劣胜进相义故。正智唯胜，真如为所行义故。

【今译】

问：如此五事，几事低劣？几事殊胜？

答：[相、名、分别]三事通[胜劣]二种。真如只是殊胜，[这是就]清净[智]所缘的含义[而说]，并非从下劣向殊胜进展的含义[而说]。正智只是殊胜，[这是就]真如是其所缘境的含义[而说]。

【评析】

此处是论述五事与四对中胜劣的关系。五事的胜劣，相、名、分别三事都是有胜有劣，所以通胜劣二种。真如只是殊胜，这是从真如是正智所缘的含义而说的，不是说真如是由低劣逐渐转变成殊胜。正智也只是殊胜，因为正智的所缘境是真如。

【原文】

问：如是五事，几远？几近？

答：一由处远、时远故，俱通二种。名、分别、正智由时远故，皆通二种。真如由二故，俱非二种，以无为故。

【今译】

问：如此五事，几事近？几事远？

答：相是因处［有近］远、时［有近］远，所以都通［近远］二种。名、分别、正智，由时［有近］远，所以都通［近远］二种。真如就［近远］二种［而言］，都非二种，因为是无为法。

【评析】

此处论述五事与四对中远近的关系。判别远近的因素，主要是空间和时间。物质类的现象，具有空间和时间的远近；非物质类的现象，没有空间远近，只有时间远近。

由此来看，相包括物质类现象和非物质类现象，所以具有处（空间）和时（时间）两方面的远近。名是非物质类现象，所以只有时远近。分别和正智都是精神类现象，非物质类现象，所以也只有时远近。而真如是无为法，既非物质类现象，也非非物质类（如精神类）现象，所以真如没有远近。

（11）五事与有执受、无执受

【原文】

问：如是五事，几有执受？几无执受？

答：相通二种。名、分别、正智，无执受。真如，俱非二种。

【今译】

问：如此五事，几事有执受？几事无执受？

答：相通〔有执受和无执受〕二种。名、分别、正智，无执受。真如，〔有执受和无执受〕二种都不是。

【评析】

此处论述五事与有无执受的关系。执受主要是指有情身（包括净色根和浮尘根）一期生命中被第八识执持而产生觉受，此中，第八识是执持或执受，有情身是有执受。

由此来看五事，相中，有情身属色法，是有执受；心不相应行法是无执受，所以相通有执受和无执受。名属心不相应行法，不是有情身，所以是无执受；分别和正智是心法，所以是无执受。真如是无为法，既不是色法，也不是心法等，所以与有执受和无执受都无关。

（12）五事与同分、彼同分

【原文】

问：如是五事，几同分？几彼同分？

答：相通二种。余非二种，唯依有色诸根建立同分、彼同分故。

【今译】

问：如此五事，几事是同分？几事是彼同分？

答：相通［同分和彼同分］二种。其他四事，既非同分也非彼同分，因为同分和彼同分都只是依有色诸根建立。

【评析】

此处论述五事与同分、彼同分的关系。同分和彼同分的含义，据《杂集论》卷第五所说，五根若与五识同时生起，连续取五境，此连续生起的五根是同分；若五根不与识同时生起，从而不取五境，此连续生起的五根就是彼同分。如眼根，若与眼识同时生起，连续取色境，前后生起的眼根就是同分；若眼睛闭上，不取色境，不与眼识同时生起，此前后相续的眼根就是彼同分。[1]

据此，五根属色法，是相的一部分，所以相通同分和彼同分。其他四事，不是色法，不是五根，所以与同分和彼同分无关。

此外，大乘唯识宗的同分和彼同分，只是指五根，而小乘的同分和彼同分通十八界，为何有此区别？《瑜伽论记》卷第十四解释说："大乘过未法无，现在识起必用，不须论同分彼同分。现在五根自类相续，若与识合，同识取境，名为同分；若不与识合，名彼同分。五尘但是所取非能取，不同五根，或

---

[1] （唐）玄奘译《大乘阿毗达磨杂集论》卷第五，《大正藏》第31册，第715页。

不能取，故亦不论同分彼同分。"[1] 简言之，小乘是三世法实有，所以其同分和彼同分范围通十八界。而大乘是过去、未来法非实有，所以只就五根论同分和彼同分。

（13）五事与因、非因等六对

【原文】

　　问：如是五事，几因？几非因？

　　答：四是因。真如非因。

　　如因、非因，果非果、有因非有因、有果非有果，当知亦尔。

　　问：如是五事，几是异熟？几非异熟？

　　答：相通二种。名非异熟。分别通二种。真如俱非二种。正智非异熟。

　　问：如是五事，几有异熟？几非有异熟？

　　答：相通二种。名非有异熟。分别通二种。真如俱非二种。正智定非有异熟。

【今译】

　　问：如此五事，几事是因？几事是非因？

　　答：[相、名、分别、正智]四事是因，真如是非因。

　　如同五事与因、非因的关系一样，五事与果、非果的关系，与有

---

[1] （唐）遁伦集撰《瑜伽论记》卷第十四，《大正藏》第42册，第622页。

因、非有因的关系，与有果、非有果的关系，应当知道也是如此。

问：如此五事，几事是异熟？几事是非异熟？

答：相通［异熟和非异熟］二种。名是非异熟。分别通［异熟和非异熟］二种。真如，［异熟和非异熟］二种都不是。正智是非异熟。

问：如此五事，几事是有异熟？几事是非有异熟？

答：相通［有异熟和非有异熟］二种。名是非有异熟。分别通［有异熟和非有异熟］二种。真如，［有异熟和非有异熟］二种都不是。正智必定是非有异熟。

【评析】

此处论述五事与因非因、果非果、有因非有因、有果非有果、异熟非异熟、有异熟非有异熟六对的关系。

首先，因与果，有因与有果，都指因果关系成立，一切有为法都有因果关系，即每一有为法都有先前的因（"有因"），也能作为其后果的"因"；对先前的因是"果"，对其后的果是"有果"。所以，五事中，相、名、分别、正智四事是因，是果，是有因，是有果。真如不生不灭，所以是非因和非果。

其次，关于异熟、非异熟和有异熟、非有异熟。先看异熟和非异熟，异熟就是果报，果报是由过去世的善恶业力形成的；非异熟就是非果报，非果报法是由此世的原因形成的。

《阿毗达磨品类足论》卷第六对两类法作了说明："异熟法云何？谓异熟十一处少分，除声处。非异熟法云何？谓声处及非异熟十一处少分。"[1] 所以，十二处中，声处是非异熟法，其他十一处则通异熟法和非异熟法。进而，在异熟法中，准确地说，只有第八识是真正的异熟，其他的异熟法只是异熟生。

具体地，以二十二根为例，本论卷第五十七说："问：几是异熟？答：一，九少分……问：几非异熟？答：十二，九少分。"[2] 据《瑜伽论记》《成唯识论掌中枢要》等解释，二十二根中，一种是异熟，就是命根；还有九种的一部分是异熟，包括七种色根（眼根等五根及男女根）、意根、舍受。非异熟包括十二种全部和九种的一部分，十二种是信根等五根、三无漏根、除舍受的其他四种受；九种的一部分是二十二根的前九根（即眼根等五根、意根、命根、男根和女根）。[3]

再以二十二根中的眼根等五根和信根等五善根为例，眼根等五根，净色根是异熟（准确说是异熟生），因为净色根是果报，是由过去世善恶业形成的；浮尘根不是果报，如身体的胖瘦（即身根的浮尘根），是这一世的营养、劳逸等因素形成的，所以不是异熟。信根等五善根，则不是异熟，因为信等五根是此一世闻思修而形成的，不是过去世因素成就的果报。

关于有异熟和非有异熟，《阿毗达磨品类足论》卷第六："有异熟法云何？谓不善、善有漏法。无异熟法云何？谓无记、

---

[1] （唐）玄奘译《阿毗达磨品类足论》卷第六,《大正藏》第26册，第716页。
[2] （唐）玄奘译《瑜伽师地论》卷第五十七,《大正藏》第30册，第614—615页。
[3] 参见（唐）遁伦集撰《瑜伽论记》卷第十六,《大正藏》第42册，第663页；窥基撰《成唯识论掌中枢要》卷上,《大正藏》第43册，第630页。

无漏法。"[1] 即有漏的善性、不善性法是有异熟法，无记性法和无漏法是非有异熟法。

《杂集论》卷第五说："谓不善及善有漏，是有异熟。由不善及有漏善法，能有当来阿赖耶识及相应异熟，由彼异熟故此二种名有异熟。"[2] 所以，有异熟是指能感招下一世果报的善恶性法，非有异熟就是不感招下一世果报的无记性法和无漏法。

仍以二十二根为例，本论卷第五十七说："问：几有异熟？答：一，十少分。问：几无异熟？答：十一，十少分。"[3] 有异熟中，"一"是指忧根；"十少分"是指信根等五根、除忧受外的其他四种受和意根（通无漏）。无异熟（非有异熟）中，十一种包括七种色（眼根等五根和男女根）、命根、三无漏根；"十少分"是指四种受、意根（此二通无记），还有信根等五根（通无漏）。

由此可见，眼根等五根是非有异熟（无异熟）。信根等五根通有异熟与非有异熟：有异熟，是有漏信根等，能成就果报；非有异熟，是无漏信根等，不成就果报。

就五事与异熟等来说，"相通二种"，如上例中，五根的净色根是异熟，五根的浮尘根不是异熟。"名非异熟"，名不是果报，所以是非异熟。"分别通二种"，如第八识是异熟识，第七识不是异熟识，前六识通异熟（生）识（无记性识）和非异熟

---

[1] （唐）玄奘译《阿毗达磨品类足论》卷第六,《大正藏》第26册, 第716页。
[2] （唐）玄奘译《大乘阿毗达磨杂集论》卷第五,《大正藏》第31册, 第716页。
[3] （唐）玄奘译《瑜伽师地论》卷第五十七,《大正藏》第30册, 第614页。

识（善恶性识）。"真如俱非二种"，真如不生不灭，所以既不是由异熟而生，也不是非异熟而成。"正智非异熟"，正智是依自种由闻思修而生，所以不是异熟，只是非异熟。

再就五事与有异熟等来说，"相通二种"，即相通有异熟和非有异熟。为什么呢？就相中的五境（色、声、香、味、触）来说，色和声是有异熟，其他三种是非有异熟。如《大乘阿毗达磨集论》（以下简称《集论》）卷第三说："谓不善及善有漏，是有异熟；十界、四处、诸蕴一分，是有异熟。"[1]《杂集论》卷第五解释说："十界者，谓七识、色、声、法界。四处者，谓色、声、意、法处。一分者，谓除无记、无漏。"[2] 所以，色、声是有异熟；而五境中的香、味、触是非有异熟。所以，相通有异熟和非有异熟两种。

"名非有异熟"，《瑜伽论记》说："名是无记，故非有报；然假无体，以声为体，约体而言亦得说有报，故不云定非报。"[3] 即名是无记性，不招果报，所以非有异熟；但名依声而立，所以可说是以声为体，声是有异熟，这样，名也可说是有异熟。但如果不依声说，则名是非有异熟。因为有这两种情况，所以名不说必定是非有异熟。

"分别通二种"，分别是识与心所，识与心所中，善恶性是有异熟，无记性是非有异熟，所以分别通有异熟和非有异熟。

---

[1] （唐）玄奘译《大乘阿毗达磨集论》卷第三,《大正藏》第31册, 第672页。
[2] （唐）玄奘译《大乘阿毗达磨杂集论》卷第五,《大正藏》第31册, 第716页。
[3] （唐）遁伦集撰《瑜伽论记》卷第十九,《大正藏》第42册, 第747页。

"真如俱非二种",真如不生不灭,非造善恶业如有异熟,非造无记性业如非有异熟,所以,真如既不是有异熟也不是非有异熟。

"正智定非有异熟",正智是无漏有为法,不造有漏善恶业,所以必定不是有异熟,而必定是非有异熟。

(14) 五事与有所缘、无所缘等
【原文】

问:如是五事,几有所缘?几无所缘?

答:相通二种。名无所缘。分别、正智俱有所缘。真如俱非二种。

如有所缘无所缘,相应不相应、有行无行、有依无依、当知亦尔。

【今译】

问:如此五事,几事是有所缘?几事是无所缘?

答:相通[有所缘和无所缘]二种。名是无所缘。分别、正智都是有所缘。真如,[有所缘和无所缘]二种都不是。

如同有所缘和无所缘一样,五事与相应不相应、有行无行、有依无依,当知也是如此。

【评析】

此处论述五事与有所缘和无所缘等四对的关系。

有所缘指能缘的识与心所，五根不是有所缘，其差别，本论卷第五十五说："问：何故眼等亦有境界，而但说彼名有所缘，非眼等耶？答：由彼眼等，离所取境亦得生起。心与心所法则不如是。"[1] 即识与心所对境才生起，五根则不是，离所取境也能生起（如眼根等睡着时也生起），所以五根不取境也能自相续生起。

因此，相有心法相与色法相等，心法有所缘，色法无所缘，所以，相通有所缘和无所缘。名不是能缘，所以是无所缘。分别和正智都是能缘，所以都是有所缘。真如是无为法，所以既不是有所缘也不是无所缘。

关于相应、有行、有依，本论卷第五十五说："问：何故名相应？答：由事等故，处等故，时等故，所作等故。问：何故名有行？答：于一所缘作无量种差别行相转故。问：何故名有所依？答：由一种类托众所依差别转故。虽有为法无无依者，然非此中所说依义，唯恒所依为此量故。"[2]

所以，相应、有行、有依，都是指识与心所。相应是指识与心所，所缘相同，处所相同，所缘时间相同，进行的活动相同。有行指识与心所对同一所缘，能生起种种不同的认识，如眼识及其相应心所，对同一色境，产生的认知（想）、感受（受）、意愿（思）等都不相同。有依指识与心所（有依）依托同一根（所依）而生起。

---

[1]（唐）玄奘译《瑜伽师地论》卷第五十五，《大正藏》第30册，第602页。
[2]（唐）玄奘译《瑜伽师地论》卷第五十五，《大正藏》第30册，第602页。

由于此三对也都是指识与心所，所以五事与其关系，与有所缘和无所缘相同，即相通二种，名非相应、有行、有依，分别和正智是相应、有行、有依，真如则都不是。此外，关于有依，本论以上引文特地指出，有为法都有所依，但此处说的有依，是指特定的所依，即"唯恒所依为此量故"，所以，此处的所依是指识与心所所依的根。

（15）五事与有上、无上
【原文】
问：如是五事，几有上？几无上？
答：四有上。真如无上，无为、清净所缘义故。

【今译】
问：如此五事，几事有上？几事无上？
答：[相、名、分别、正智]四事有上。真如无上，[这是就其是]无为法并为清净[智]所缘的含义[而说]。

【评析】
此处论述五事与有上、无上的关系。就五事来说，相、名、分别、正智四事有上，真如无上。若就百法说，九十四种是有为法，六种是无为法。有为法有上；六种无为法中，前五种无为法依真如（无为）假立，所以，五种无为法有上，真如（无为）无上。

（16）五事与三世、非世

【原文】

　　问：如是五事，几去来今？几非去来今？
　　答：四通三种。真如非三种。

【今译】

　　问：如此五事，几事有过去、未来、现在？几事没有过去、未来、现在？
　　答：[相、名、分别、正智]四事都有[过去、未来、现在]三种。真如没有[过去、未来、现在]三种。

【评析】

　　此处论述五事与过去、未来、现在三世的关系。相、名、分别、正智是有为法，所以有过去、未来、现在三世；真如是无为法，所以无三世。
　　前面说相通有为和无为，是就广义的相（包括五相）而言；此处说相是有为，是就狭义的相相而言，相相只包括色法和心不相应行法（除名句文）。

（17）五事与界系

【原文】

　　问：如是五事，几欲界系？几色界系？几无色界系？几不系？

答：欲、色界系三，无色界系亦尔。正智一种，若唯出世间是不系，若世间出世间通系不系。真如俱非二种。

【今译】

问：如此五事，几事是欲界系？几事是色界系？几事是无色界系？几事是［三界］不系？

答：属欲界系和色界系的有［相、名、分别］三事，属无色界系的也是上述三事。正智这一种事，若是唯出世间［正智］，是［三界］不系；若是世间出世间［正智］，通［三界］系和不系。真如则［三界系或不系］二种都不是。

【评析】

此处论述五事与三界系的关系。总的说，世间法属三界，称三界系；出世间法出三界，称三界不系。这样，相、名和分别是世间法，所以是三界系；真如和正智是三界不系。

但论中将欲界、色界与无色界分开说，《瑜伽论记》解释说："欲色二界，名有二种，谓言说名及思惟名；无色但有思惟名，故谓别辨。"[1] 即名在三界中有两种情况，在欲界和色界，名有言说名和思维名；无色界中，名只有思维名。这是因为无色界中没有声，所以没有言说，只有思维，所以没有言说名，只有思维名。由于名在欲、色界与无色界有不同情况，所以论

---

[1] （唐）遁伦集撰《瑜伽论记》卷第十九，《大正藏》第42册，第747页。

中将欲、色界与无色界所系的相、名、分别分开说。

至于正智分两种情况,《瑜伽论记》解释说:"前约定心二种真实正智,故唯无漏。今通说地上散心正智是有漏,故通系也。"[1] 即上文讨论正智是有漏还是无漏时说,正智只是无漏,那是根据定中正智而说,定中正智只是无漏。此处说的,还包括十地中前七地散心位正智,此散位正智是有漏,这样,正智就是通三界系和三界不系。此外,《瑜伽论记》还说:如果后得智是从根本智相续生起的,是三界不系;如果不是相续生起的,是三界系。或者,二乘的后得智是三界系,菩萨的后得智是三界不系。或者,二乘有学的后得智是三界系,无学的后得智是三界不系。[2]

(18) 五事与三性

【原文】

问:如是五事,几善?几不善?几无记?

答:相及分别通三种。名唯无记。真如唯善,清净善巧所缘义故,非能摄生可爱果相义故。正智唯善。

【今译】

问:如此五事,几事是善?几事是不善?几事是无记?

答:相及分别通[善、不善、无记]三种。名只是无记。真如只

---

[1] (唐) 遁伦集撰《瑜伽论记》卷第十九,《大正藏》第42册,第747页。
[2] (唐) 遁伦集撰《瑜伽论记》卷第十九,《大正藏》第42册,第747页。

是善，[这是就真如是] 清净善巧 [智的] 所缘的含义 [而说]，并非 [是就真如] 具有能生可爱果的含义 [而说]。正智只是善。

【评析】

此处论述五事与三性的关系。相，广义地说，包括相相、名相、分别相、真如相、正智相，所以相通善性、不善性和无记性。名是心不相应行法，只是无记性，但如前所说，佛的名句文是无漏，所以佛的名是善性。分别，包括八识和心所，如第六识就与三性相应，所以，分别通三性。正智只是善性。真如只是善性，但真如的善性，是指真如是清净正智的所缘而说，不是就真如能生可爱果而说，因为真如是无为法，不生任何法。

（19）五事与三慧
【原文】

问：如是五事，几闻所成、闻所成境？几思所成、思所成境？几修所成、修所成境？

答：相及分别，是三种，是三种境。名，是闻、思所成，是三种境。真如唯是修所成境。正智，是修所成，是三种境。

【今译】

问：如此五事，几事是闻慧所成，是闻慧所成境？几事是思慧所成,是思慧所成境?几事是修慧所成,是修慧所成境?

答:相及分别,是[闻慧所成、思慧所成、修慧所成]三种,也是[闻慧所成、思慧所成、修慧所成的]三种境。名,是闻慧所成和思慧所成,是[闻慧所成、思慧所成、修慧所成的]三种境。真如只是修慧所成境。正智,是修慧所成,也是[闻慧所成、思慧所成、修慧所成的]三种境。

【评析】

此处论述五事与三慧的关系。此处的三慧"所成",包含所生、增长、显了等义;三慧"所成境",指三慧所缘境。

相由三慧所成,即相在三慧上显现,成影像相分,相由三慧显了,这就是相由三慧所成。三慧所缘之境都是相,所以相是三慧所成境。

名由闻慧和思慧所成,即由闻和思,相分之名生起。名是三慧所成境,如《解深密经》说:"闻所成慧,依止于文,但如其说。""思所成慧,亦依于文,不惟如说。""修所成慧,亦依于文,亦不依文。"[1] 所以,三慧都缘名为境,名是三慧所成境。

至于不说名是修慧所成,首先,修慧可"不依文",不依文时,名不生起;其次,依文时,名亦不增长,而是破名自性,在加行慧,名的作用在减弱;至根本无分别慧,名不

---

[1] (唐)玄奘译《解深密经》卷第三,《大正藏》第16册,第700页。

显现。

分别由三慧起，指由三慧了文义，增长分别，所以分别是三慧所成。所分别的内容，就是三慧所缘，是三慧所成境。

正智是修慧所成，即正智是由定而起。正智是三慧所成境，即闻慧和思慧亦可缘正智之名而闻思；至于正智亦是修慧境，如后得智亦可思维加行慧或根本无分别慧，如《瑜伽论记》所说："为三慧境，据缘本质，本质是三慧境。"[1]

真如唯是修所成境，即真如不由闻慧、思慧、修慧而成，因为真如是无为法，不生不灭；此外，闻慧和思慧不能亲缘真如，而修慧（根本无分别智）能亲缘真如，所以真如只是修所成境。

（20）五事与三三摩地
【原文】

问：如是五事，几是空，是空境？几是无愿，是无愿境？几是无相，是无相境？

答：相，通三种，亦三种境。名，非三种，是二种境。分别，通三种，是二种境。真如，非三种，是空、无相境。正智，通三种，是空所行境。

若无差别，总说为空、无愿、无相，当知此中通闻思修所成为性。若唯以三摩地名而宣说者，当知此中唯修所

---

[1]（唐）遁伦集撰《瑜伽论记》卷第十九，《大正藏》第42册，第747页。

成为性，通世出世。若唯以解脱门名而宣说者，当知此中唯出世间修所成为性。

【今译】

问：如此五事，几事是空［三摩地］，是空［三摩地所观之］境？几事是无愿［三摩地］，是无愿［三摩地所观之］境？几事是无相［三摩地］，是无相［三摩地所观之］境？

答：相通［空、无愿、无相］三种［三摩地］；也是三种［三摩地所观之］境。名不是三种［三摩地］，是［空、无愿］二种［三摩地所观之］境。分别通［空、无愿、无相］三种［三摩地］，是空、无愿［所观之］境。真如，不是［空、无愿、无相］三种［三摩地］，是空、无相［所观之］境。正智通［空、无愿、无相］三种［三摩地］，是空所观之境。

若不取［三摩地等］特定说法，总的来说，就是空、无愿、无相，当知这是以闻思修所成［的三种慧］为本性。若只是以三摩地来称呼，当知这只是以修所成［慧］为本性，通世间［修所成慧］和出世间［修所成慧］。若只是以解脱门来称呼，当知这只是以出世间修所成［慧］为本性。

【评析】

此处论述五事与三种三摩地的关系。三摩地就是定，三种三摩地就是三种定境，包括空三摩地、无愿三摩地、无相三摩地。此三种定境，都是止观双运，因而可从观来对此三种定境作区分。

对此三三摩地，诸经论有众多说法，本论有两段论述：一段在卷第十二，是从五蕴的角度说的；另一段在卷第四十五，论述菩萨三三摩地，是从离言自性说的。

就观来区别，卷第十二的三三摩地，其中，空三摩地大体是指观有情空，有情由五蕴和合而成，观有情空包括观空、彼果空、内空、外空，主要是观我、我所之空无，断除对我执、我所执及我慢等执着；观诸法常乐之空无，断除对五境的贪欲等烦恼。无愿三摩地是观五蕴无常和苦，从而对五蕴无贪恋无愿求。无相三摩地是观诸法寂灭，入无相三摩地有两种方法，一是不思维一切相，二是正思维无相。

卷第四十五的菩萨三三摩地，其中，菩萨空三摩地是指，"诸菩萨观一切事，远离一切言说自性，唯有诸法离言自性"；菩萨无愿三摩地是指，"观离言自性所有诸事，由邪分别所起烦恼及以众苦所摄受故，皆为无量过失所污，于当来世不愿"，简言之，即对一切世间法无所愿求；菩萨无相三摩地是指，"正思惟离言自性所有诸事一切分别戏论众相，永灭寂静，如实了知"，[1] 简言之，即如实了知诸法寂灭相。

五事与三三摩地的关系包括，五事是否是三摩地，以及是否是三摩地境。这两个问题，实际可从止观两方面来看。

先看相，空三摩地、无愿三摩地、无相三摩地当然都是

---

[1] （唐）玄奘译《瑜伽师地论》卷第四十五,《大正藏》第30册,第543页。

相，所以相通三种三摩地；三种三摩地所观的当然也都是相，所以，相通三种三摩地境。

再看名，空、无愿、无相三种三摩地是定境，名本身不是定境，所以名不是三种三摩地；进而，空三摩地、无愿三摩地能以名作所观境，但无相三摩地不以名作所观境，所以，名只是空三摩地境和无愿三摩地境。

再看分别，空、无愿、无相三种三摩地都是有心定，三种三摩地分有漏和无漏，有漏的三种三摩地都有分别，这样，分别通三种三摩地；进而空、无愿两种三摩地都能以分别作所观境（即由第六识观其他识与心所，其他识和心所就是所观境），无相三摩地不以分别作所观境，所以，分别是空三摩地和无愿三摩地境。

再看真如，真如本身不是定境，所以真如不是三种三摩地；进而，空三摩地、无相三摩地能以真如作所观境，但无愿三摩地不以真如作所观境，因为证真如是修行者之愿，不是对之无所愿，所以，真如是空三摩地、无相三摩地境。

再看正智，无漏的三种三摩地都有正智，所以正智通三种三摩地；进而，正智是空三摩地所观境，不是无愿三摩地所观境，因为正智是修行者所愿，不是对之无所愿；也不是无相三摩地所观境，因为正智有相，所以正智只是空三摩地境。

此外，三三摩地有多种称呼，以空为例，主要是空、空三摩地、空解脱门。此三种称呼，如果不取特定说法，那就是空、无愿、无相，对此，《瑜伽论记》说："初若体无别，总说名空、无愿、无相，其体即宽通三慧，唯是有漏。"[1] 所以，空、无愿、无相三种定境，从能观来说，能观的主体就是闻慧、思慧和修慧，但此时三种定境只指有漏定境。

如果对此三种定境，称之为三摩地，那么，其能观主体只是修所成慧，通指世间与出世间修所成慧，或者说，通有漏与无漏修所成慧。

如果对此三种定境，称之为解脱门（即空解脱门、无愿解脱门、无相解脱门），则其能观主体只是出世间即无漏修所成慧。

（21）五事与戒定慧

【原文】

问：如是五事，几是增上戒、增上戒眷属？几是增上心[1]、增上心所行？几是增上慧、增上慧所行？

答：相是增上戒、增上戒眷属；是增上心、慧，亦心、慧所行。

名是戒眷属，亦是增上心、慧所行。

分别是增上心、慧，亦心、慧所行，是增上戒眷属。

真如是增上心、慧所行，非三种。

正智是增上心、慧，亦心、慧所行，是增上戒眷属。

---

[1] （唐）遁伦集撰《瑜伽论记》卷第十九，《大正藏》第42册，第747页。

【简注】

[1] 心：此处指定。

【今译】

问：如此五事，几事是增上戒，是增上戒眷属？几事是增上定，是增上定所行？几事是增上慧，是增上慧所行？

答：相是增上戒，是增上戒眷属；是增上定和增上慧，也是增上定所行和增上慧所行。

名是戒眷属，也是增上定所行和增上慧所行。

分别是增上定和增上慧，也是定所行和慧所行，是增上戒眷属。

真如是增上定所行和增上慧所行，非［增上戒、增上定、增上慧］三种。

正智是增上定和增上慧，也是定所行和慧所行，是增上戒眷属。

【评析】

此处论述五事与戒定慧的关系。论中的增上戒等，增上两字是强调，意谓殊胜。而戒和戒眷属，戒是指戒自身；戒眷属是指引发戒的和由戒引生的，以及附属戒的一切法。其他的定与定眷属，慧与慧眷属，都是同样的关系。

先看相与戒定慧的关系。相与戒的关系，《瑜伽论记》说："相中有根本身语七支善是戒自性，余前后方便等是戒眷属。"[1]

---

[1]（唐）遁伦集撰《瑜伽论记》卷第十九，《大正藏》第42册，第747页。

所谓"根本身语七支善",指不杀生、不偷盗、不邪淫、不妄语、不两舌、不恶口、不绮语。此七支善,前三支是身业善,后四支是语业善,《瑜伽论记》说此七支善是戒自性,意谓本身是戒。"余方便"就是能引发此七支和此七支所引生的法等,这些都是戒眷属。由于相中有七支善和余方便,所以相是戒和戒眷属。

相与定的关系,色界定、无色界定、有心定、无心定都是相,所以相也是定。欲界所修的定,不是真正的定,但能引生色界定,所以是定眷属,欲界定也是相,所以,相是定眷属。定中的止观境也是相,所以相是定所行。

相与慧的关系,慧是分别,分别相也是相,所以相是慧。慧的所观境是相,所以相也是慧所行。

再看名与戒定慧的关系。名与戒,《瑜伽论记》说:"名非身语七支戒体,但依戒中语业声上假立戒名,是故此名是戒眷属。"[1] 即名本身不是身业善和语业善,所以不是戒;但戒中的语业善,是依声假立的名称和教法,所以名是戒眷属。此外,名不是定和慧;但定和慧也以名作为止观境,所以名是定所行和慧所行。

再看分别与戒定慧的关系。《瑜伽论记》说:"由分别故受持於戒,故是戒眷属。"[2] 即分别(八识和心所)本身不是戒,但受持戒时需依第六意识,所以分别是戒眷属。此外,有心定

---

[1] (唐)遁伦集撰《瑜伽论记》卷第十九,《大正藏》第42册,第747页。
[2] (唐)遁伦集撰《瑜伽论记》卷第十九,《大正藏》第42册,第747页。

有分别，所以分别是定。慧就是分别，所以分别是慧。定中止观可思维诸识（即分别），所以分别是定所行和慧所行。

再看真如与戒定慧的关系。真如是无为法，所以不是戒定慧。但定中止观可缘真如，所以真如是定所行和慧所行。

最后是正智与戒定慧的关系。正智本身不是戒，但如《瑜伽论记》所说："由是慧力起于同时道、定等戒，故是眷属也。"[1] 即定共戒和道共戒都是由慧（正智）而起，所以，正智是戒眷属。此外，无漏定是有心定，无漏定中止观的主体是正智，所以正智是定也是慧；正智也可以是无漏定的所观境，所以正智也是定所行和慧所行。

（22）五事与三学

【原文】

问：如是五事，几学？几无学？几非学非无学？

答：相及分别通三种。名唯非学非无学。真如亦唯非学非无学，是无为故。正智通学及无学。

【今译】

问：如此五事，几事是有学？几事是无学？几事是非有学非无学？

答：相及分别通 [有学、无学、非有学非无学] 三种。名只是非有学非无学。真如也只是非有学非无学，因为是无为。正智通有学及无学。

---

[1] （唐）遁伦集撰《瑜伽论记》卷第十九，《大正藏》第42册，第747—748页。

【评析】

　　此处论述五事与三学的关系。三学指有学、无学与非有学非无学。三学中，有学与无学的区分，主要是依声闻乘的果位，即有学是从初果到三果（包括三果四向），此位圣者为断尽一切烦恼，而修学无漏戒、定、慧及择灭之理，因尚有可修学处，所以称有学。四果圣者（阿罗汉）称无学，此位圣者断尽一切烦恼，修学已圆满，已无可学，故称无学。

　　在有学与无学之外的是非有学非无学。非有学非无学范围很广，包括有情、非情及无为法，如凡夫、名、真如等都属非有学非无学。

　　五事与三学的关系，首先是相与三学。五事中，一般说，相、名、分别属有漏，真如和正智属无漏。由相属有漏来看三学，以色身为例，凡夫（非有学非无学）色身有漏，有学色身有漏，无学色身也有有漏，如阿罗汉的最后身仍是有漏。这样，三学都有有漏，所以相通三学。

　　此外，名与三学，如上所说，有学和无学指声闻乘四果圣者，所以名不是有学和无学，只是非有学非无学。

　　再看分别与三学的关系。论中说，分别通有学、无学、非有学非无学。以无学为例，分别本是有漏，为何无学还有有漏分别？《瑜伽论记》举例："解脱分善，《瑜伽论》说为未知欲知根，说为学，有漏善心在无学人身所起。"[1] 所以，无学也

---

[1] （唐）遁伦集撰《瑜伽论记》卷第十九，《大正藏》第42册，第748页。

能起有漏善心（未知欲知根），有学当然也能起有漏善心，而凡夫（非有学非无学）就完全是有漏三性心了，所以分别通有学、无学、非有学非无学。

再看真如与三学的关系。真如是无为法，当然不是有学与无学，这样就归为非有学非无学。

再看正智与三学的关系。正智是无漏慧，有学和无学都用正智，所以正智通有学和无学。

（23）五事与三断

【原文】

问：如是五事，几见所断？几修所断？几不断？

答：相通一切。名唯修所断。分别通见修所断。真如是不断。正智亦唯是不断。

【今译】

问：如此五事，几事是见所断？几事是修所断？几事是不断？

答：相通〔见所断、修所断、不断〕三种。名只是修所断。分别通见所断和修所断。真如是不断。正智也只是不断。

【评析】

此处论述五事与三断的关系。断是指断缚离系而证真。三断是见所断、修所断、不断。第一，见所断，是见道（位）所断。在声闻乘，是断三界八十八使（见惑）；在大乘，是断分别烦恼障和分别所知障。第二，修所断，是修道（位）所断。在声闻乘，主要断三界十随眠惑（即修惑，分八十一品断），及其他色等有漏法。在大乘，是断俱生烦恼障和俱生所知障，以及一切有漏法，还有低劣无漏法。第三，不断，指无学位的一切无漏法。

五事中，相与三断的关系，相包括见所断法（如分别相中的分别二障）、修所断法（如分别相中的俱生二障、名相、相相中的一切有漏法）和不断法（如正智相和真如相），所以相通三断。

名与三断的关系，《瑜伽论记》说："名是不隐没无记，故唯修断。"[1] 不隐没无记，据《疏抄》卷第八，就是无覆无记。见所断是断烦恼，名不是烦恼性，是无记性，所以不是见所断，而是修所断。此外，关于本品此处说"名唯修所断"，《瑜伽论记》说："诸名有漏故修所断。若尔，罗汉所有名云何解？多分判。"[2] 而《疏抄》卷第十六说："相及名即通漏无漏。佛得无漏名句文身。若十地已来，菩萨所有名句智（"智"，疑作"文"——引者注），皆是有漏，即以第八识是有漏故。"[3] 所以，佛的名句文也是无漏的，而无漏名是不断。这样，说名是有漏，是修所断，只是"多分判"，即据绝大多数情况而说。

分别与三断的关系，分别是有漏，分别中有烦恼心所，烦

---

[1] （唐）遁伦集撰《瑜伽论记》卷第十九，《大正藏》第42册，第748页。
[2] （唐）遁伦集撰《瑜伽论记》卷第十九，《大正藏》第42册，第748页。
[3] （唐）灵泰《成唯识论疏抄》卷第十六，《卍新续藏》第50册，第466页。

恼心所包括分别烦恼和俱生烦恼，分别烦恼是见所断，俱生烦恼是修所断，所以分别通见所断和修所断。

真如和正智与三断的关系，真如和正智都是无漏法，所以是不断。

（24）五事与四念住
【原文】

问：缘相为境，修几念住？

答：四。

问：缘名为境，修几念住？

答：一，法念住。

问：缘分别为境，修几念住？

答：三，谓受、心、法念住。

问：缘真如为境，修几念住？

答：一，法念住。又思惟身相真如，亦修坏缘法[1]念住。受、心、法相，当知亦尔。

问：缘正智为境，修几念住？

答：三，如分别说。

【简注】

[1] 修坏缘法：《瑜伽论记》："前缘色身是身念处，今观身如，即是坏缘法念住也。"即修身念住，同时观身真如，真如破身想，所以是坏缘法身念住。修其他念住的坏缘法，也是如此。

【今译】

问：以相为所缘境，是修几种念住？

答：[修]四种。

问：以名为所缘境，是修几种念住？

答：[修]一种，即法念住。

问：以分别为所缘境，是修几种念住？

答：[修]三种，即受念住、心念住和法念住。

问：以真如为所缘境，是修几种念住？

答：[修]一种，即法念住。此外，思维身相真如，也[同时修身念住，这是]修坏缘法[身]念住。修受[念住]、心[念住]、法[念住的坏缘法]相状，当知也是如此。

问：以正智为所缘境，修几种念住？

答：[修]三种，如同分别中所说。

【评析】

此处论述五事与四念住的关系。四念住也称四念处等，包括身念住、受念住、心念住、法念住，其修法，主要是观身不净、观受是苦、观心无常、观法无我，而对治常、乐、我、净等四颠倒。"念住"就是将念住于此四境。

五事与四念住的关系，首先是相与四念住，相包括相相、名相、分别相、真如相、正智相，此五相涵盖了四念住四种境，所以缘相为境可修四种念住。

再看名与四念住，名不是身，不是受，不是心，所以，缘名为境，只是修法念住。

再看分别与四念住，分别是心法，不是色法，所以，缘分别为境修念住，与身念住无关（身念住是缘身为境，不是缘分别为境）。分别是心，也包括受，也是广义的法，所以，缘分别为境，是修受念住、心念住和法念住。

再看真如与四念住，真如是无为法，所以与修身念住、受念住、心念住无关，修法念住就是观法无我，由此可证真如，所以，缘真如为境，是修法念住。这是见道前。如果见道后，修四念住也可同时观身、受、心、法四相真如，这称为修坏缘法念住。至于此名称由来，《瑜伽论记》说："所有真如名坏缘法念住也。"[1] 即真如是不坏法，修正智证真如则坏一切世间法，所以修四念住，同时观四相真如，是修坏缘法念住。

最后是正智与四念住，与有漏分别不是色一样，无漏正智也不是色，所以缘正智为境，不修身念住，而修受念住、心念住和法念住。此外，缘正智为境除身念住，《瑜伽论记》又提供了一种说法："佛共知无漏色等不异识故，正智之中不说修身念住境，亦不说有无漏名，以有漏分别心、心法见有名故，名唯有漏；无漏心、心法不见心外别有名及诸色等故，名及色等唯有漏也。"[2] 即凡夫的有漏心见心外另有色和名等，佛的无漏智知身、名等唯识（"不异识"），所以缘正智为境，除身念住，修受、心、法三念住。

---

[1] （唐）遁伦集撰《瑜伽论记》卷第十九，《大正藏》第42册，第748页。
[2] （唐）遁伦集撰《瑜伽论记》卷第十九，《大正藏》第42册，第748页。

（25）五事与舍恶法

【原文】

问：缘相为境，当言能舍已生未生恶不善法？当言不能舍耶？

答：当言伏断故舍，非永害随眠故舍。

如相，名、分别亦尔。

缘真如及正智为境，当言亦由永害随眠故舍。

【今译】

问：以相为所缘境，应当说能舍已生和未生的恶不善法？应当说不能舍［恶不善法］？

答：应当说，是伏断［恶法的现行］而舍，并非永断［恶法的］种子而舍。

如同相，［以］名和分别［为所缘境］也是如此。

以真如及正智为所缘境，应当说，［不但由伏断恶法现行，］也由永断［恶法］种子而舍。

【评析】

此处论述五事与断烦恼的关系。一般说，相、名、分别都是有漏，缘相、名、分别来断烦恼，只能制伏烦恼现行，不能断烦恼种子。真如和正智是无漏法，缘真如和正智来断烦恼，不但能制伏烦恼现行，还能断烦恼种子。

论中"缘真如及正智为境"，《瑜伽论记》解释说，"思惟真智入真如故,说缘真如正智为境"[1],即以正智作正思维而证入真如。

(26)五事与入定

【原文】

问:是五事中,思惟几事,能入世间初静虑定?

答:思惟欲界所系及初静虑所系相、名、分别。如是思惟下地所系及第二静虑地所系相、名、分别,能入世间第二静虑。如是所余静虑、无色,如其所应,当知亦尔。

问:是五事中,思惟几事,能入出世初静虑定?

答:即思惟欲界所系及初静虑地所系相、名、分别、真如。如是乃至无所有处,如其所应,当知亦尔。非想非非想处本性,法尔唯是世间。

问:非想非非想处所系相,当言是相耶?

答:当言无想相,亦名微细相。

【今译】

问:此五事中,思维几事,能入世间初静虑定?

答:思维欲界所系[相、名、分别]及初静虑所系相、名、分别[能入世间初静虑定]。同样,思维欲界及初静虑所系及第二静虑地所系相、名、分别,能入世间第二静虑。同样,其他二静虑和无色界四

---

[1] (唐)遁伦集撰《瑜伽论记》卷第十九,《大正藏》第42册,第748页。

定，所作的思维，当知也是如此。

问：此五事中，思维几事，能入出世初静虑定？

答：即思维欲界所系［相、名、分别、真如］及初静虑地所系相、名、分别、真如［能入出世初静虑定］。同样，［从色界二禅］直至［无色界第三］无所有处［定］，所作思维，当知也是如此。［无色界第四］非想非非想处的本性，自然只是世间［定，没有出世间定］。

问：非想非非想处所系相，是否应当说是相？

答：应当说是无想相，也称微细相。

【评析】

此处论述五事与入世间定和出世间定的关系。关于定，佛教内一般认为，定是指色界四禅和无色界四定，欲界没有真正的定。定又分世间定和出世间定，前者有漏，后者无漏。

五事与入世间定的关系，以入初禅为例，应思维欲界所系的相、名、分别和初禅所系的相、名、分别。此处的相、名、分别就是指一切世间法或有漏法。欲入初禅，要观欲界一切法和初禅一切法，其观法是六行观，即观下地（欲界）一切法苦、粗、障，观上界（初禅）一切法净、妙、离。同样，要入二地、三地、四地直至无色界四定，都是观下地苦、粗、障，观上地净、妙、离。

五事与入出世间定的关系，出世间定是无漏定，入出世间定是六行观再加观真如。但出世间定只到色界无所有处定；非想非非想处定只是世间定，不是出世间定，如《瑜伽论记》

说,"有顶无出世定"[1],其相也是无想相或微细相。

(27)五事与根等

【原文】

问：是五事中,信等诸法,用何为自性？以何为所缘？于何为增上得根名耶？

答：分别为自性,名、相为所缘,于真如、正智为增上故而得根名。

如根名,力名亦尔。

问：于何位中得力名耶？

答：即信等根,非不信等之所陵杂,若成不杂法时,转名为力。

如根及力,如是若得菩提支,名为觉支,此是世间觉支,以分别为自性；若依菩提支名为觉支,此是出世间觉支,以正智为自性,真如为所缘,于觉悟安立谛为增上。

又正见等诸道支,若是世间,如前应知；若出世间,以正智为自性,除诸戒支,安立非安立真如为所缘,于所证得一切漏尽现法乐住[1]为增上。

如诸道支,行迹、法迹、奢摩他、毗钵舍那等,当知亦尔。此中行迹,依钝根、利根现法乐住已得、未得差别建立。若诸法迹,依能任持世俗、胜义正法差别建立。谓

---

[1] (唐)遁伦集撰《瑜伽论记》卷第十九,《大正藏》第42册,第748页。

由任持增上戒世俗正法故建立初二，由任持所余增上心增上慧胜义正法故建立后二。又由于所缘境不散乱义故，及观察彼义故，建立奢摩他、毗钵舍那。

【简注】

［1］现法乐住：即色界四禅根本定。

【今译】

问：此五事中，信等诸法，用什么为自性？以什么为所缘？对什么作为增上而得根的名称？

答：[信等五根，]以分别为自性；以名和相为所缘；因对真如和正智能作增上，而得根的名称。

如同根的名称，力的名称也是如此。

问：在什么位中，得力的名称？

答：即信等［五］根，若不被不信等所凌驾或混杂，而成不杂法时，转变名称为［五］力。

如同根和力，同样，若得菩提支，名为觉支，这是世间觉支，以分别为自性；若依菩提支，名为觉支，这是出世间觉支，以正智为自性，以真如为所缘，对觉悟安立谛作为增上。

此外，正见等诸道支，若是世间，如前应知［以分别为自性］；若是出世间，以正智为自性。[诸道支，]除诸戒支，以安立和非安立真如作为所缘；对于所证得的一切漏尽四根本定，作为增上缘。

如同诸道支，行迹、法迹、奢摩他、毗钵舍那等，当知也是如此。这里的行迹，是依钝根或利根、已得或未得现法乐住的差别而建立。而诸法迹，是依能任持世俗和胜义的正法差别而建立。即由任持增上戒世俗正法，而建立行迹和法迹；由任持其他增上定、增上慧的胜义正法，而建立奢摩他、毗钵舍那。此外，由对所缘境不散乱的含义和观察所缘境的含义，建立奢摩他和毗钵舍那。

【评析】

此处是论述五事与三十七道品中的五根、五力、七觉支、八正道，以及行迹和法迹、奢摩他和毗钵舍那等的关系，是从自性、所缘、得名等方面进行论述。

此处五根，是指信根、精进根、念根、定根、慧根。根是能生义，即此五根，能生一切善法。其中，信根指信正道，精进根指修正法无间无杂，念根指对正法牢记不忘，定根指摄心不散，慧根指对诸法观照明了。

五力是信力、精进力、念力、定力、慧力，即五根增长，能对治五障的力量。其中，信力是信根增长，能破诸邪信的力量；精进力是精进根增长，能破懈怠的力量；念力是念根增长，能破诸邪念的力量；定力是定根增长，能破诸散乱妄想的力量；慧力是慧根增长，能破三界诸烦恼的力量。

七觉支是择法觉支、精进觉支、喜觉支、轻安觉支、定觉支、舍觉支、念觉支（《大毗婆沙论》和《杂集论》将念觉支放在七觉支的第一位，本论则将念觉支放在最后一位）。此七觉支中，前三觉支（择法、精进、喜）属观或慧，其后三觉支

（安、定、舍）属止或定，最后的念觉支通止观或定慧。其中，择法觉支是以智慧简择诸法真伪，精进觉支是以勇猛心离邪修真，喜觉支是得善法而心生欢喜，轻安觉支（也称除觉分）是断身心粗重而得轻安，定觉支是心住一境而不散乱，舍觉支（又称行舍觉支）是心无偏颇无执着而舍一切虚伪不实法，念觉支是常明记定慧而不忘并使之均等。

八正道是八种通向涅槃解脱的正确方法或途径。八正道：一是正见，即正确的见解，在声闻乘就是明四谛之理，以无漏慧为体，是八正道主体。二是正思维，既得正见，以无漏作意继续思维四谛，以求速趣涅槃。三是正语，即以真智清净口业，不说一切不合戒律之语。四是正业，以真智清净身业，不做一切不符合戒律的行为。五是正命，以清净身口意业，取符合戒律的谋生方式。六是正精进，以真智精勤修行，使已生恶法能断，未生恶法不能生起，未生善法能生起，已生善法能增长圆满。七是正念，以真智忆念，对所学所修之法明记不忘。八是正定，以真智住无漏清净禅定。

行迹，也称四行迹，据本论卷第二十六，指苦迟通、苦速通、乐迟通、乐速通。苦迟通是指未入根本静虑（四禅）的钝根人，苦速通指未得根本静虑的利根人，乐迟通是指已得根本静虑的钝根人，乐速通指已得根本静虑的利根人。

法迹，也称四法迹，据本论卷第九十八，指四种无杂染法，即无贪、无嗔、正念、正定。

五事与五根等的关系，其中，五根和五力都以分别为自性，因为五根和五力就是信、精进、念、定、慧五种心所，所以都是分别。此外，五根和五力是在加行位，以名和相为所缘，对初地以上的真如和正智能作增上缘。五根与五力的区分是，五根是杂染法，五力是不杂染法。

七觉支分世间觉支和出世间觉支，世间觉支以分别为自性；出世间觉支以［根本无分别］正智为自性，以真如为所缘，对相见道的觉悟安立谛能作增上缘。

八正道也分世间和出世间。世间诸道支，与诸觉支一样，以分别为自性；出世间诸道支，以正智为自性。诸道支，除诸戒支，以安立真如和非安立真如为所缘；对于所证得的一切漏尽现法乐住（四禅），是作为增上。

五事与行迹和法迹、奢摩他和毗钵舍那等的关系，与八正道相同。

（28）五事与解脱、胜处

【原文】

问：依能解脱相及粗重二种缚故立八解脱[1]，于五事中，用谁为自性？以谁为所缘？于谁为增上？

答：用世间出世间正智为自性。初及第二于诸色中以显色相及真如相为所缘，第三即诸色中以摄受相及彼真如相为所缘，次四种各以自相为所缘及彼真如为所缘，最后无所缘。于能引发一切圣神通功德为增上。又修观者于诸色相及无色相，为自在障之所障故，为断彼障起此观行。

诸胜处[2]中，前四如初二解脱，后四如第三解脱。由诸色相难可胜故，于此事中能胜伏时，于无色相亦得胜自在。又此中言胜知胜见，谓诸圣者由正作意，思惟诸色真如相，故得胜知见。若诸异生，即不如是。

问：若尔，异生云何名胜？

答：由三种想故，谓于净不净色由展转相待想展转相待故，于净不净色由展转相随想展转相随故，于净不净色由清净一味想。此最后胜，异生圣者二所共得。

又十遍处[3]，由胜处所缘力[4]，应知其相。此中差别者，亦以大种相为所缘及彼真如相为所缘，又空、识、无边处相为所缘及彼真如相为所缘。若不尔者，由所依止不遍满故，能依不应得成遍满。由彼所缘真如之相所缘境界极遍满故，得名遍满。由胜、遍满二种势力，令诸解脱亦得清净，又能引发一切众圣神通功德。

【简注】

[1] 八解脱：也称八背舍，是八种观法。八解脱的名称，各经论说法稍有差异，现依本论卷第十一：一、有色观诸色解脱（其他经论作"内有色想观诸色解脱"）。二、内无色想观外诸色解脱。三、净解脱身作证具足住解脱。四、空无边处解脱。五、识无边处解脱。六、无所有处解脱。七、非想非非想处解脱。八、想受灭身作证具足住解脱。详见"评析"。

[2] 胜处：指八胜处，即内有色想观外色少胜处、内有色想观外色多胜处、内无色想观外色少胜处、内无色想观外色多胜处、（内无色

想观）青胜处、黄胜处、赤胜处、白胜处。详见"评析"。
[3] 十遍处：也称十遍处定，指观地、水、火、风、青、黄、赤、白、空、识遍满一切处。详见"评析"。
[4] 所缘力：据《瑜伽论记》："从彼青黄赤白四胜处观，转为青黄赤白四遍满观，故云由胜处所缘力也。"

【今译】

问：依能解脱相缚及粗重缚二种缚而立的八解脱，在五事中，用什么为自性？以什么为所缘？对什么作为增上缘？

答：[八解脱] 用世间出世间正智为自性。初 [有色观诸色解脱] 及第二 [内无色想观外诸色解脱] 在诸色中，以 [青黄赤白] 显色相及真如相为所缘；第三 [净解脱身作证具足住解脱] 在诸色中，以摄受相及其真如相为所缘；其次四种 [解脱，即空无边处解脱、识无边处解脱、无所有处解脱、非想非非想处解脱] 各以自相 [即各处的受、想、行、识四蕴] 为所缘及各自的真如为所缘，最后 [第八想受灭身作证具足住解脱] 没有所缘。[八解脱] 对于能引发一切圣者的神通功德来说是增上缘。此外，修观者对 [欲界和色界的] 色相及 [无色界的] 无色相，被自在障所障 [而不得自在]，为断自在障，作此 [八解脱] 观行。

八胜处中，前四胜处 [即内有色想观外色少胜处、内有色想观外色多胜处、内无色想观外色少胜处、内无色想观外色多胜处] 如同初 [有色观诸色] 解脱及第二 [内无色想观外色] 解脱二种解脱，后四 [胜处，即青胜处、黄胜处、赤胜处、白胜处] 如同第三 [净解脱身作证具足住] 解脱。这是因为诸色相难以尽伏，在此胜处中能尽伏，同时，对无色相也能尽伏而得自在。此外，这里说的胜知胜见，是指诸圣者由正作意，思维诸色的真如相，所以得胜知胜见。如果是诸凡夫，[虽缘色，但不能观诸色真如，]就不能得胜知胜见。

问：那样的话，凡夫[作此八种修行]怎么能称胜处？

答：这是由于三种想，即对净色和不净色，由展转相待想，展转相待的缘故；对净色和不净色，由展转相随想，展转相随的缘故；对净色和不净色，由清净一味想[的缘故]。这[三种想的]最后[清净一味想]胜处，是凡夫和圣者二者所共同获得[所以凡夫修也称胜处]。

此外，十遍处，由八胜处的所缘境，可知其相。两者的差别，[十遍处]也以大种相为所缘，及其真如相为所缘；又以空无边处和识无边处相为所缘，及其真如相为所缘。如果不是这样，由所依止不遍满，能依不应得以成遍满。由十遍处所缘的真如相和所缘境界极遍满，得名遍满。由胜处满和遍处满二种力量，使诸解脱也得清净，又能引发一切圣者的神通功德。

【评析】

此处论述五事与八解脱、八胜处、十遍处三种修行方法的关系。此三种修行方法，是佛教经典中经常论述的重要修行方法，一般是在修行成就四禅、四无量心、四无色定后的继续修行，通有漏与无漏，目的是修无量神通功德。三种修行方法的次第是，先修八解脱，再修八胜处，最后修十遍处。如《俱舍论》卷第二十九所说："从诸解脱入诸胜处，从诸胜处入诸遍处。"[1]

此三种修行方法有内在联系。《解深密经疏》卷第七说："复次，下品善根名解脱，中品善根名胜处，上品善根名遍处。复次，小善根名解脱，大善根名遍处，复次，唯因名解脱，唯果名遍处，通因果名胜处。复次，能有弃背名解脱，能胜伏境名胜处，能广所缘名遍处。复次，唯作胜解名解脱，能伏烦恼名胜处，于所缘境无二无量名遍处。"[2]

对此三种修行方法，诸经论有众多解释，不尽相同，以下按本品的论述进行解释。

关于八解脱，首先，修八解脱是为解脱相缚及粗重缚而获自在。其次，对于八解脱与五事的关系，有三个问答。

第一个问题是："八解脱于五事中，用谁为自性？"回答是："用世间出世间正智为自性。"此"世间出世间正智"是后得智；但看下面的修行方法，前七解脱不但要观色等相，还要观真如，而观真如是根本智；至第八解脱，更是"无所缘"，即只是根本智，所以，八解脱是以根本智和后得智二智为自性。

第二个问题是：八解脱"以谁为所缘"？回答是：依三界九地观色等法及其真如。具体的，如《瑜伽论记》所说，八解脱中，前三解脱是依欲界和色界四禅共五地，后五解脱通依九

---

[1] (唐) 玄奘译《阿毗达磨俱舍论》卷第二十九,《大正藏》第29册, 第152页。
[2] (唐) 圆测《解深密经疏》卷第七,《卍新续藏》第21册, 第353页。

地。[1] 第一和第二解脱是缘青黄赤白四种显色，并观四显色真如。第三解脱所缘，此处说是"即诸色中以摄受相及彼真如相为所缘"，其中的"摄受相"是指，此解脱已不观外色，而是观清净色和不清净色相互相待、相随、清净一味等感受。从第四到第七解脱，"各以自相为所缘及彼真如为所缘"，诸解脱的自相就是空无边处、识无边处、无所有处、非想非非想处各自的受蕴、想蕴、行蕴、识蕴四蕴。第八解脱是灭尽定解脱，灭尽定中没有想和受，所以"无所缘"。

第三个问题是：八解脱"于谁为增上"？回答是：对圣者的一切神通功德是增上缘。

八胜处是依八解脱的前三解脱而立，本品此处说"前四如初二解脱，后四如第三解脱"，据《俱舍论》卷第二十九："八中，初二如初解脱，次二如第二解脱，后四如第三解脱。"[2] 所以，在八胜处中，第一和第二胜处如同第一解脱，第三和第四胜处如同第二解脱，后四胜处如同第三解脱。

关于八胜处比诸解脱的殊胜，《俱舍论》卷第二十九说："若尔，八胜处何殊三解脱？前修解脱唯能弃背，后修胜处能制所缘，随所乐观惑终不起。"[3] 即两种修行方法各自的作用，修八解脱对其所缘，只能起到舍弃背离的作用；进而修八胜处，能制伏所缘的贪等烦恼，使烦恼最终不起，由此制伏而对

---

[1] 参见（唐）遁伦集撰《瑜伽论记》卷第十九，《大正藏》第42册，第748—749页。
[2] （唐）玄奘译《阿毗达磨俱舍论》卷第二十九，《大正藏》第29册，第151页。
[3] （唐）玄奘译《阿毗达磨俱舍论》卷第二十九，《大正藏》第29册，第151页。

境得自在。本品的说法是：八胜处对色相和无色相都能获得自在，并获得胜知胜见，而胜知胜见是由于圣者能观真如相，凡夫不能。

进而问题是，凡夫修八胜处，既然不能观真如相，为何也称胜处？本品解释说，"由三种想故"。此三种想，即展转相待想、展转相随想、清净一味想。《瑜伽论记》解释说：第三净解脱中，观清净色和不清净色，展转相待想是"待不净得有净色，又待净故得有不净色，故净不净其性不定"；展转相随想是"有净色即有不净色随，有不净色即有净随"；清净一味想是"既了相随观心自在，是故第三总观一味为清净相"。[1]

所谓净色和不净色，《瑜伽论记》解释说："无始已来取色净相，为境所牵，境胜于心，心不自在。今时观色，以为不净，或时观净，转换弃皆得自在。"[2] 即凡夫无始以来认为青黄赤白色为清净，由此而被境系缚，心不得自在。作八胜处观时，或观色为不净，或观为清净，转换弃舍都得自在。"若于色事能胜伏时，亦于四蕴无色得胜自在，故不更说观心胜处。"[3] 即对色蕴能制伏，对其他无色四蕴也得自在，所以不另说观心胜处。

十遍处，其所缘境与八胜处相同，即由青黄赤白四胜处观转为青黄赤白四遍满观，所以两者所缘相同。两者的差别，十

---

[1]（唐）遁伦集撰《瑜伽论记》卷第十九，《大正藏》第42册，第749页。
[2]（唐）遁伦集撰《瑜伽论记》卷第十九，《大正藏》第42册，第749页。
[3]（唐）遁伦集撰《瑜伽论记》卷第十九，《大正藏》第42册，第749页。

遍处不但缘青黄赤白等显色，也缘显色的大种相及大种的真如相；此外，也缘空无边处相和识无边处相及其真如相，由此而证得所依与能依的遍满；并由八胜处圆满和十遍处圆满，使八解脱也得清净，从而引发一切圣者的神通功德。

（二）第二颂

【原文】

复次，嗢拕南曰：
思择自性取，萨迦有世间，
真寻思实智，密意与次第。

【今译】

其次，颂云：
思择自性取，萨迦有世间，
真寻思实智，密意与次第。

【评析】

此处是五事抉择的第二颂，包含十一方面内容：第一是"思择"，第二是"自性"，第三是"取"，第四是"萨迦"，第五是"有"，第六是"世间"，第七是"真"，第八是"寻思"，第九是"实智"，第十是"密意"，第十一是"次第"。其具体含义，详见下文。

1. 五事思择

（1）五事与安立谛、非安立谛

【原文】

问：如是五事，几谛所摄？

答：相，四安立谛摄。名，一苦谛摄。分别，三谛摄，除灭谛。真如，四非安立谛摄。正智，缘安立、非安立谛境，道谛摄。

【今译】

问：如此五事，属于几谛？

答：相，属［苦、集、灭、道］四种安立谛。名，属一［种，即］苦谛。分别，［四谛中］属［苦、集、道］三种谛，除灭谛。真如，属四种非安立谛。正智，所缘是安立谛和非安立谛境，属道谛。

【评析】

此处以下开始论述对五事的一些思考抉择，在上述五事第二颂中，是第一"思择"。

此处论述五事与安立谛、非安立谛的关系。

关于相与安立、非安立二谛，此处说："相，四安立谛摄。"四安立谛就是苦、集、灭、道四谛，这就是说，相属安立谛。但前文"五事与七善巧"中说，相与安立、非安立二谛的关系是，"相，亦摄亦不摄"，即相通安立谛和非安立谛，非安立谛就是真如。为什么两种说法不一致？这是因为相有狭义和广义两种，广义的相，包括相相、名相、分别相、正智相、真如相，由于广义的相包括真如相，所以相就通非安立谛；而狭义的相不包括真如相，这样，相就只属安立谛。

再看名，名不是非安立谛。名与四谛的关系是：名，不是道谛（如三十七道品），不是灭谛（涅槃）；甚至也不是集谛，集谛是苦的原因，心是苦的原因，名不是苦的原因。所以，名只属苦谛。

再看分别，分别不是非安立谛。分别与四谛的关系是：分别是苦谛，如苦受（即受心所）属分别；分别是集谛，即由分别而受轮回之苦，所以分别是苦的原因；分别是道谛，即加行位有漏慧也是分别，属道谛；但分别不是灭谛，因为灭谛是涅槃。

再看真如，真如是非安立谛，如《瑜伽论记》说，真如"不可安立为因果，故言非安立"[1]。真如存在于四谛中，所以论中说："真如，四非安立谛摄。"

最后是正智，正智不是非安立谛。正智与四谛的关系是：正智不是苦谛和集谛，因为苦谛和集谛是有漏法，正智是无漏法；正智不是灭谛，灭谛是无漏无为法，道谛是无漏有为法。所以正智只属道谛。而正智的所缘境，其根本智缘真如，真如是非安立谛；后得智可缘四谛，四谛是安立谛。所以正智"缘安立、非安立谛境"。

---

[1] （唐）遁伦集撰《瑜伽论记》卷第十九，《大正藏》第42册，第749页。

（2）五事相互关系

【原文】

问：诸相是名耶？设名是相耶？

答：诸名皆是相。有相而非名，谓除名相，余四相。余随所应，当知亦尔。

问：诸相皆相相耶？设相相皆相耶？

答：诸相相皆是相。有相非相相，谓名等四相。

【今译】

问：诸相是名？或者名是相？

答：一切名都是相。有的相不是名，即除名相，其他四相［不是名］。其他［如相与分别、相与真如、相与正智的关系，］相应地［与相和名的关系］，当知也是如此。

问：诸相都是相相？或者相相都是相？

答：一切相相都是相。有的相不是相相，即名［相、分别相、真如相、正智相］等四相［不是相相］。

【评析】

此处是上述五事第二颂中第一"思择"的第二项内容，论述相与名等其他四事的关系。

相包括相相、名相等五种相，名相是相，但相相等其他四种不是名。相与其他三事，即分别、真如、正智，也都与相与名的关系一样，如分别是相，但其他四种相不是分别。

此外，相相是相，而名相、分别相、真如相、正智相不是相相。

（3）分别依何而起
【原文】

问：若分别、相相、一切名相，相合相依而分别耶？设分别、名相、一切相相，相合相依而分别耶？

答：应作四句。有分别、相相，非名相，相合相依而起分别，谓分别不了其名所有相相，又于诸相已拔名随眠[1]。有分别、名相，非相相，相合相依而起分别，谓分别不了其事所有名相。与上相违是俱句。除上尔所相，是俱非句。

【简注】

[1] 名随眠：《瑜伽论记》释为"名下有决定义名言熏习法执随眠"，即凡夫错误地认为，名有相应的"决定义"，"义"是事（或法）的体，名与"义"必然相应；此"义"有名言熏习而成的种子（"随眠"），此种属法执种子。

【今译】

问：[作分别思维时，] 是分别与相相和一切名相，相合相依而起分别 [思维]，还是分别与名相和一切相相，相合相依而起分别 [思维]？

答：应该有四种关系。[一是] 有的分别 [思维]，是与相相，而非名相，相合相依而起分别，这是对不知名称的所有相相［即事物］而作的分别；还有是断了诸相名言种子［的菩萨所起的分别］。［二是］有的分别，是与名相，而非相相，相合相依而起分别，这是对［只知其名］不了知事而对所有名相作的分别。［三是］与上述两种情况相反，［即既不是不知名，也不是不了知事的分别，这］是与相相和名相，相合相依而起分别。［四是］除了上述所有情况，［即对既不知名也不知事，因而］是既不与相相，也不与名相，相合相依而起分别。

【评析】

　　此处是上述五事第二颂中第一"思择"的第三项内容，论述分别（即思维）依何而起。主要是讨论，分别（思维）是依名而起，还是依相而起？结论是，有四种情况。一、有的分别是依相相，而不是依名相而起。佛教一般举的例子是，动物和婴儿等没有语言能力的有情所作的分别。本品还说了一种情况，即佛菩萨已断了名言种子对诸法所作的分别。此外，或许还有一种比较普遍的情况，即成人对所有不知名的事物所作的分别，如对不知名的植物、动物、山川地貌、各种物品等所作的分别，也应属依相相不依名相而起分别。二、有的分别是依名相，而不是依相相而起。如现代科学中许多概念，一般人都是只知其名，未见其相，只能依科学家的介绍而进行了知。三、有的分别是同时依名和依相而进行，依名取相或依相取名，如对有一定了解的事物（既知名，也知其相貌和若干性质）作进一步思考。四、有的分别是既不依名也不依相，总的说，在上述三类情况之外的分别，都属此第四种分别。《瑜伽论记》举例说："无分别智，名相俱遣。"[1] 但无分别智一般不称分别，而称正智，而广义地，分别与正智也可合说，称能缘智。

（4）思维真如与观真如

【原文】

问：若思惟真如即观真如耶？设观真如即思惟真如耶？

答：应作四句。有思惟真如非观真如，谓以分别所摄如理作意思惟真如，但见真如相不见实真如；乃至未至正通达位，及通达后作意思惟安立真如。有观真如非思惟真如，谓通达真如时，由胜义故，非思惟其相。有思惟真如亦观真如，谓通达后相续思惟非安立真如。有不思惟真如亦非观真如，谓离如理所引作意思惟诸相。

【今译】

问：若思维真如，是否就是观真如？还是观真如，就是思维真如？

答：应该有四种关系。[一是]有思维真如而非观真如，这就是以属[有漏]分别[心]的如理作意来思维真如，[此时]只见真如[影像]相，而不见真实真如；[从资粮位]直至未到正通达位[的加行位]，以及通达位后[的修习位中]作意思维安立真如[都属

---

[1] （唐）遁伦集撰《瑜伽论记》卷第十九，《大正藏》第42册，第750页。原文作"无分分别智"，衍一"分"字。

此种情况］。［二是］有观真如而非思维真如，即通达［位正观］真如时，由胜义［谛中无相］故，［观真如实相，］非思维真如［影像］相。［三是］有思维真如也观真如，即通达［位］后［修习位中，与根本智］相续［生起的后得智思维真如，由于刹那相续且与正观真如极其相似，所以称既是观非安立真如又是］思维非安立真如。［四是］有不思维真如也非观真如，这就是非如理作意思维一切法之相。

【评析】

此处是上述五事第二颂中第一"思择"的第四项内容，论述思维真如与观真如之关系。思维真如与观真如（即实证真如），有四种关系。一是思维真如，非观真如，这是见道前和修道位中，思维真如，所得是真如的影像相。二是观真如，非思维真如，这是见道位无分别智证真如，得真如实相。三是既是思维真如，也是观真如，这是指修道位中，与根本智相续而生的无漏后得智，其所观真如与根本智所观真如，有异有同。相异处是后得智不是真正的观真如（证真如），所以是思维真如；但无漏后得智所观的真如与根本智所观真如极其相似，所以也可称观真如。同时，与第一种情况的后得智思维真如相异处是，第一种情况的后得智是有漏后得智，此第三种情况的后得智是无漏后得智，与根本智相续而起。四是非思维真如也非观真如，这就是凡夫思维一切法时，不能观得真如，也没有思维真如。

（5）思维相与观相

【原文】

问：若思惟相即观其相耶？设观其相即思惟相耶？

答：应作四句。有思惟相不观其相，谓前第二句。有观其相不思惟相，谓前初句。有思惟相亦观其相，谓前第四句。有非思惟相亦非观其相，谓前第三句。

【今译】

问：若思维相，是否就是观其相？还是观其相，就是思维相？

答：应该有四种关系。［一、］有的是思维相不观其相，即上述第二种［见道时"观真如非思惟真如"］。［二、］有的是观其相不思惟相，即上述第一种［见道前的相应修习或修道位中"思惟真如非观真如"］。［三、］有的是思惟相也是观其相，即上述第四种［凡夫位的不如理思维，"不思惟真如亦非观真如"］。［四、］有的是非思惟相也非观其相，即上述第三种［刚出见道位入修道位时"思惟真如亦观真如"］。

【评析】

此处是上述五事第二颂中第一"思择"的第五项内容，论述思维相与观其相的关系。《瑜伽论记》中，文备认为："此中思惟通与正体、后得智相应，作意加行、后智及诸分别慧名为观。"[1] 这样，思维和观的含义，就与上段不一样了。

---

[1] （唐）遁伦集撰《瑜伽论记》卷第十九，《大正藏》第42册，第751页。

窥基的观点与文备相同。据窥基的解释：第一种情况，即论中的"有思惟相不观其相，谓前第二句"，是指"正体智思惟真如体相，不观真如外诸相"，即根本智思维真如相，不观诸法相。第二种情况，即论中的"有观其相不思惟相，谓前初句"，是指"观诸相而不思惟真如体相"，即有漏后得智不思维（即不缘）真如相，只观诸法相。第三种情况，即论中的"有思惟相亦观其相，谓前第四句"，是指"思惟诸相及观诸相"，即凡夫智既不思维真如相，也不观真如相。第四种情况，即论中的"有非思惟相亦非观其相，谓前第三句"，是指"缘似真如相而不思惟以外诸相及不观也"，即依根本智相续而起的无漏后得智，缘相似真如（非真实真如）时，既不思维也不观诸法相。[1]

所以，这里的思维和观，还有相，都有特定的含义。一般地说，思维是指凡夫有漏智思维诸法，在证真如时无思维，只有根本无分别智缘真如。但此处论中明确说，"有思惟相不观其相，谓前第二句"，第二句就是上述见道时证真如的情况，此处论文说是"思惟相"，这就与通常说的思维不一样了，就如文备所说，此思维是广义的思维，是与根本无分别智、后得智相应的思维。另外，此处的相，也广义地包括了真如相和诸法相。理解了这些特定的说法，才能理解此段论文。

---

[1]（唐）遁伦集撰《瑜伽论记》卷第十九，《大正藏》第42册，第751页。

2. 五事自性

（1）五事与一切法

【原文】

问：如是五事，为摄一切法，为不如是耶？

答：如是。

问：彼一切法，当言以何而为自性？

答：诸法自性不可言说。

问：云何应观彼诸法相？

答：如幻事相，非全无有。譬如幻事，有幻事性，无象、马、车、步、末尼、真珠、金银等性；如是诸法体性，唯有名相可得，无有自性、差别施设显现可得。相由相名，相之自性实不可得。

如相如是，名、名自性，分别、分别自性，真如、真如自性，当知亦尔。正智由正智名，正智自性实不可得。何以故？于一切种随言自性不成就故。

【今译】

问：如此五事，是包括了一切法，还是不包括？

答：包括了一切法。

问：那一切法，应当说是以什么为自性？

答：诸法自性不可言说。

问：应该如何看待那一切法的［显现］相？

答：就如［魔术变现象军、马军等］幻事相，［幻事相］非全无也非全有。比如幻事，有幻事［的幻有存在］性，但没有象军、马军、车军、步军、末尼、真珠、金银等［实有自］性［即真实存在性］；同样，诸法体性，［就自性和名称而言］，只有名称存在，没有［由名］施设而显现的自性和差别［的真实］存在。［所以，］相由相的名称［得以指称］，相的［与名相应的］自性实际是不存在的。

相［与相自性的关系］是如此，名和名自性，分别和分别自性，真如和真如自性，当知也是如此。正智［也是］由正智名［表示］，正智的自性实际上也不可得。为什么？因为对一切种类的随言自性［来说，随言自性都］不成立。

【评析】

此处以下论述五事自性等问题，在上述五事第二颂中，是第二"自性"。

此处论述五事与一切法的关系，包括三个问答。

第一个问题是：五事是否包括了一切法？回答是：五事包括了一切法。五事也是与五蕴、十二处、十八界和五位百法一样的一种一切法体系，用五事可以论述一切法的存在。五事作为一切法体系意义，见《题解》。

第二个问题是：一切法的自性是什么？回答是："诸法自性不可言说。"对此结论，可从两方面把握。一是言说依共相，不依自相，自相不可言说。如青色，可以是草之青、叶之青、布之青等，青依各种青的共相而立，表示的是各种青的共相。二是自性包括离言自性和假说自性（也称随言自性、言说自性）。离言自性"不可言说"，即离言自性虽是有，但因其离言而无法言说；假说自性实际不存在。而诸法的存在，只是如幻的存在，如下一个问答所说。

第三个问题是：怎样看待一切法的存在？回答是：一切法就如幻事。幻事就是魔术所变之物，如用一根木棍变出一头大象，大象是可以看到的，但不是真的，所以幻事是有其存在性的，但不是实有的，是幻有。

一切法如幻事，因有存在性，所以可安立名；但无实有自性，即无假说自性（随言自性）。相与相自性是如此，同样，名与名自性、分别与分别自性、真如与真如自性、正智与正智自性，都是如此，无实有自性或随言自性。但如《本地分·真实义品》所说，一切法虽无假说自性，但有离言自性。

（2）破外执

【原文】

若谓诸相自性安立，即称其量假立名言，此假名言依相而立；是则于相假立名前，应有彼觉，如已立名。又于一相，所立名言有众多故，有差别故，应有众多差别体性。是故名言依相而立，不应道理。

【今译】

如果说诸相由［诸法实有］自性而安立，即按其［实有］自性［的特征］假立名言，此假名言是依相而立；那么，在对该相假立名称前，应该有对该相［自性］的觉知，［此觉知应该］与后来假立的名称［产生的觉知］相符。［但实际上，没有此种假立名前的觉知。］此外，由于对于一相，所立的名称［可以］有许许多多，［这许多名称］有差别，［而名称是依相的自性而立，这样，一相有许多名称意味着一相］有许多不同的自性，［而一相有许多自性是不合理的，］因此，名称依相而立，不合道理。

【评析】

此处是上述五事第二颂中第二"自性"的第二项内容，开始破外人相关的错误观点。这一段包含两层意思。

首先，据《瑜伽论记》，有观点认为，一切法的名与体是始终共同存在的，其体就是诸法自性，其名可称旧名，而旧名（本有名）要待新起的名（客名）显发，才能表示事物，此新名（客名）是依诸法相假立之名，这就是"即称其量假立名言"。[1]

对此的破斥是：凡是名，必能显示和表达事物，如果事物原来就有旧名，旧名就能诠释表达事物，何必要待新起的名（客名）？这样的话，在未起新名时，人们对事物就应该产生认识。

或者还有一种破斥：你们认为诸法是先了知自性所以成立（即"自性安立"），尔后才依据自性而假立名称，那么，在没

---

[1] （唐）遁伦集撰《瑜伽论记》卷第十九，《大正藏》第42册，第751页。

有假立名称时，人们对诸法就应该产生认识，因为是了知法后才假立名。

其次，对依自性假立名，再次破斥：一法可以有许多名，若是依自性（体）假立名，那么，名既有许多，体也应有许多，而一法有多体（自性）显然是不合理的。

【原文】

若谓诸相如名安立，由名势力，相自性起，是则彼相假立名前，应无自性，彼既无有，假立名言亦应无有。是故二种俱成无过。

又假名言有众多故，有差别故，应有众多差别体性。

又依他过，由彼诸相但依于他假建立故，是故一切假立名言如其自性，不应道理。犹如所起种种幻类，譬如幻者造作种种幻士夫类，谓男女、象、马、熊罴等类，非彼诸类如其相貌实有体性，如是诸相非称名言有实体性，当知亦尔。

【今译】

如果说诸相是根据名而安立，由名的力量，相的自性生起，那么，在相假立名之前，相应该没有自性，［名本应依相自性而假立，］既然相自性没有，［名应不能安立，因此，］假立的名言也就没有。这样，［相的自性和名］二者都变成没有，就成过失。

此外，［一个相上可］假立的名言有很多，［诸名称］有差别，

[一个相]应有众多不同的自体或自性。

此外[还存在]依他的过失，由于诸相只是依于他假名[的力量]而建立，因此，[又说]一切假立的名言符合诸相自性，不合道理。[诸相]犹如[魔术]所变出的种种幻物，譬如魔术师变出种种虚幻的人和动物，如男女、象、马、大熊等，并非这些人和动物如其相貌有真实体性，如此，诸相也并非与其名称相应而有真实体性，当知也是同样道理。

【评析】

此处继续破外人的错误观点。此错误观点，窥基等称为"法随名起"，但这是一种理论上的推论，"未必有此计"，即未必真有此观点。遁伦则认为，这是破一说部观点。一说部认为，一切法只有一种名，即言说名（不同于上述有旧名和新名），"由言说名故，诸法显现"。[1]

此观点的错误在于：第一，如果相（即一切法）由名而起，那么，在安立名前，相应无自性；相无自性，也就是相无存在性，相无存在性怎么能安立名？如此，相也无，名也无，则成"二种俱成无"过。

第二，一相有多名，相依名起，多名就意味着有多体，一相有多体，显然不合理。

第三，相由名起，则有"依他过"。即如果认为相只是依

---

[1] （唐）遁伦集撰《瑜伽论记》卷第十九，《大正藏》第42册，第752页。

名而假立，纯属假立，则成过失。比如魔术师用草木变大象，大象是假，草木是实。所以，如果认为一切都是假立，就成过失。

【原文】

若谓离彼相及名言二种，和合、有，自性生，彼于诸相，或于名言，或二中间，应现可得，然不可得，是故此计不应道理。由此因缘，随言自性于一切种皆无所有。

【今译】

如果说，离开了诸相和名称两者，由和合［句义］与有［句义］使诸相自性生起，那么，该自性在诸相中，或在名称中，或在两者的中间，应该当下可得，然而当下并不可得，因此，这样的思考不合道理。由此因缘，［诸相的］一切种类的随言自性都并无所有。

【评析】

此处继续破外人的错误观点。此错误观点，窥基等称为"法随合起"，也是一种理论上的推论，"未必有此计"。（此时"和合有自性生"，其中的"和合""有"只是一般的词语，不以胜论的理论来解释。）遁伦则认为，这是破卫世师观点。卫世师即胜论师。胜论的观点，先有六句义，后展开为十句义，十句义中有和合句义与有句义。胜论师认为，诸法自性是由和合句义与有句义生起，即和合句义能使名与相和合，有句义能使名与相有。遁伦认为，此种观点的错误在于：这样的话，有句义的自性（即有句义的存在性）应该在相中，或在名言中，或在二者中，应该可以被觉知，但实际上，有句义自性是觉知不到的，所以，这种观点是错误的。[1] 因此，随言而立的自性，在一切法中都不存在。

【原文】

若谓名言能显自性，亦不应理，若取不取假立名言俱有过故。若取相已假立名言，便不成显；若不取相假立名言，无事名言不应道理。

又如前说，所立名言有众多故，有差别故，则有众多差别体性，成大过失。

又照了喻，不相似故，不应道理。不相似者，照了因缘[1]于一切事无有差别，种种亦尔，能取因缘[2]名言不尔。

【简注】

[1]照了因缘：指所有的光，如日月光、灯光、火光等。各类光都能照了，所以都是照了因缘。

[2]能取因缘：真正的能取因缘是诸识与诸根，如眼识和眼根都能取色。此处说名是能取因缘，是就名与法来说，名是能诠，法是所诠，在此意义上说名是能取因缘。

---

[1]（唐）遁伦集撰《瑜伽论记》卷第十九，《大正藏》第42册，第752页。

【今译】

如果说，[诸相隐含自性]，名称能使[诸相]自性显现，也不合理，因为无论是取相假立名称，还是不取相假立名称，都有过失。若取相后再假立名称，相就不是由名称而显现；若不取相而假立名称，[无相就无事，]无事[能假立]名称，没有道理。

此外，如前所说，由于[一相上]所安立的名称有众多，[诸名称]有差别，[则相也就]有众多不同自体或自性，成大过失。

此外，[光]照了的比喻，[与名能指称物]不相似，所以不合道理。之所以不相似，因为[光]作为照了因缘，对一切事[都能照了而]没有差别，对种种[不同]法也是如此，[能作一切法之照了因缘]；而作为能取因缘的名言，不是如此，[即名只能取一法，不能作一切法之能取因缘]。

【评析】

此处继续破外人错误观点。此错误观点，窥基称作"执名能显"。遁伦认为，这是数论观点。《瑜伽论记》说：数论认为，"诸法有三德自性，然其自性是常，由名故显"[1]。

本品指出，认为名能显自性的观点是错误的。可以分两种情况讨论，即假立名是在取相后还是取相前？如果是取相后立名，那么，不需要名来显相，因为在假立名前已对相能了知，进而能立名。如果是取相前假立名，由于相要名显，而此时名

---

[1] （唐）遁伦集撰《瑜伽论记》卷第十九,《大正藏》第42册，第752页。

还未立,相就未显,无相如何取相?

其次还是一相多名的问题,如前所说。

最后是灯照比喻的错误。外人认为,以名指称法,就如以灯照物,灯能使物显了,名能使法显了。但本品指出,这个比喻是不合理的,因为比喻不相似。灯照物的情况中,灯能照亮灯前的一切物;而名指称法,只指称单一的或有限的法,如心法能指称识与心所,但不能指称色法;同样,色法能指称五根、五境等,但不能指称识与心所。

(3) 答外难

【原文】

问:不可言中,不可言言既现可得,是故法性不可言说,不应道理。又造幻者所造种种幻化形类,虽彼形类非如其性,然有种种能造幻事如其自性,是故譬喻亦不相似。

答:正立宗时,不可言言亦已遮遣,为令觉知如是义故,方便施设[1]。譬喻等故,非不相似,虽假名言非如彼性,不可言义非不是有。

【简注】

[1] 方便施设:施设什么,《瑜伽论记》有二释:一说施设"不可言说",二说施设造幻者譬喻。二释中第一释似更能贯通上下文,本书取此释。

【今译】

问:"[法性]不可言说"[这一表达]中,"不可言说"[这一性质]既然当下可以言说,因此,[说]法性不可言说,不合道理。此外,魔术师[用草木等物]所变出的种种幻化[的人和事物的]形象,虽然那些[幻化]形象并非真有其存在性,但种种能造的幻事[如草木等]真有其存在性,因此,此譬喻[与所譬喻事]也不相似。

答:在立["法性不可言说"的]观点时,"不可言说"这一说法本身也已经被排除了,为了使人们觉知这一道理,方便施设["不可言说"]。[造幻者的]譬喻等,[与所譬喻事]并非不相似,因为虽然假立的名称并不等同于诸相自性,但"不可言说"的道理并非不存在。

【评析】

此处是上述五事第二颂中第二"自性"的第三项内容,开始答外人责难,共有三个问答。这一段是第一问答,实际上又包含了两个问答。

第一个责难:当你们说"法性不可言说"时,不可言说也是一种言说,是对法性的一种诠释,所以说"法性不可言说"是不合理的。

第二个责难:用幻化的形象来比喻一切法也不合理,因为魔术师变出幻化形象,如用草木变大象,所变的形象(大象)是假,但能变物(草木)是真,所以,并非一切都如幻,这样,这个比喻与被比喻的事物也不相似。

对上述两个责难的回答是：第一，在立"法性不可言说"的观点时，"不可言说"也已被排除，即"可言说"和"不可言说"都不成立，因为"不可言说"也是一种言说，但为了使他人也明白"法性不可言说"的道理，所以还是施设了"不可言说"的说法。

第二，造幻者（魔术师）的譬喻，并非与被比喻事不相似，以草木变大象为例，大象是幻有，草木是真有，由此可譬喻，诸法虽如幻，但"不可言说"的离言自性是真实有，由此来比喻"诸法法性不可言说"，比喻是能成立的。

【原文】

问：若诸相事，假立名言则便得有，若不假立则不得有，若如是者，喻可相似，不可言计亦应道理；若不尔者，不可言计则为唐捐。

答：如是由先所起八分别[1]故，于现在世三种事[2]生，如《本地分》已说其相；即此所生三种事故，复起分别。由此道理，诸杂染法展转相续无有断绝，由此因缘，其喻相似。分别假立若断灭时，诸杂染法皆可随灭，证得圣智。此是量故，不可言计亦不唐捐。

【简注】

[1] 八分别：据《本地分·真实义品》，八分别是"一者自性分别，二者差别分别，三者总执分别，四者我分别，五者我所分别，六者

爱分别，七者非爱分别，八者彼俱相违分别"。

[2]三事：据《本地分·真实义品》，三事指"分别戏论所依、缘事，见、我慢事，贪瞋痴事"。其中，"分别戏论所依、缘事"指色等想事，"见"是我见或萨迦耶见。

【今译】

问：如果诸相和事，假立名称后就存在，不假立名称就不存在，如果真是如此，比喻可以相似，"不可言说"的思量也有道理；如果不是如此，"不可言说"的思量就为徒劳。

答："就这样由先前所生起的八种分别，在现在世有三种事生起"，如《本地分》已说明这一道理，[进而，]就由此所生的三种事，又生起分别。由此道理，诸杂染法展转相续永无断绝，由此缘由，那个譬喻是相似的。分别和假立名若断灭时，诸杂染法都可随之而灭，[就]证得圣智。这是确定的道理，"不可言说"的思量也不徒劳。

【评析】

此处是答外人责难的第二问答。责难的大意是：关于那个一切法如幻化物的比喻，如果一切法是言说就有，不说即无，就如幻化物，魔术师变出就有，不变就无，这样的话，那个比喻可以成立；同时，由于无时无可言说，所以不可言说的说法也可成立。但现见一切法不管言说不言说都存在，那么，那个比喻就不相似；同样，一切法总是存在，所以总可言说，那么，不可言说的思量就是徒劳的。

回答是：一切法的如幻性，如《本地分·真实义品》所说，是由先前（过去世的）八种分别生现在三事，现在三事又生现在分别，现在分别又生未来三事，由此杂染法相续不断，故一切（杂染）法由因缘而起，非恒常存在，所以如同幻物。进而，在证得圣智时（或更准确地说，是根本无分别智证真如时），杂染法随之而灭，更可证明杂染法其性如幻，同时其性（真如）不可言说也能成立。

【原文】

问：若于尔时分别假立皆悉断灭，即于尔时相事随遣，若尔，随一获得圣智，一切相、名、分别所摄情无情数、内外事物皆应永灭，譬如幻者所作幻事。

答：相等诸物，或由不共分别为因，或复由共分别为因。若由不共分别所起，无分别者，彼亦随灭。若共分别之所起者，分别虽无，由他分别所任持故，而不永灭。若不尔者，他之分别应无其果。彼虽不灭，得清净者于彼事中正见清净。譬如众多修观行者，于一事中，由定心智，种种胜解异见可得，彼亦如是。

【今译】

问：如果在某一时刻，分别［心］和假立名都断灭，就在此时，相和事也随之除遣，这样的话，任何一人获得圣智，一切相、名、分别所包括的无量有情和无情，以及身内身外事物也都应该永远断灭，就如魔术师所变的幻化事物［不变时就永远消失一样］。

答：相等一切事物，有的是由不共分别为因［而生起］，有的是由共分别为因［而生起］。如果由不共分别所生起的法，当无分别时，那些法也随之而灭。如果是共分别所生起的法，［即使自己的］分别没有了，［这些法］由他人的分别所保持，而不永远断灭。如果不是这样，他人的分别应该没有由分别所生起的果。但那些由他人分别所生起的法虽不断灭，证得清净者在那些法中，也正见清净。譬如众多修观行者，在一事中，由定心中的智，会有种种理解和不同见解，那些由他人分别所生起的法也是如此。

【评析】

此处是答外人责难的第三问答。外人责难的大意是：若分别心灭时，相等杂染法也随之而灭，那么，圣者无分别智生起（即分别心灭）时，三界一切杂染法（包括有情和非有情等）也都应灭。回答是：杂染法，有的是有情个人的分别心所生起，如自己的根身；有的是所有有情的分别心共同生起，如器世间。圣者无分别智生起时，自己以往分别心所生起的杂染法随之而灭，如有漏根身；而所有有情分别心共同生起的杂染法不灭，如器世间。否则的话，他人的分别心就没有相应的果了。但他人分别心生起的杂染法虽不灭，圣者所见则为清净。

3. 五事与取

（1）五事与能取所取

【原文】

问：如是五事，几是所取？几是能取？

答：三是所取。分别、正智，亦是能取，亦是所取。

【今译】

问：如此五事，几事是所取？几事是能取？

答：[相、名、真如]三事是所取。分别和正智，也是能取，也是所取。

【评析】

此处开始论述五事与各种取的关系，在上述五事第二颂中，是第三"取"。所论述的内容，包括五事与能取所取、三类取、有相取无相取、无相取的性质、取之因果、遣有相证无相等。

此处论述五事与能取所取的关系。五事中，相、名、真如三事只是所取；分别和正智，首先是能取，但也可以是所取。关于分别和正智也可以是所取，《瑜伽论记》举例说：相有相相、名相、分别相、正智相、真如相，但相中的分别相和正智相，不是真正的能缘，只是所缘，即所取。[1] 此外，或许还可

---

[1] 参见（唐）遁伦集撰《瑜伽论记》卷第十九，《大正藏》第42册，第753页。

举例，就分别来说，第六识可以认识其他识与心所，其他识和心所也是分别，所以分别也可以作所取。再看正智，后得智可认识加行智和根本智，加行智和根本智也是正智，所以正智也可以是所取。

（2）五事与三类取

【原文】

问：如是五事，当知几种取所行义？

答：略有三种：一有言有相取所行义，二无言有相取所行义，三无言无相取所行义。此中，最初是言说随觉者取所行境，第二是言说随眠者取所行境，第三是于言说离随眠者取所行境。

又初二是世俗谛取，最后是胜义谛取。

复有远离言说随眠后所得取，通取一切二谛所摄取所行境，谓世出世智。以安立谛为所行故，建立彼智，通用二谛为所行境。此二种取，由二因缘，应知得成世、出世性，谓曾得未曾得故、依言说不依言说故。

【今译】

问：如此五事，当知有几种认取类别？

答：大略有三种：一是有言有相类的认取，二是无言有相类的认取，三是无言无相类的认取。其中，第一种是言说随觉者的认取境，第二种是言说随眠者的认取境，第三种是对言说种子已断者的认取境。

此外，第一种和第二种是对世俗谛的认取，最后［第三种］是对胜义谛的认取。

又有断了言说种子后所得的认取，通取一切二谛所属的认取境，这就是世出世智［即后得智的认取］。由于以安立谛为认取境，建立那［世出世］智，［该智］通用二谛为认取境。此［对二谛的］二种认取，应知由二种因缘，得以成立世间和出世间性，［此二种因缘］就是曾得、未曾得和依言说、不依言说。

【评析】

此处继续论述五事与各种取的关系，这里是论述五事与三类取的关系。对五事或一切法的认取类别（即"取所行义"）有三种。第一种有言有相类认取，就是有语言能力的有情（"言说随觉者"）依名言认取相。第二种无言有相类认取，即没有语言能力的有情（"言说随眠者"，如婴儿和动物等），不能依现行名言，而是依名言种子的力量认取相。第三种言说离随眠者一类的认取，即地上菩萨已断了名言种子，其依根本无分别智的认取，不依名言，不取事相。

此外，从二谛来看，第一种有言有相类认取和第二种无言有相类认取，是认取世俗谛，是凡夫的认取；第三种无言无相类的认取，认取胜义谛，是地上菩萨的根本无分别智的认取。

此外，地上菩萨的后得智的认取（"远离言说随眠后所得取"），通缘世俗谛和胜义谛，而在胜义谛的非安立谛和安立谛中，后得智以安立谛为所缘。对世俗谛和胜义谛的二种认取，是由二种因缘：一是依"曾得、未曾得"，即缘曾得世俗境（即过去认识的世俗境）、未曾得世俗境（还没有认识的世俗境），以及未曾得真境（还未认识的胜义境）。二是依"依言说、不依言说"，即缘可言说世俗境和不可言说胜义境等。

综上所说，有三类认取境，凡夫的认取境属第一类和第二类，圣者的认取境属第三类。在第三类认取境中，圣者的根本无分别智只认取胜义谛的非安立谛（真如）；其后得智既可认取胜义谛的安立谛，也可认取世俗谛。后得智对二谛的认取，包括已知的世俗境，还有未知的世俗境和胜义境；也包括可言说的世俗境和不可言说的胜义境等。

对后得智缘境，有一疑问：后得智也缘名，为什么称其是"于言说离随眠者取所行境"？《瑜伽论记》解释说，"设缘俗谛，离言说故"，"随事取，随事如取，不作是念：此事此如"。即无漏后得智（无漏根本智的延续）缘世俗境时，既缘事也缘此事之真如，但不作此念："这是事，这是真如"，所以仍离言说（无漏根本智则只缘真如，不缘事）。

（3）有相取和无相取因缘
【原文】

问：有相之取，世间共成；无相之取，非所共成。何因何缘，名无相取？无因无缘，不应道理。

答：世俗名言熏习取果[1]，是有相取，世所共成，能令杂染。胜义智见[2]熏习取果，是无相取，非所共成，能令清净。是故此二，有因有缘。如眼若有瞖等过患，便有发、毛、轮等瞖相现前可得；若无彼患，便不可得，但有自性无颠倒取。

【简注】

[1] 取果：《俱舍论》卷第六："能为彼种，故名取果。"简言之，就是从种子因所生之果，就是取果。《瑜伽论记》："世俗名言熏习成种子，后时上心取境，取境之心名取果。"

[2] 胜义智见：《瑜伽论记》中有将"见"释作见分，虽然道理没有错，但本论本身没有相分和见分的概念。

【今译】

问：有相之取，世人共同成就；无相之取，非［世人］所共同成就。有什么因什么缘，称之为无相取？没有因没有缘［称之为无相取］，是没有道理的。

答：依世俗名言熏习［成心种，后］生起现行心［取境］，是有相取，这是世人所共同成就，［有相取］能使［有情］杂染［而生死轮回］。胜义智见［由闻］熏习［在见道位由种子生起现行而证］取［无相真如］，是无相取，这并非［是世人］所共同成就，［无相取］能使［有情］清净［而解脱］。因此，此［有相取和无相取］二种，都有因有缘。如眼根，若有瞖等病患，便有发、毛、轮等瞖相出现在前；若无那病患，［瞖相］就不会出现，只有对诸法自身的无颠倒认取。

【评析】

此处继续论述五事与各种取的关系，这里是论述有相取和无相取的因缘。有相取是有漏心对世俗谛诸相（诸法）的认识，其因缘，简言之，是由名言熏习熏成有漏心种子，继而生起现行有漏心，认取诸相（一切法）。此有相取是所有世人的认识方式，即"世间共成"。无相取是无漏心对胜义谛诸相的认识，其因缘，简言之，是在见道位前，作无相观修习，由此熏习使无漏种子力量增强，最后入见道位，无漏智的种子生起无漏智现行，证无相真如。此无相取非世人的认识方式，即"非世所共成"，只是圣者的认识或证得方式。因此，有相取和无相取，都有因有缘。

（4）无相取之辨

【原文】

问：于无相界，若取其相，非无相取；若无所取，亦不得成无相之取。若尔，云何名无相取？

答：言说随眠已远离故，此取虽复取无相界，不取相故，成无相取。

问：若无构获[1]，云何成取？

答：虽不构获诸相差别有所增益，然取无相，故得成取。

问：若无构获，无所增益，此取相状云何可知？

答：取胜义故，取无相故，五种事相皆不显现以为其相。

问：若不分明可立为取，何故不许诸取灭无？

答：灭无无有修作义故，非修观者依于灭无有所修作。

问：若尔，云何证知其相？

答：自内证智之所证知。

问：若尔，何不如其所证如是记别？

答：此内所证，非诸名言安足处故。

【简注】

[1] 构获：即构画。《佛说宝雨经》卷第九："尽有情界所有众生各各构画，别别思惟，作种种业……此诸有情如是构画，如是思惟，如是造业，得如是果。""画"，《大正藏》注："宋、元、明、宫本作'获'"。

【今译】

问：对无相界，如果取其相［而认知］，［既然能取到相，］就不是无相；如果无所取，［既然没有取，］也不能成为无相之取。这样的话，如何称之为无相取？

答：［证无相真如时］言说种子已永断，此［对真如之认取］虽是取无相界，却不取相，所以成无相取。

问：［无相取，］如果没有［心的］构画，如何成取？

答：［无相取］虽不构画诸相的差别而有所增益，但所取是无相，所以得以成取。

问：若无构画，无所增益，此［无相］取的相状如何可知？

答：由于［无相取是］取胜义，取无相，五事的相都不显现作为［无相取的］相。

问：如果［无相取中，心］没有清楚明显［的活动］可说成是取，为什么不允许诸取灭无？

答：因为灭无没有修行的含义，并非修观者依于灭无，能作修行。

问：如果这样，如何证知无相取的相状？

答：［无相取的相，由修行者］自己内在的证智所证知。

问：如果这样，为何不按其所证而作描述？

答：这是内心所证，并非一切名言可安立处。

【评析】

此处论述五事与各种取的关系，这里是论述无相取的种种特点，有六个问答。

第一问是：无相取到底取不取相？取相的话，就称不上无相取；不取相的话，如何称取？回答是：真如无相，根本智缘无相真如，就是无相取。与有相取不同的是，相是依名言种子而生起，真如则不依名言种子，不生不灭。

第二问是：对相的认识，少不了想心所对相的构画描述，没有构画，怎么成取？回答是：有相取少不了对相的构画；但对无相真如的认识，由于无相，所以没有构画，仍是取。

第三问是：既无构画，无相取的相状如何可知？回答是：无相取的相状是五事都不显现。

第四问是：如果连构画等心理活动都没有，那么为什么不可以说"取灭无"，即没有取？回答是：取若灭无，灭无的东西不能修行，修行者并非是依不存在的东西而修行。

第五问是：既然没有构画，怎么可以证得并了知无相取所取的相？回答是：是依自己内心的证智而证得并了知无相取所取的相。

第六问是：既然能证得并了知，何不依证知来说明其相？回答是：此自心内在所证的，并非可用名言来描述。

（5）取之因果辨
【原文】

问：若先无有知无相智，由无有故，亦无数习无相智义；无数习故，知无相智既无其因，应不得生。

答：有相亦得为无相因，随顺彼故，如世间智为缘生出世智，有漏智为缘生无漏智，有心定为缘生无心定，此亦如是。

问：苦等诸智，世尊说为得清净因。若苦等智，于苦等谛分别苦等，应成有相；若不分别，苦等诸智便非是有，彼无有故，云何能得毕竟清净？

答：由无相智增上力故，于诸谛中极善清净通世出世分别智生，即名已断所断烦恼。其无相智，是苦等智因，正能断灭所断烦恼；于此因中假立果名，即假说此为苦等智，是故无过。

问：先说所取是能取果，即此能取当言何果？

答：此二展转更互为果。

【今译】

问：若［凡夫］先前［无数世从］没有对无相智的了知，由于没有［对无相智的了知］，也就没有反复修习无相智的道理；没有反复修习，可知无相智既没有其因，应不能生起。

答：有相也可以成为无相的因，这是由于［修学似无相观而］随顺无相，就如［你们说的］世间智为缘可以生出世智，有漏智为缘可以生无漏智，有心定为缘可以生无心定，有相与无相也是如此。

问：苦［智、集智、灭智、道智等］诸证智，世尊说其是得清净的因。若苦智等证智，对苦谛等诸谛，分别苦等相，那应成有相；若不分别，苦智等诸证智就不是有，苦智等诸证智没有，如何能证得毕竟清净？

答：由无相智的增上力，在诸谛中有极其清净的通世间和出世间的分别智生起，就称已断了所要断的烦恼。那无相智，是苦智等诸智的因，能根本断灭所要断的烦恼；在此因中假立果名，就假说此为苦智等智，因此无过失。

问：先前说所取是能取的果，那么，此能取应当说是什么的果？

答：此［所取和能取］二者展转相互为果。

【评析】

此处继续论述五事与各种取的关系，这里是论述二取的因果，有三个问答。

第一个问答是讨论无相取的因果，或者说，讨论无相智的因是什么。外人责难：凡夫从来不知无相智，因此从来也没有修习过无相智，那么，无相智又是从何而来？回答是：有相智也可成为无相智的因。

无相智就是缘无相之智，也就是根本无分别智。根本无分别智，本论《本地分》说有本有种子，此处未说无相智有本有种子，而说此智由有相智而来，有相智是无相智的因。据此，有研究者认为，这表明《本地分》与《摄抉择分》的有关思想不同，在根本无分别智的种子问题上，《本地分》是种子本有说，《摄抉择分》则取种子新熏说。但《瑜伽论记》认为：这是为了反驳外人，如小乘的修行，是由见道前的有漏智生起见道的无漏智，所以，世间法为缘能生出世间法。这样的话，有相为缘能生无相，有什么问题？因此，这里只是没说或略说根本无分别智的本有种。至于《本地分》和《摄抉择分》，在本有种子观点上并无差异，因为《摄抉择分》也说：有种姓者在地狱中，成就三无漏根，就是据种子而说。[1] 可知《摄抉择分》也说有本有无漏种子。而大乘的见道，是本有无漏智的种子生起现行，见道前的有漏智，是引生无漏智的增上缘，不是无漏智的因缘。

第二个问答：外人举经中说法，苦谛智等四智是清净因。但四智是有相智，按唯识论的说法，有相智不能断烦恼，那么，四智为何是清净因？而如果四智不是有相智，是无相智，那么，苦谛智等就不能分别这是苦、这是集等，那就不是苦谛

---

[1] 参见（唐）玄奘译《瑜伽师地论》卷第五十七，《大正藏》第30册，第615页。

智等四智。回答是：二乘观人无我、大乘观人法二无我时，是无相智观人无我真如和二无我真如，能断烦恼；出观才起苦谛智等四智，四智是有相智，能分别苦、集等。四谛智等有相智实际不断烦恼，但四谛智以无相智为因，借无相智断烦恼而说四谛智断烦恼。

第三个问答，意思比较清楚，能取和所取二者互为因果。

（6）遣有相证无相

【原文】

问：若所知境无常积集，相续无量，多不现见，云何修观行者缘彼为境，及令转灭？

答：于彼闻思增上力故得三摩地，由彼因缘，令三摩地五种境界影像现前，即缘此事以为境界，除遣此故彼得转灭。

【今译】

问：若所知境是无常现象的积集，并相续无尽，大多不能为现量所见，为何修观行者能缘那无常为境，并使其转变为寂灭？

答：在那境界上，随闻和思的力量增强而得三摩地，由那因缘，使三摩地中［五事］五种境界的影像显现在前，就缘此影像作为境界，除遣此影像，那无常现象得以转变为寂灭。

【评析】

此处继续论述五事与各种取的关系，此处以下是论述除遣有相转得无相，有七问答。

这里是第一问答。问题大意是：修行者观无常法时，如何能使之转变为寂灭？回答是：修行者入定时观五事，现五事影像，除遣五事影像就得寂灭。

【原文】

问：除遣五种所知境界，当言何相？

答：无上转依无为涅槃以为其相。云何为涅槃？谓法界清净、烦恼众苦永寂静义，非灭无义。

问：若唯烦恼众苦永寂名为涅槃，何因缘故非灭无义？

答：如外水界，唯离浑浊得澄清性，非离浊时无澄清性。又如真金，唯离刚强得调柔性，非离彼时无调柔性。又如虚空，唯云雾等翳障寂静得清净性，非彼无时其清净性亦无所有。此中道理，当知亦尔。

云何名为法界清净？谓修正智故，永除诸相，证得真如。譬如有人，于眠梦中自见其身为大暴流之所漂溺，为欲越渡如是暴流，发大精进；即由发起大精进故，欻然便觉；既得觉已，于彼暴流都无所见。除相道理，当知亦尔。

【今译】

问：除遣［五事的］五种所知境界［后的相］，应当说是什么相？

答：由无上转依所得的无为涅槃作为其相。什么是涅槃？即法界清净，烦恼和众苦永远寂静的含义，不是灭无的含义。

问：如果只是烦恼和众苦永远寂静才称为涅槃，什么缘故不是灭无的含义？

答：如外部世界的水，只是在离浑浊时得澄清性，并非离浑浊时没有澄清性。又如真金，只是离刚强得调柔性，并非离刚强时没有调柔性。又如虚空，只是云雾等翳障寂静得清净性，并非翳障没有时，其清净性也没有。此中道理，当知也是如此。

如何称为法界清净？即由修正智，永除一切相，证得真如。譬如有人，在睡眠时梦中见自己在湍急的河流中漂浮沉没，为了要渡过如此湍急河流，发大精进；即由发起大精进的缘故，忽然就醒了；既已醒了，那湍急的河流就不再出现。除一切相的道理，当知也是如此。

【评析】

此处是论述遣有相得无相的第二和第三问答。问题是：除遣五事影像后，所得是什么？回答是：所得是涅槃。涅槃是清净法界，是烦恼和众苦永远熄灭，而不是什么都没有的灭无。进而问题是：既然涅槃是烦恼和苦熄灭，为什么涅槃不是灭无？本品以三个比喻来说明此道理，其中之一是：如水消除了浑浊性，得到的是澄清性。法界的烦恼和众苦熄灭，清净性就显现，并非是什么都没有的灭无，例如，还有真如存在。而法界的清净性，就是由正智永除一切相，证得真如。

【原文】

问：为即于此言说随眠正断灭时，诸相除遣；为断灭已，后方除遣？

答：断时、遣时，平等平等。如秤两头低昂道理；又如画像彩色坏时，形相随灭；亦如翳等过患愈时，发、毛、轮等相亦随遣，愈时遣时平等平等，此中道理当知亦尔。

【今译】

问：是就在此言说种子正断灭时，诸相被除遣；还是断灭后，[诸相]方被除遣？

答：[言说种子]断时与[诸相被除]遣时，完全同时。就如秤的两头降低和上升[是同时的]道理[一样]；又如画像的彩色坏时，画的形相也随之坏了；也如眼翳等病患痊愈时，[幻现的]发、毛、轮等相也随之消失，痊愈时和[发、毛、轮等相]消失时完全同时，此中道理当知也是如此。

【评析】

此处是论述遣有相得无相的第四问答。问题是：断烦恼种子与除遣诸相，孰先孰后？回答是：断时与遣时完全同时。与此有关但不相同的一个问题是：是先断烦恼种子再入见道位（菩萨初地），还是两者同时？对此问题，唯识论的结论是：断烦恼种子是无间道，入见道位是解脱道，所以是先断烦恼种子。但这里是讨论断烦恼种子与除遣诸相，则两者同时。

【原文】

问：修观行者云何除遣所缘境相？

答：由正定心，于诸所知境界影像，先审观察，后由胜义作意力故，转舍有相，转得无相。此无相转，复有五位：一少分位，二遍满位，三有动位，四有加行位，五成满位。

【今译】

问：修观行者如何除遣所缘境的相？

答：由入根本定的心，对诸所知境界的影像，先［由四寻思］仔细观察，然后由［四如实智］胜义作意力，转舍有相，转得无相。此无相转，又有五位：一是少分位，二是遍满位，三是有动位，四是有加行位，五是成满位。

【评析】

此处是论述遣有相得无相的第五问答，讨论如何转得无相，以及无相转的位次。

如何转得无相？总的说是依止观，即先入定（止），在定中由四寻思对诸法影像仔细观察，由四如实智的胜义作意力除遣诸法影像（有相），转得无相。

此无相转有五位：一是少分位，即地前资粮位和加行位。二是遍满位，即初地。三是有动位，即从二地到七地满。四是有加行位，即八地以上。五是成满位，即佛位；另一种说法，第五成满位包括十地和佛地。

关于八地以上称有加行位，《瑜伽论记》卷第十九的解释是："八地已上以是因胜进，故名加行。"[1]《疏义演》有两个解释，一是卷第三说："加行有二。一者加行，加行即加功用行名加行。二者任运加行，即任运思惟也。故八地已去，菩萨通力由任运思惟，方起通方变化金等定力。"[2] 二是卷第十二说："八地已上，若望自修，即无加行；若据利他作他有情事，亦有加行。"[3] 所以，此处八地以上有加行，是对佛位来说的，其特征，综上所说：一是向佛位继续胜进，二是任运思维，三是为利他。

【原文】

问：如是成满，其相云何？

答：不为一切烦恼、一切灾横所陵杂故，究竟无恼清净所依，说名成满。即此又是善清净真实义所行，一切现量所行，一切自在所行。

【今译】

问：如此成满，其表现形态是什么？

答：没有一切烦恼、一切灾横夹杂，［是灭一切粗重而］究竟无

---

[1] （唐）遁伦集撰《瑜伽论记》卷第十九,《大正藏》第42册，第754页。
[2] （唐）如理集《成唯识论疏义演》卷第三,《卍新续藏》第49册，第565页。
[3] （唐）如理集《成唯识论疏义演》卷第十二,《卍新续藏》第49册，第851页。

烦恼的清净所依，称之为成满。同时，这又是极清净真实的境界，是一切现量的境界，是一切自在的境界。

【评析】

此处是论述遣有相得无相的第六问答，讨论成满位（即佛位）的状况。成满位是灭一切烦恼、苦和粗重的清净所依（即真如）。所以，成满位是真实境界，是现量境界，是自在境界。

【原文】

问：于此成满，建立几乘？齐何时证？

答：随三种根差别证故，建立三乘。然彼二乘，用阿耨多罗三藐三菩提乘以为根本。又彼二乘随缘差别，随所成熟无决定故，证得时量亦不决定。其最后乘，要经三种无数大劫方可证得，依断三种粗重别故。

何等名为三种粗重？一、恶趣不乐品，在皮粗重，由断彼故，不往恶趣，修加行时不为不乐之所间杂。二、烦恼障品，在肉粗重，由断彼故，一切种极微细烦恼亦不现行，然未永害一切随眠。三、所知障品，在心粗重，由断彼故，永害一切所有随眠，遍于一切所知境界无障碍智自在而转。

复次，云何立声闻乘？谓三因缘故：一变化故，二誓愿故，三法性故。变化故者，谓随彼彼所化势力，如来化作变化声闻。誓愿故者，谓有补特伽罗，于声闻乘已发誓愿，即建立彼以为声闻。法性故者，谓有补特伽罗，本性已来慈悲薄弱，于诸苦事深生怖畏，由此二因于利他事不深爱乐，非为是事乐处生死，彼由安住此法性故，立为声闻。又觉法性故，谓于一切安立谛中，多分修习怖畏行转，由此因缘证得圆满。如声闻乘，独觉亦尔，出无佛世而证正觉。与此差别，即上相违三因缘故，应知菩萨。

复次，云何声闻失坏正法及毗奈耶？谓有声闻，计唯无有烦恼炽然名为寂灭，生大怖畏，谓我当断、我当永坏、我当无有。譬如有人，身婴热病，于无病中都无识别，谓病愈时举体随灭，便生怖畏，我宁不脱如是热病，是名失坏。由此譬喻，失坏声闻，当知亦尔。

复次，云何菩萨失坏大乘？谓有菩萨，闻一切法甚深无性，即执一切烦恼炽然自性本无，谓已无有生死重病。譬如有人，于己身中所生热病谓为无病，于此热病不能解脱，名为失坏。由此譬喻，失坏菩萨，当知亦尔。

【今译】

问：在此成满上，可建立几乘？[诸乘]在什么时候证[得成满果]？

答：依三种根性的所证差别，建立[声闻乘、缘觉乘、菩萨乘]三乘。但那[声闻乘、缘觉乘]二乘，是以阿耨多罗三藐三菩提乘[即菩萨乘]为根本。此外，那二乘随机缘差别，随所成熟[果的时间]不确定，证得时间的长短也不确定。而[三乘中]最后的[菩萨]乘,则要经三种无数大劫方可证得,因为是依断三种粗重而与二乘有差别。

什么称为三种粗重?一、恶趣不乐品,在皮粗重,由断此粗重,不堕恶趣,修加行时不会有不乐夹杂。二、烦恼障品,在肉粗重,由断此粗重,一切种极微细烦恼也不再现行,但未永断一切烦恼种子。三、所知障品,在心粗重,由断此粗重,永断[烦恼障和所知障]一切种子,对于一切所知境界普遍无障碍的智能自在地生起。

此外,如何立声闻乘?即由三因缘:一是由变化,二是由誓愿,三是由法性。所谓变化,即随种种所要教化的众生意愿,如来化作变化声闻。所谓誓愿,即有众生,对证声闻乘已发誓愿,就将他们建立为声闻乘。所谓法性,即有众生,一直以来本性中慈悲薄弱,对各种苦事深生恐怖畏惧,由此二种原因,对利他事不会有深深爱乐,并不想为利他事而乐于处生死中,他们因安住此法性,就立[他们]为声闻乘。另外[声闻乘建立的另一种因缘是]觉法性,即[有众生]在一切安立谛中,大多是修习恐怖畏惧[生死法],由此因缘证得[修法]圆满[而成声闻乘]。如同声闻乘,独觉乘也是如此,出生在无佛的世间而[自己]证正觉。与此不同,就是由与上相违的三种因缘,应知菩萨[乘的特点]。

此外,什么是声闻失坏正法及戒律?即有声闻,对只是没有烦恼炽燃称为的寂灭[作不正确]思量,生大恐怖畏惧,认为我将断灭、我将永坏、我将没有。譬如有人,身患[发烧]热病,对无此病的状况完全不知,认为病愈时全部身体也随之而灭,便生恐怖畏惧,[心想]我宁可不解脱这一热病,这称为失坏。由此譬喻,失坏声闻,当知也是如此。

此外，什么是菩萨失坏大乘？即有菩萨，听闻一切法甚深无自性，即将一切烦恼炽燃自性本无，执着为生死之重病也无。譬如有人，对自己身中所生热病，认为无病，对此热病不能解脱，称为失坏。由此譬喻，失坏菩萨，当知也是如此。

【评析】

此处是论述遣有相得无相的第七问答，讨论成满位中依根性建立三乘。三乘中，声闻乘和缘觉乘，是以菩萨乘为根本。

此外，三乘证果（即成满）所需的时间不一样。声闻乘最少是三生，最多是六十劫。独觉乘最少是四生，最多是一百劫。而大乘需要经三大阿僧祇劫。

大乘在三大劫中要断三粗重。三粗重是恶趣不乐品、烦恼障品、所知障品，也称皮粗重、肉粗重、心粗重。断皮粗重是在第一大劫，断此粗重得解脱，入见道位。断肉粗重是在初地到七地，断此粗重，烦恼不再现行，但烦恼种子尚未断。断心粗重是在八地到十地，断此粗重，能断所知障现行，并断烦恼障和所知障种子，入佛位。但如果更详尽地说，断皮粗重，此处只说不再堕恶趣，实际上还断了分别烦恼障和分别所知障的现行和种子。而断肉粗重，从初地到七地满心，实际上每地都断一分所知障现行和种子，但留烦恼障种子不断，只制伏烦恼障现行。至八地以上，烦恼障永不现行；至十地满心，顿断二障种子，现行也随之永断。

关于三粗重，唯识经论中有不同说法。首先是名称，如《解深密经》卷第四称三粗重是皮、肤、骨。而本论卷第四十八，称所知障三粗重是皮、肤、肉。此后唯识典籍关于三粗重，也依上述说法，而名称不定。

其次，断三粗重也有不同说法，如真谛译世亲《摄论释》中说："地地菩萨烦恼有三品，上品名皮，中品名肉，下品名心。"[1] 即十地中，每一地都断三粗重。

此外，立三乘都有三种因缘。立声闻乘的三种因缘，一是变化，即佛随所教化众生，变化作声闻。二是誓愿，即有众生已发声闻誓愿，就此立声闻乘，这是指三乘不定性者遇缘发声闻誓愿。三是法性，有众生慈悲薄弱，害怕受苦，不愿利他，依此法性立声闻乘。此外，有众生由于修的都是畏惧生死的法门，所以证得的也是声闻乘果。因此，声闻乘有的是由佛变化出的声闻；有的是三乘不定种姓，最终入声闻乘的；有的是由众生本性（即定性）以及所修法门决定的声闻。

独觉乘也是依上述三因缘而立乘，所不同处是，独觉乘是出无佛世（即佛不存在的时代）。菩萨乘也由此三因缘立乘，如菩萨乘人的法性是本性慈悲、不害怕苦，愿利乐他人。

声闻失坏正法及戒律，是指对涅槃没有正确认识，没有认识到涅槃只是熄灭烦恼，而认为涅槃会使我断灭（实际上实我

---

[1] （陈）真谛译《摄大乘论释》卷第十一，《大正藏》第31册，第231页。

根本不存在），从而生大恐怖。相反，声闻乘不失坏正法及戒律，是认识或证得无我。

菩萨失坏大乘，是指菩萨对一切法无自性没有正确认识，将一切烦恼无自性，执着为生死也没有，由此堕入恶取空。

4. 五事与萨迦耶等

【原文】

问：如是五事，几是萨迦耶？几非萨迦耶？

答：相通二种。二是萨迦耶。一非萨迦耶。真如俱不可说。

如萨迦耶，有及世间，当知亦尔。

【今译】

问：如此五事，几事是萨迦耶？几事是非萨迦耶？

答：相通［萨迦耶和非萨迦耶］二种。［名和分别］二事是萨迦耶。［正智］一事非萨迦耶。真如，［是萨迦耶或非萨迦耶］都不可说。

如同萨迦耶，有和世间，当知也是如此。

【评析】

此处论述五事与萨迦耶、有与世间的关系，在上述五事第二颂中，是第四"萨迦"、第五"有"、第六"世间"。

萨迦耶有多种解释，最常见的是身，所以萨迦耶见称身见。另外，《俱舍论记》卷第十九说："此萨迦耶即五取蕴。"[1]五取蕴指有漏五蕴，所以，萨迦耶是有漏五蕴。

先看相与萨迦耶的关系，取萨迦耶为身，相相中，凡夫的有漏身为萨迦耶，佛的无漏身非萨迦耶，所以，相通萨迦耶与非萨迦耶（若取萨迦耶为有漏五蕴，也是同样的结论，见下文）。

再看其他四事与萨迦耶的关系，取萨迦耶为有漏五蕴，名与分别都属有漏五蕴，所以是萨迦耶。正智非有漏五蕴，而是无漏五蕴（正智还能断有漏五蕴），所以正智非萨迦耶。真如则既非有漏五蕴，也非无漏五蕴，所以既不是萨迦耶也不是非萨迦耶。

有指三有，即三界。相中，相相属三界，真如相非三界（或凡夫有漏身属三界，是有；佛的无漏身出三界，是非有），所以相通有与非有。名与分别属三界，所以是有。正智出三界，所以非有。真如存在于相、名、分别中，所以非非有，也存在于正智中，所以非有，故真如非有非非有。

五事与世间的关系，与有相同。

5. 五事与四种真实

【原文】

问：如是五事，四种真实，此中何事摄几真实？

---

[1] （唐）普光述《俱舍论记》卷第十九，《大正藏》第41册，第297页。

答：世间所成真实、道理所成真实，三事所摄。烦恼障净智所行真实、所知障净智所行真实，二事所摄。

【今译】

问：如此五事，在四种真实中，诸事各属几种真实？

答：世间所成真实和道理所成真实，包括［相、名、分别］三事。烦恼障净智所行真实和所知障净智所行真实，包括［真如和正智］二事。

【评析】

此处论述五事与四种真实的关系，在上述五事第二颂中，是第七"真"。

五事与四种真实的关系，相、名、分别三事包括世间常识，以及通过学习思考获得的知识，所以属世间极成真实和道理极成真实。烦恼障净智所行真实是二乘所认识的真实，二乘断烦恼障，证人无我所显真如，所以烦恼障净智所行真实包括正智和真如。所知障净智所行真实是菩萨乘所认识的真实，菩萨乘断（烦恼障和所知障）二障，证（人无我和法无我）二无我所显真如，所以所知障净智所行真实也包括正智和真如。

此外，《瑜伽论记》说："据《本地分》，后二真实但是断结无为，理应后二真实但与真如相摄，而言亦摄正智理即难解。三藏解云：当证烦恼障净之时亦证智慧，故断与智并是烦恼障净智之所行，如见分证证自证分分证智（后一"分"字，据《大正藏》校勘，另一本无——引者注）。依如是义，后二真实通摄真如及正智也。"[1] 即据《本地分》，烦恼障净智所行真实和所知障净智所行真实，应该只是指断烦恼所显的真如，那么，为什么也包括正智？玄奘法师解释说：当证得烦恼障断尽时，也同时证得智慧（即正智），所以，烦恼障净智所行真实包括真如和正智。同理，所知障净智所行真实也包括真如和正智。

6. 五事与四寻思四如实智

【原文】

问：如是五事，四种寻思，此中何事摄几寻思？

答：如理作意相应分别，总摄四种。

问：如是五事，四种如实遍智，此中何事摄几如实遍智？

答：一切皆是正智所摄。

【今译】

问：如此五事，四种寻思中，什么事包括几种寻思？

答：与如理作意相应的分别，总的包括四种[寻思]。

问：如此五事，四种如实遍智中，什么事包括几种如实遍智？

答：四种如实智都属正智。

---

[1] （唐）遁伦集撰《瑜伽论记》卷第十九，《大正藏》第42册，第755页。

【评析】

　　此处论述五事与四寻思四如实智的关系，在上述五事第二颂中，是第八"寻思"、第九"实智"。

　　先看五事与四寻思的关系。四寻思是有漏的思维，所以在有漏的相、名、分别中，属分别；但四寻思是如理分别，不是虚妄分别，所以四寻思一般是指地前的如理分别。此外，《瑜伽论记》指出："乃至七地已来所有四寻思，皆是三界有漏心、心法，故唯分别摄。"[1] 所以，如理分别还包括初地到七地的有漏分别。

　　再看五事与四如实智的关系。论中说，四如实智在五事中，只是正智。实际上，四如实智包括加行位的加行智（有漏）、地上的根本智和后得智（无漏）。而前面的界系讨论说："正智一种，若唯出世间是不系，若世间出世间通系不系。"即正智通系与不系。而在有漏和无漏的区分中，相、名、分别属有漏，正智和真如属无漏。但细致地说，实际上，如前所说，相和名也通无漏，正智也通有漏。

7. 五事与密意说

【原文】

　　问：世尊依何密意，说一切法皆无有二？

　　答：即依如是所说五事，由俗自性说无自性，由别别

---

[1] （唐）遁伦集撰《瑜伽论记》卷第十九，《大正藏》第42册，第755页。

相^[1]说有自性。

【简注】

[1] 别别相：即诸法自相，或者说，诸法法体。诸法自相或法体离言，真如也有体（即"实性"），也离言。详见下文。

【今译】

问：世尊依何密意，说一切法都无二？

答：就依如上所说的五事，依世俗［言说］自性说无自性，依诸法各自的相［或离言唯事］说有自性。

【评析】

此处以下论述五事与密意说，在上述五事第二颂中，是第十"密意"。

本品引经中的十四种教法，阐释其密意。此处的经，有些经名不详，但依文中"世尊……说"，故知是经中的教法。

所谓"密意"，唯识宗的含义，一般是指经文的文字简略，没有充分展开，阐释密意，就是将经文隐含的意思充分展开；或者说，经文的文字简略，实际上不是能完全成立的，而是有条件地成立的。此处就是从三无性角度论述密意，即经中的教法不是能依三无性完全成立的，而是只能依三无性中的某些无性成立。

此处论述第一种经中教法的密意，即"一切法皆无有二"。

五事中，相、名、分别是世俗谛，其"俗自性"是名言安立的自性，即名言自性或假说自性，此自性是无，所以相、名分别"由俗自性说无自性"；真如和正智是胜义谛，胜义谛中也无俗自性。因此，五事"由俗自性说无自性"。"别别相"即诸法自相，诸法自相离言。五事中前四事的"别别相"相当于《本地分·真实义品》的唯事；真如也有离言自相，所以五事"由别别相说有自性"。五事既可说无自性也可说有自性，所以无二。

所以，"一切法皆无有二"，实际上不是依其字面含义就能成立的，需要从言说自性和离言自性两方面来进一步阐释，使之成立，这就是密意说。

【原文】

问：世尊依何密意，说一切法皆无自性？

答：由依彼彼所化势力故，说三种无自性性：一相无自性性，二生无自性性，三胜义无自性性。

云何相无自性性？谓一切法世俗言说自性。云何生无自性性？谓一切行，众缘所生，缘力故有，非自然有，是故说名生无自性性。云何胜义无自性性？谓真实义相所远离法，此由胜义说无自性性。如观行刍于大骨聚，生假胜解，不能除遣，于此骨聚胜义无自性相恒无间转，如是应知胜义无自性性。

此中五事，非由相无自性性故说无自性，然由生无自性性故、胜义无自性性故，随其所应，说无自性。谓相、名、分别、正智皆由二种无自性性，真如不由无自性性，说无自性。是故世尊依此密意，于伽他中说如是言：我说一谛，更无第二。

【今译】

问：世尊依何密意，说一切法都无自性？

答：是依各种所教化的对象，说三种无自性性：一是相无自性性，二是生无自性性，三是胜义无自性性。

什么是相无自性性？即一切法世俗言说自性。什么是生无自性性？即一切法，由各种缘所生，由缘的力而有，并非是自然而有，因此称为生无自性性。什么是胜义无自性性？即［依他起性具无常性，是证］真实义相［即真如时］所远离［即除遣之］法，此［依他起性在胜义谛中无，所以］由胜义说无自性性。如作止观修行的比丘，对定中现起的无边无际的大骨架，产生虚假的认识，［认为此大骨架是实有，］不能除遣［此想］，由此那实际没有的大骨架始终不断地现行生起，如此可知胜义无自性性。

此处五事，并非是由相无自性性而说其无自性，而是由生无自性性和胜义无自性性，相应地说其无自性。即相、名、分别、正智，都由［生无自性性和胜义无自性性］二种无自性性［说无自性］；真如［有真实体性，］不由［上述两种］无自性性说无自性。是故世尊依此密意，在颂中说如此话：我说一［真］谛，更无第二［真谛］。

【评析】

此处论述第二种经教密意，即"一切法皆无自性"，依三无性（三种无自性性）而展开。三无性，下文将作详细讨论，此处只说三无性与三自性的关系。三无性中，相无自性性是依遍计所执性而立，所以对应遍计所执性；生无自性性是依依他起性而立，所以对应依他起性。胜义无自性性，可对应圆成实自性和依他起自性，如下文说"唯由胜义无自性性故，圆成实自性说无自性"，即胜义无自性是指圆成实自性；但本品此处，胜义无自性性只是指依他起自性。

进而分析五事与三无性。五事都不是遍计所执性，所以五事都不能依相无自性性说无自性，而是由其他两种无自性性说无自性。其中，相、名、分别、正智四事，都是依他起性，所以是依生无自性性和胜义无自性性说无自性。从生无自性性说上述四事无自性，是因为依他起性是由因缘而生，非自然（无条件）而生，所以就从非自然生含义说四事无自性。从胜义无自性性说四事无自性，是因为依他起性由因缘而生生灭灭，非不生不灭，故非胜义，所以，就依他起性非胜义性，说四事无自性。而真如不由生无自性性和胜义无自性性说无性，因为真如有实体性，有胜义存在性，所以不由上述两种无自性性说无性。由此世尊说：我说一谛，更无第二。即真谛只有真如，更无第二真谛。

但在《解深密经》等经论中，胜义无自性性也指真如，即真如是由二无我所显之真实性，由二无我也可密意说真如无性。而本品此处的胜义无自性性是说依他起自性，所以不说真如是胜义无自性性，不说真如无性。

由此可见，经中的"一切法皆无自性"，并不能依三无性完全成立，而只能依生无自性性和胜义无自性性成立，所以是密意说。

【原文】

问：世尊依何密意，说一切法无生无灭、本来寂静、自性涅槃？

答：依相无自性性说如是言。

【今译】

问：世尊依何密意，说一切法无生无灭、本来寂静、自性涅槃？

答：是依相无自性性，说如此语。

【评析】

此处论述第三种经教密意，即"一切法无生无灭、本来寂静、自性涅槃"。此教法是依相无自性性而说，即依遍计所执性而说，因为遍计所执性法本来就不存在，所以无生无灭，由此也可说其本来寂静、自性涅槃。

就五事来说，相、名、分别、正智四事是依他起自性，是有为法，有为法有生有灭，所以非寂静，非涅槃，这样，"一切法无生无灭、本来寂静、自性涅槃"在四事中都不能成立。

再看真如，真如确实是"无生无灭、本来寂静、自性涅槃"，但这不是密意说，而是真实说。

因此，"一切法无生无灭、本来寂静、自性涅槃"，并不能依三无性完全成立，而只能依相无自性性成立，所以是密意说。

【原文】

问：世尊依何密意，说一切法等于虚空？

答：亦依相无自性性说如是言。

【今译】

问：世尊依何密意，说一切法等同于虚空？

答：也是依相无自性性，说如此语。

【评析】

此处论述第四种经教密意，即"一切法等于虚空"。此教法也是依相无自性性而说，即依遍计所执性而说，因为遍计所执性是不存在的东西，所以等同于虚空。而本品此处所说的生无自性性和胜义无自性性都指依他起自性，依他起自性有其存在性，不等于虚空。

因此，"一切法等同于虚空"，并不能依三无性完全成立，而只能依相无自性性成立，所以是密意说。

【原文】

问：世尊依何密意，说一切法皆如幻等？

答：依生无自性性、胜义无自性性说如是言。

【今译】

问：世尊依何密意，说一切法都如幻等？

答：依生无自性性和胜义无自性性说如此语。

【评析】

此处论述第五种经教密意，即"一切法都如幻等"。此教法是依依他起性而说，因为依他起性虽有却幻，即虽存在但虚幻不实，因其由因缘而生，所以如同魔术中变出之物，故属幻。所谓"依生无自性性、胜义无自性性说如是言"，生无自性性就是依他起性；胜义无自性性，本品此处也是指依他起性。而相无自性性是遍计所执自性，根本是无，不是幻，所以不能依相无自性性说一切法如幻。

因此，"一切法皆如幻等"，并不能依三无性完全成立，只能依生无自性性、胜义无自性性成立，所以是密意说。

【原文】

问：世尊依何密意，说等随观色乃至识有无常耶？

答：依相无自性性说如是言。何以故？欲说等随观常无有故，说等随观有无常。

【今译】

问：世尊依何密意，说［定心平］等随［境而］观色法直至识法都有无常？

答：依相无自性性，说如此语。为什么？［这是］想要说［定心平］等随［境而］观［一切法］恒常没有，所以就说［定心平］等随［境而］观［一切法］有无常。

【评析】

此处论述第六种经教密意，即"等随观色乃至识有无常"。"等随观色乃至识"即在定中平等观一切法；"有无常"，据论中所说，实际是想表达"常无有"，也就是，无论观色法还是观心法都是恒常非有。这是依相无自性性密意而说，因为相无自性性是遍计所执性，遍计所执性的一切法都是不存在的，所以是"常无有"。而依他起性的一切法不能说是"常无有"，因此不能依生无自性性和胜义无自性性说一切法"常无有"。

由此可见，"等随观色乃至识有无常"，并不能依三无性完全成立，只能依相无自性性成立，所以是密意说。

【原文】

问：世尊依何密意，说等随观色乃至识皆有苦耶？

答：依生无自性性及胜义无自性性，说如是言。

【今译】

问：世尊依何密意，说［定心平］等随［境而］观色法直至识法都有苦？

答：依生无自性性和胜义无自性性，说如此语。

【评析】

此处论述第七种经教密意，即"等随观色乃至识皆有苦"。此教法之意，即定中观一切法都是苦，这是依依他起性而说，因为依他起性的有漏世间法即是苦（无漏依他起性非此处所说）。而生无自性性和胜义无自性性都是指依他起性。此"等随观色乃至识皆有苦"，不能依相无自性性而说，因为遍计所执自性是无，没有其存在性，所以不能说是苦。

由此可见，"等随观色乃至识有苦"，并不能依三无性完全成立，只能依生无自性性和胜义无自性性成立，所以是密意说。

【原文】

问：世尊依何密意，说等随观即彼皆空？

答：即依生无自性性、胜义无自性性；诸法由远离相无自性性，说如是言。

如依远离性说彼为空，依异相性说为无我，当知亦尔。

【今译】

问：世尊依何密意，说［定心平］等随［境而］观那［一切法全〕都是空？

答：那是依生无自性性和胜义无自性性〔说等随观诸法皆空〕；诸法不依相无自性性，说如此语。

如同〔诸法〕不依〔相无自性〕性说一切法为空一样，依〔空就是无我的〕不同表达，说〔一切法〕为无我，当知也是依生无自性性和胜义无自性性而说。

【评析】

此处论述第八种经教密意，即"等随观即彼皆空"。此教法是依生无自性性和胜义无自性性而说，与上文"一切法等于虚空"教法不同，上文教法是依相无自性性而说。两者差别的原因，上文是从本性说，此处是从观法说。从本性说一切法空，就只能是遍计所执性一切法空，因为依他起性一切法不空；而从观法说一切法空，那就是观依他起性一切法，无自然生性，无胜义性，所以都是空。这就是"诸法由远离相无自性性，说如是言"的意思，即观法中的一切法空，不依相无自性性说，因为相无自性性，即遍计所执性法，本来就不存在，不由观而空。

再看观一切法无我，这是观一切法空的不同表达，是同样的意思，这称为"依异相性说为无我"。所以，观一切法无我与观一切法空一样，是依生无自性性和胜义无自性性而说，不是依相无自性性而说。

《瑜伽论记》对"依异相性说为无我"，又提供了一种说法："亦可明此依他法体无我，异于遍计所执我无，故云依异相性说为无我。"[1] 所以,"依异相性说为无我"也可理解为:依他起性一切法无我,不同于遍计所执性一切法无我。但最后结论一样,这里只是观依他起性一切法无我,是依生无自性性和胜义无自性性而说;而观遍计所执性一切法无我,是依相无自性性而说。

综上所说,观一切法无我,并不能依三无性完全成立,所以是密意说。

【原文】

问:世尊依何密意,说色乃至识,如理观故,审思虑故,乃至观彼非有显现?

答:依相无自性性说如是言。

【今译】

问:世尊依何密意,说色法直至识法,由如理观,由审思虑,[如此观]直至观它们并非有显现?

答:依相无自性性,说如此语。

【评析】

此处论述第九种经教密意,即"观彼非有显现"。此教法依相无自性性而说,因为相无自性性即遍计所执性,遍计所执

---

[1] (唐)遁伦集撰《瑜伽论记》卷第十九,《大正藏》第42册,第758页。

性一切法，由执着而显现，如理而观，仔细思量，实际非有，所以依相无自性性说，从色法到心法的一切法非有显现。但观一切法"非有显现"，不能依生无自性性和胜义无自性性而说，因为依他起自性的一切法，是存在的，是有显现的。

因此，观一切法"非有显现"，并不能依三无性完全成立，所以是密意说。

【原文】

问：世尊依何密意，说彼虚伪不实显现？

答：依生无自性性及胜义无自性性，说如是言。

【今译】

问：世尊依何密意，说那［一切法是］虚伪不实地显现？

答：依生无自性性和胜义无自性性，说如此语。

【评析】

此处论述第十种经教密意，即"彼虚伪不实显现"。此教法依生无自性性和胜义无自性性而说，即依依他起性而说。如前所说，依他起性一切法，从缘显现，故虚妄不实，如魔术变出之物，存在而虚妄。但"彼虚伪不实显现"，不能依相无自性性而说，因为如上所说，遍计所执自性从根本上说没有显现。

因此，观一切法"彼虚伪不实显现"，并不能依三无性完全成立，所以是密意说。

【原文】

问：世尊依何密意，说如是言：是故今者应知是处，谓于是中眼永寂灭远离色想，乃至意永寂灭远离法想？

答：都不依于无自性性，说如是言。

【今译】

问：世尊依何密意，说如此语：因此现在应知此处，即在此处，眼识永远寂灭，不生起色的想，直至意识永远寂灭，不生起法的想？

答：都不依于无自性性，说如此语。

【评析】

此处论述第十一种经教密意，即"永寂灭远离法想"。"永寂灭远离（一切）法想"是指真如，即真如永远寂静，对一切法的构想都无法描述真如。

论中说，此教法"都不依于无自性性"，即不是依三种无自性性而说的。对此，可结合上文"世尊依何密意，说一切法皆无自性"中"真如不由无自性性，说无自性"来看，本品说的三无性，相无性是指遍计所执自性，生无性和胜义无性都是指依他起自性，所以，真如不依此三无性来说无性，也不依三无性来说诸识"永寂灭远离法想"。

此外，《瑜伽论记》还提供了其他解释，其中之一是，"三无性观在方便道"，相当于说，三无性观在加行位；而真如观在见道位，此位"观诸法永寂，不作无相、无生等观"。[1]

因此，说真如"永寂灭远离（一切）法想"，不依三种无性而成立，所以是密意说。

【原文】

问：世尊依何密意，说由彼故，于一切处遣一切想，帝释天等亦不能知，彼依何处而起静虑？

答：都不依于无自性性说如是言。

【今译】

问：世尊依何密意，说在那种状态中，对一切处遣一切想，帝释天等也不能知［此境界］。那种状态是依何处而起静虑？

答：都不依于无自性性，说如此语。

【评析】

此处论述第十二种经教密意，即"于一切处遣一切想"。此教法也是依真如而说，即见道位在定中观真如，对一切处（十二处）遣一切想，帝释天等用他心智也不知道此人入何种定。至于真如状态"都不依于无自性性说"，即都不是三无性所能描述，道理如上所说。

---

[1]（唐）遁伦集撰《瑜伽论记》卷第十九，《大正藏》第42册，第758页。

因此,"于一切处遣一切想……而起静虑",依三种无性都不能成立,所以是密意说。

【原文】

问:世尊依何密意,说能随顺喜、忧、舍处,眼所识色乃至意所识法中,无谛无实,无无颠倒无不颠倒,复说有圣出世间谛?

答:依于一切无自性性,或不依于无自性性,说如是言。

【今译】

问:世尊依何密意,说能随顺喜、忧、舍处[等心的一切感受,认识到]眼所认识的色直至意识所认识的法中,无真实,无无颠倒无不颠倒,又说有圣者的出世间谛?

答:依于一切无自性性,或不依于无自性性,说如此语。

【评析】

此处论述第十三种经教密意,即一切法"无谛无实,无无颠倒无不颠倒"。此教法或依三无性而说,或不依三无性而说。

若依三无性而说,世间法中无真实(即谛实),但被世人妄执为真实,所以依三无性说一切世间法无谛无实。

若不依三无性而说,真如是出世间谛,上文说真如的不同名称是实性、谛性、无颠倒性不颠倒性,而一切有漏法则无真实,无不颠倒,因此,依真如说一切法"无谛无实,无无颠倒无不颠倒",就是不依三无性而说。

由于一切法"无谛无实,无无颠倒无不颠倒",不能只依世间法说或只依出世间法说,不能只依三无性成立或不依三无性成立,所以是密意说。

【原文】

问:世尊依何密意,说静虑者静虑境界、诸佛诸佛境界,皆不可思议?

答:依于一切无自性性,或不依于无自性性,说如是言。

【今译】

问:世尊依何密意,说静虑者的静虑境界和诸佛的诸佛境界,都不可思议?

答:依于一切无自性性,或不依于无自性性,说如此语。

【评析】

此处论述第十四种经教密意,即"静虑境界、诸佛境界皆不可思议"。此教法或依三种无自性性而说,或不依无自性性而说。

《瑜伽论记》解释说:"亦可定境非有非无,名不可思议。诸佛境界亦尔,非有非无,名不可思议。但以因中定境除执,依无性说。诸佛境界已永寂灭,不依无性。"[1] 即定境和佛境都

---

[1] (唐)遁伦集撰《瑜伽论记》卷第十九,《大正藏》第42册,第758页。

是非有非无，所以都称不可思议。但成佛前的定境能除执着，这是依三无性而说；而诸佛境界已永寂灭，所以不依三无性而说。

由于"静虑境界、诸佛境界皆不可思议"，不能只依世间静虑说或只依出世间诸佛境界说，不能只依三无性成立或不依三无性成立，所以是密意说。

8. 五事次第
【原文】
问：如是五事，何缘最初建立其相，乃至最后建立正智？

答：若无其事，施设于名，不应道理，故此次第施设于名。由此名故，施设自性，施设差别，故此次第施设分别。由分别故，或分别相，或分别名，或俱分别。由此三法，显杂染品次第圆满。从此乃容修清净品，谓即观彼所有杂染诸法真如。由正智故，能正观察，能得清净。由此二种显清净品次第圆满。是故显示如是次第。

【今译】
问：如此五事，是什么缘故，最初建立相，直至最后建立正智？

答：如果没有诸事［即诸相］，［要想］施设名，不合道理，所以在此［相上］次第施设名。由此［所施设的］名，［分别依名］施设自性，施设差别，所以在此［相和名上］次第施设分别。由分别，或分别相，或分别名，或同时分别［相和名］。由此［相、名、分别］

三法，显示杂染法次第圆满。由此就可进而修清净法，那就是观［作为］所有杂染法［本性］的真如。由正智，能正观察［真如］，能证得清净。由此［真如和正智］二种，显清净法次第圆满。就此显示如此［由相到正智的五事］次第。

【评析】

此处论述五事建立的次第，在上述五事第二颂中，是第十一"次第"。

五事中，一般说，前三事是染法，后二事是净法。染法中，先有诸法，然后在诸法上安立名称，所以先建立相，后建立名。进而，对相和名起分别，然后建立分别。此处的分别，实际包括了分别的体和用：分别的体就是八识和心所；分别的用就是思维，包括对相和名作分别（思维）。进而依修行说净法，修行需观所有染法中的真如，而能观能证真如的是正智，故先后建立真如和正智。

此外，《瑜伽论记》认为，"道理五事皆通清净，论主从多说，故尔也"[1]。即据理而言，五事中的前三事也通净法，如相有真如相和正智相，名有无漏名，分别有如理分别。而此处区分染法和净法，是依多数情况而说，所以如此。

---

[1]（唐）遁伦集撰《瑜伽论记》卷第十九，《大正藏》第42册，第758页。

二、三自性抉择

（一）第一颂

【原文】

如是于真实义分中，已说事决择，若欲了知真实义者，于三自性复应修观。

嗢拕南曰：

总举别分别，缘差别依止，

亦微细执着，如名等执性。

【今译】

这样，在真实义部分中，已经说了五事决择，若要了知真实义，对三自性应再修观。

颂云：

总举别分别，缘差别依止，

亦微细执着，如名等执性。

【评析】

此处开始论述三自性，共有三首颂。这里是第一颂，包含七方面内容：第一是"总举"，第二是"别分别"，第三是"缘"，第四是"差别"，第五是"依止"，第六是"微细执着"，第七是"如名等执性"。其中，前三是论述三自性，后四只是讨论遍计所执自性。其具体含义，详见下文。

1. 三自性名称和定义

【原文】

　　云何名为三种自性？一遍计所执自性，二依他起自性，三圆成实自性。

　　云何遍计所执自性？谓随言说依假名言建立自性。

　　云何依他起自性？谓从众缘所生自性。

　　云何圆成实自性？谓诸法真如，圣智所行，圣智境界，圣智所缘，乃至能令证得清净，能令解脱一切相缚及粗重缚，亦令引发一切功德。

【今译】

　　如何称为三种自性？一是遍计所执自性，二是依他起自性，三是圆成实自性。

　　什么是遍计所执自性？即随言说依假名言而建立的自性。

　　什么是依他起自性？即从各种缘所生的自性。

　　什么是圆成实自性？即诸法真如，［此真如是］圣智的认知范畴，是圣智［所达的认知］境界，是圣智的认知对象；［此真如有众多利益，］直至能使［修行者］证得清净，能使［修行者］解脱一切相缚及粗重缚，也使［修行］引发一切功德。

【评析】

此处论述三自性的名称和定义。在上述三自性第一颂中，是第一"总举"和第二"别分别"。"总举"就是列出三自性名称，"别分别"就是辨别三自性的涵义。

遍计所执自性是"随言说依假名言建立自性"，这是依五事（或五法）体系而定义的。五事的前三事是相、名、分别，相是一切法，名是在相上安立，分别（识和心所）执着相有与名相应的体性，此体性为相的实有自性，这就是遍计所执自性。其他的唯识经典，有的不用五事作一切法体系，则遍计所执自性就是在一切法（依他起性和圆成实性）上被执着的实有自性。如《解深密经》说，在依他起性和圆成实性上生起执着，就形成了遍计所执性；而后来的唯识典籍则只说，在依他起性上生起执着，形成了遍计所执性。

依他起自性是"从众缘所生自性"。此定义中，由缘而生的是缘起法，也就是有为法，此定义可符合任何一种一切法体系，如五事（相、名、分别、真如、正智）中的四事（除真如），还有五法（识法、心所法、色法、心不相应行法、无为法）中的前四法，都是有为法，是依他起自性。

圆成实自性是"诸法真如"，这是圆成实自性的通常定义。另外，圆成实自性还有一种定义，即此自性不但包括真如，还包括净分依他起性。就圆成实自性是真如而言，此自性是圣智（根本无分别智）的认知对象；证真如的利益，包括证得清净法界，断除相缚和粗重缚，由此能引发一切功德。

关于三自性，唯识经论中有众多解释。《瑜伽论记》介绍了三自性的各种分类，包括三门分类、五法分类、五相分类和九门分类。

第一，三门分类。三门就是情事理门、尘识理门和染净通门。

1. 情事理门。"情"是妄情，妄情妄执实我、实法，是遍计所执自性。"事"指因缘事，即由因缘所起的一切法，是依他起自性。"理"指无相等理，是圆成实自性。本论的三自性就属此门。

2. 尘识理门。"尘"即诸识所缘之境，是遍计所执自性。"识"即诸识，是依他起自性。"理"即无相等理，是圆成实自性。

3. 染净通门。"染"指染法，是遍计所执自性。"净"指净法，是圆成实自性。"通"指依他起自性通染法和净法。

第二，五法分类。五法就是相、名、分别、真如、正智。按本论的说法，五法中，相、名、分别、正智是依他起自性，真如是圆成实自性。五法中没有遍计所执自性。

第三，五相分类。据本论卷第八十一，五相是所诠相（《瑜伽论记》称所言相）、能诠相（《瑜伽论记》称能言相）、能诠所诠相应相、执着相、不执着相。所诠相包括上述相等五法，所以包含了依他起自性和圆成实自性。能诠相指诠释诸法自性、差别的所有语言，是遍计所执自性。能诠所诠相应相是指认为能诠和所诠必定相应，是遍计所执自性执，也属依他起自性。执着相指遍计所执自性执及其种子，这就是分别心的执着功能，属依他起自性。不执着相指断遍计所执自性执及其种子所显之相，属圆成实自性。

《成论》对此五相的三性分类，稍有不同。《成论》说："所诠、能诠，各具三性。谓妄所计，属初性摄；相、名、分别，随其所应所诠、能诠，属依他起；真如、正智，随其所应所诠、能诠，属圆成实，后得变似能诠相故。"[1] 所以，所诠相和能诠相都各有三种自性。即虚妄遍计的能诠和所遍计的所诠是遍计所执自性；非虚妄遍计的能诠和所诠是依他起自性，如相、名、分别，若非虚妄遍计，则能诠的分别和所诠的相、名都是依他起自性。其他三相的三自性属性，同本论上述说法。

第四，九门分类。九门：一是名义净门。"名"是分别性（遍计所执自性）；"义"（或由义代表的诸法）是依他起自性；"净"指四种清净，即本来自性清净、无垢清净、得道清净、道生清净，是真实性（圆成实自性）。如《中边分别论》所说。二是义名净门。"义"是分别性，"名"是依他性，四种清净是真实性。如《摄论》所说。三是尘识门。"尘"是识（分别）所对境，五法中相、名是尘，属分别性；"识"是分别，是依他性；正智、真如是真实性。如《楞伽经》所说。四是情事理门。上述五事中相、名、分别、正智是依他性，真如是真实性，五事中没有分别性。如《佛性论》说。五是末本净门。"本"是阿赖耶识，"末"是阿赖耶识所变现出的一切法。所

---

[1]（唐）玄奘译《成唯识论》卷第八，《大正藏》第31册，第47页。

以，一切染法是分别性，阿赖耶识是依他性，四种清净是真实性。如真谛译世亲《摄论释》所说。六是情染净门。"情"是妄情，或妄情所执；"染"是一切有漏法；"净"是一切无漏法。如真谛译《摄论》中说："幻等显依他，说无显分别，若说四清净，此说属真实。"[1] 即"情"（妄情所执）是"无"，是分别性；"染"（染法）是"幻"，是依他起性；"净"是四种真实，是真实性。七是染通净门。如《摄论》中的金藏（于）土喻，土是"染"，是依他起性；金是"净"，是真实性。八是谛理通门。如《中边分别论》及《涅槃经》说四谛皆通三性。九是通别相门。如《三无性论》及《显扬论》说：能言相和所言相通三性，能言所言相应性是遍计所执性，执着相是依他起性，无执着相是真实性。[2]

《瑜伽论记》最后总结：本论（即《瑜伽师地论》）是第四情事理门，是将五事归为三性，"《成唯识论》亦存此门，显无杂乱"。[3]

2. 三自性所依

【原文】

问：遍计所执自性缘何应知？

答：缘于相名相属应知。

---

[1] （陈）真谛译《摄大乘论》卷中，《大正藏》第31册，第120页。
[2] 参见（唐）玄奘译《显扬圣教论》卷第十六，《大正藏》第31册，第559页。
[3] （唐）遁伦集撰《瑜伽论记》卷第十九，《大正藏》第42册，第759页。

问：依他起自性缘何应知？

答：缘遍计所执自性执应知。

问：圆成实自性缘何应知？

答：缘遍计所执自性于依他起自性中毕竟不实应知。世尊于余经中说缘不执着遍计所执自性应知此性者，依得清净说，不依相说。今此义中，当知依相说。

【今译】

问：遍计所执自性由什么可知？

答：由相名相属可知。

问：依他起自性由什么可知？

答：由遍计所执自性执可知。

问：圆成实自性由什么可知？

答：由遍计所执自性在依他起自性中毕竟不实可知。世尊在其他经中说"缘不执着遍计所执自性应知此性"者，是依已证得清净而说，不是依相而说。现在此处的说法，当知是依相而说。

【评析】

此处论述三自性成立的依据，在上述三自性第一颂中，是第三"缘"。"缘"，此处是指凭借、依赖，由此讨论的是三自性形成、生起、证得的依据。

遍计所执自性由"相名相属"可知。上文中，遍计所执自性的定义是"随言说依假名言建立自性"，即由假名建立的自性。而假名又是建立在相上，"相名相属"[1]就是认为（或执着）相与名有必然的联系。"相名相属"是一种错误的观念，实际上，相与名的联系是世人的约定俗成，两者间并不存在必然联系，执着两者有必然联系，就是遍计所执；而由"相名相属"而来的假说自性，就是遍计所执自性。所以，遍计所执自性由"相名相属"可知。

依他起自性由"遍计所执自性执"可知。如果说，上文中的依他起自性定义（"从众缘所生"）是一种广泛成立的定义，那么这里的依他起自性所依，就是依据五事体系的一种特定说法。遍计所执自性是一种不存在的东西（如言说自性），对此的执着就是遍计所执自性执。此执是心的执着，心的执着不是不存在的东西，而是存在的，无始以来一直存在，要到见道位开始才能逐步断除，到佛位断尽。心对不存在东西（言说自性）的执着就是遍计所执自性执，心的此种现行执着，能熏成种子，种子又能生起现行诸法，所以遍计所执自性执是依他起自性的起源。

再从"相名相属"来看本品的遍计所执自性和依他起自性的关系。"相名相属"是遍计所执，被执着的言说自性是遍计所执自性；而分别心对"相名相属"的执着，就是遍计所执自性执，此执是依他起自性。此分别心的执着会熏成种子，以青色为例，分别心执着青色的相和名有必然联系或执着言说自

---

[1] 相名相属：《瑜伽论》的相名相属，《解深密经》称相名相应，《三无性论》称名义相应，真谛译《摄大乘论释》称名义相称。

性，此分别心的现行会熏成两类种子：一是熏成分别心自己的种子，这称为见分熏，是分别心自己熏成自己的种子。二是熏成青色种子，这称为相分熏，是分别心借助（青色）名而熏成相分（青色）的种子，此类种子是分别心依遍计所执自性执而熏成。虽说无始以来，青色一直有自己的种子，但追溯源头的话，青色种子（以及其他色法种子）是分别心（即第六识）借助名而熏成。

圆成实自性由"遍计所执自性于依他起自性中毕竟不实"可知，即依他起自性中有遍计所执自性，也有圆成实自性，遍计所执自性不真实，圆成实自性真实，在修行中，除了遍计所执自性就证得圆成实自性。论中说，这是依相而说。而另一种说法，"不执着遍计所执自性"，是依已证得清净而说。圆成实自性两种说法的差别是：一说依遍计所执自性，一说不依遍计所执自性。其原因是：依修行以求证得来说，需依遍计所执自性，即需除遍计所执自性方能证得圆成实自性；而依已证得清净来说，是不依遍计所执自性，即清净法界中已无遍计所执自性。

3. 遍计所执自性与遍计所执
（1）遍计所执自性类别
【原文】

问：遍计所执自性有几种？

答：略有五种：一遍计义自性，二遍计名自性，三遍计杂染自性，四遍计清净自性，五遍计非杂染清净自性。

云何遍计义自性？谓有四种：一遍计自相，二遍计差别相，三遍计所取相，四遍计能取相。

遍计自相者，谓遍计此事是色自性，乃至此事是识自性；此事是眼自性，乃至此事是法自性。

遍计差别相者，谓遍计此色是可意，此色是不可意，此色是非可意非不可意；此色是有见，此色是无见；此色是有对，此色是无对；此色是有漏，此色是无漏；此色是有为，此色是无为。如是等类差别道理，遍计此色所有差别。如色，如是余蕴一切处等，当知亦尔。

遍计所取相者，谓遍计此色是眼所取，此是耳鼻舌身意所取。又复遍计此受想行识是欲界意所取，此是色界意所取，此是无色界意所取，此是不系意所取。

遍计能取相者，谓遍计此色是色能取，此色是声香味触能取。又复遍计此受想行识是色能取，此是声香味触法能取。

云何遍计名自性？谓有二种：一无差别，二有差别。无差别者，谓遍计一切、一切法所有名。有差别者，谓遍计此名为色、此名为受、此名为想、此名为行、此名为识，如是等类无量无数差别法中各各别名。

云何遍计杂染自性？谓遍计此色有贪有瞋有痴，不能远离贪瞋痴系，又与信等一切善法而不相应。又复遍计此受此想此行此识有贪有瞋有痴，不能远离贪瞋痴系，又与信等一切善法而不相应。

云何遍计清净自性？谓与上相违，当知其相。

云何遍计非杂染清净自性？谓遍计此色是所取、此是能取，此受想行识是所取、此是能取；又于一切无记法中，遍计所有无记诸法。

【今译】

问：遍计所执自性有几种？

答：大略有五种：一是遍计义自性，二是遍计名自性，三是遍计杂染自性，四是遍计清净自性，五是遍计非杂染清净自性。

如何是遍计义自性？即有四种：一是遍计自相，二是遍计差别相，三是遍计所取相，四是遍计能取相。

所谓遍计自相，就是遍计此事是色自性，直至此事是识自性；此事是眼自性，直至此事是法自性。

所谓遍计差别相，即遍计此色是可爱，此色是不可爱，此色是非可爱非不可爱；此色是有见，此色是无见；此色是有对，此色是无对；此色是有漏，此色是无漏；此色是有为，此色是无为。以诸如此类的差别道理，遍计此色所有差别。如［遍计］色蕴，［遍计］其他四蕴、十二处等，当知也是如此。

所谓遍计所取相，即遍计此色是眼识所取，此［声、香、味、触、法］是耳识、鼻识、舌识、身识、意识所取。此外又遍计此受、想、行、识是欲界的意识所取，此［受、想、行、识］是色界的意识所取，此［受、想、行、识］是无色界的意识所取，此［受、想、行、识］是不系属［三界的］意识所取。

所谓遍计能取相，即遍计此色［即眼根］是色的能取，此色［即耳根、鼻根、舌根、身根］是声、香、味、触的能取。此外又遍计此受、想、行、识是色的能取，此［受、想、行、识］是声、香、味、触、法的能取。

如何是遍计名自性？即有二种：一是无差别［而说的名］，二是有差别［而说的名］。所谓无差别［而说的名］，即遍计所有一切法的名。所谓有差别［而说的名］，即遍计此名为色、此名为受、此名为想、此名为行、此名为识，［遍计］诸如此类无量无数不同法中各个不同的名。

如何是遍计杂染自性？即遍计此色时有贪有嗔有痴，不能远离贪嗔痴的系缚，又与信等一切善法不相应。此外又遍计此受此想此行此识时有贪有嗔有痴，不能远离贪嗔痴的系缚，又与信等一切善法不相应。

如何是遍计清净自性？即与上相反，可知其相状。

如何是遍计非杂染清净自性？即遍计此色是所取、此是能取，此受想行识是所取、此是能取；又在一切无记性法中，遍计所有无记性诸法。

【评析】

此处论述遍计所执自性的类别，在上述三自性第一颂中，是第四"差别"。遍计所执自性的类别，大略有五种。

一、遍计义自性，包括遍计自相、差别相、所取相、能取相。

所谓遍计自相，就是遍计根、境、识等一切法中的一一法。此处的遍计，包括思维和执着两方面，即对一一法思维

（是什么），进而执着其实有自性。下文的遍计，都是如此，如无需要，不一一分辨。

所谓遍计差别相，就是遍计一一法的各自性质，包括可爱不可爱、有见无见、有对无对、有漏无漏、有为无为等。

所谓遍计所取相，就是遍计六识所认取的对象，还有意识所认取的三界对象以及不系属三界的对象。

所谓遍计能取相，就是在色蕴、受蕴、想蕴、行蕴、识蕴中，遍计五根（属色蕴）是能取，识和心所（即受蕴、想蕴、行蕴、识蕴）是能取。

二、遍计名自性，有二种：一是无差别而说的名，就是遍计所有一切法的名。二是有差别而说的名，就是遍计一一法的名。

三、遍计杂染法自性，即遍计五蕴或一切法时，有贪、嗔、痴等烦恼相应，被烦恼系缚，与信等一切善法相违。

四、遍计清净法自性，与遍计杂染法自性相反，在遍计一切法时，有信等一切善法相应，与诸烦恼相违。

五、遍计非杂染清净自性，即遍计五蕴一切法，是所取或是能取等性质时，不与烦恼心所或善心所相应；或者，纯粹是遍计一切无记性法。

（2）遍计所执自性依止

【原文】

复次，遍计所执自性当知复有五种：一依名遍计义自性，二依义遍计名自性，三依名遍计名自性，四依义遍计义自性，五依二遍计二自性。

云何依名遍计义自性？谓遍计此色事名，有色实性；此受想行识事名，有受想行识实性。

云何依义遍计名自性？谓遍计此事名色，或不名色；此事名受想行识，或不名受想行识。

云何依名遍计名自性？谓不了色事，分别色名，而起遍计；不了受想行识事，分别受想行识名，而起遍计。

云何依义遍计义自性？谓不了色名，由不了名分别色事而起遍计；不了受想行识名，由不了名分别受想行识事而起遍计。

云何依二遍计二自性？谓遍计此事是色自性，名之为色；此事是受想行识自性，名受想行识。

【今译】

其次，当知遍计所执自性又有五种：一是依名遍计义自性，二是依义遍计名自性，三是依名遍计名自性，四是依义遍计义自性，五是依二遍计二自性。

如何是依名遍计义自性？即遍计此色事的名，有色的实性；此受想行识事的名，有受想行识的实性。

如何是依义遍计名自性？即遍计此事称为色，或不称为色；此事称为受想行识，或不称为受想行识。

如何是依名遍计名自性？即对不了知的色事，由分别色的名，而起遍计；不了知的受想行识事，由分别受想行识的名，而起遍计。

如何是依义遍计义自性？即不了知色的名，由不了知名而分别色事，并起遍计；不了知受想行识的名，由不了知名而分别受想行识事，并起遍计。

如何是依二遍计二自性？即遍计此事是色自性，称之为色；此事是受想行识自性，称之为受想行识。

【评析】

此处论述遍计所执自性的依止，在上述三自性第一颂中，是第五"依止"。遍计所执自性依止有五种类别。此处的遍计，如上所说，有思维和执着两方面内涵，以下先从思维角度来说。

第一，依名遍计义自性，即依诸法的名，思维其与名相应的体性（"义"即体）。

第二，依义遍计名自性，即依诸法体性，思维其与体性相应的名。如见到一棵树，不知是什么树（即不知此树的名称），进一步研究是什么树。

第三，依名遍计名自性，即对不了知体性而知名的诸法，依其名思维名的含义。如初次接触一个概念，思维此概念（即名称）的含义。

第四，依义遍计义自性，即对不了知名的诸法，据其已知性质思维其他性质。如对一不知名物体，初步研究，从物理性质大体确定是金属；进一步研究其化学性质，以求有更全面准确的把握。

第五，依二遍计二自性，即对已知名和体性的诸法，依其名和体性作进一步思维。

再从执着角度说，以上五类遍计，是执着名与义都实有自性，进而，执着名义相称（即相名相属）。

（3）遍计所执自性执

【原文】

复次，遍计所执自性执当知略有二种：一加行执，二名施设执。

加行执当知复有五种：一贪爱加行故，二瞋恚加行故，三合会加行故，四别离加行故，五舍随与加行故。

名施设执当知复有二种：一非文字所作，二文字所作。非文字所作者，谓执此为何物，云何此物，此物是何，此物云何。文字所作者，谓执此为此物，此物如是或色乃至或识，或有为或无为，或常或无常，或善或不善或无记如是等。

【今译】

其次，当知遍计所执自性执，大略有二种：一是加行执，二是名施设执。

加行执当知又有五种：一是贪爱加行，二是瞋恚加行，三是［由贪而］聚合加行，四是［由瞋而］别离加行，五是［对非贪非瞋的中性境]随之作弃舍加行。

名施设执当知又有二种：一是非文字所作，二是文字所作。所谓非文字所作，即思索此是何物，如何是此物，此物是什么［名称］，此物是如何［性质］。所谓文字所作，即执此是此物，此物或称为色以至或称为识等如此［名称］，或是有为或是无为，或是常或是无常，或是善或是不善或是无记等如此［性质］。

【评析】

此处论述遍计所执自性执，在上述三自性第一颂中，此遍计所执自性执还是在第五"依止"中。但遍计所执自性执，在三自性类别上，因为是能分别心的执着，所以属依他起自性；其虽不是遍计所执自性，却是遍计所执，此处就是讨论此遍计所执的依止或类别。

此遍计所执自性执有两种，即加行执和名施设执。

加行执有五种：一是做贪一类的事，二是做嗔一类的事，三是做与贪相结合的事，四是由嗔而不愿做某些事，五是对那些不引起贪和嗔的中性事予以放弃。由此可见，加行执作为遍计所执，是指做贪嗔一类的事。

名施设执又有两种：一是非文字所作，即对某物思索：这是什么，有什么性质等。二是文字所作，即对某物思索：这就是某物，有什么名称，有什么性质等。名施设执的实质是：人们对事，必欲安立名，以求理解和把握；而其执着是名义相称或相名相属。

（4）微细执着类别

【原文】

复次，微细执着，当知五种：一于无常常执，二于苦乐执，三于不净净执，四于无我我执，五于诸相中遍计所执自性执。

【今译】

其次，微细执着，当知有五种：一是将无常执为常，二是将苦执为乐，三是将不清净执为清净，四是将无我执为我，五是在诸相中的遍计所执自性执。

【评析】

此处论述微细执着，在上述三自性第一颂中，是第六"微细执着"。

此微细执着有五种，都是从能缘心方面而言，是分别（心）的执着。其中，前四种属于人我执（即我执），第五种属法我执（即法执）。前四种之所以属我执，如于无常常执，就是将生命的无常执为恒常不变；于苦乐执，就是将人生之苦执为乐；于不净净执，就是将不善业执为善业；于无我我执，就是将五蕴和合而无我的生命体执为有实我，所以，前四种微细执着都属我执。第五种微细执着是于诸相中遍计所执自性执，那是对一切非有情的事物（诸相）执为实有自性（即有实体），所以是法执。

（5）依名言执有自性

【原文】

复次，由五因缘，当知愚夫如名如言于所诠事执有自性。所以者何？

谓因问言：此事用何以为自性？答言：此事是色自性，非是色名。或答言：此事是受、想、行、识自性，非受、想、行、识名。

复次，独处空闲，精勤观察诸法自相共相，寻思此事是色相，非色名；或寻思此事是受、想、行、识相，非受、想、行、识名。

复次，于此色事，寻求色相不能得时，便生不乐，非求色名不能得时；或于此受、想、行、识事，寻求受、想、行、识相不能得时，便生不乐，非求受、想、行、识名不能得时。

【今译】

其次，由五种表现，当知愚夫依据名称与言说对［名称和言说］所诠释的事执着其存在［实有］自性。怎么知道呢？

［第一种表现是，］即当问道：此事以什么为自性？回答说：此事是［以］色［的体为］自性，并非是［以］色的名［为自性］；或是回答说：此事是［以］受、想、行、识［的体为］自性，并非是［以］受、想、行、识的名［为自性］。

其次，［第二种表现是，修行者］独自在空闲处，努力勤奋地观察［五蕴］诸法的自相和共相，思维此事是［以］色［的体为自、共］相，并非是［以］色的名［为自、共相］；或者，思维此事是［以］受、想、行、识［的体为自、共］相，并非是［以］受、想、行、识的名［为自、共相］。

其次，［第三种表现是，］对此色事，［观察］寻求色［的自、共］相，求不得时，便会不乐，并非［观察］寻求色的名，求不得时，便会不乐；或者，对此受、想、行、识事，［观察］寻求受、想、行、识［的自、共］相，求不得时，便会不乐，并非［观察］寻求受、想、行、识的名，求不得时，便会不乐。

【评析】

此处论述愚夫（包括凡夫、外道、小乘）依名言执所诠事实有自性，在上述三自性第一颂中，是第七"如名等执性"。此依名执事实有自性，共有五种因缘，即五种表现，此处是前三种表现。

据本论，事（或相）与名的关系一般是，要有事（或相），才能在事（或相）上安立名言，然后形成（名言）自性。在此问题上，错误的观点主要有二：一是认为，事上存在实有自性，与名无关，自然而有。二是认为，名就是依事（或相）上存在实有自性而安立，这就是"相名相属"。

此处执着实有自性的前三种表现，就属前一种错误观点。如第一种表现是：如果此事是指五蕴，那么，此事的自性就是五蕴的自体，而非五蕴的名称，即此事之自性与此事之名称无关。

执着实有自性的第二种表现是：定中观察五蕴诸法的自相和共相，此事是五蕴的自相和共相等相，则此事是以五蕴的自体（即自性）为相（自相和共相），并非是以五蕴的名称为相。与上述第一种表现的差别是：第一种表现是执着此事的自性是五蕴自体，而第二种表现则是执着五蕴自体或自性是五蕴的相（自相和共相）。这也是要表达此事（五蕴的自相和共相）之自性与其名称无关，此处可能产生的疑问是：共相有没有体？对此，执着实有自性的人认为，自相是实法，有实体；共相是假法，有假体。所以自相和共相都可称有体。

执着实有自性的第三种表现是：人们对诸事（诸相）观察寻求，能求得诸相（自相和共相）自体（自性）就会产生满足；若没有求得诸相自体（自性），只求得诸相之名称，就不能满足。

【原文】

复次，语于名转，名于义转。此中若名能显自相义，非此能显差别相义，非此能显所取相义，非此能显能取相义；或名乃至能显能取相义，非此能显乃至自相义。若即彼名于自相义转，亦于乃至能取相义转者，此余诸名各别行解随义而转应不可得。

此不应理。如是复于各别义转所有名中，若名于自相义转，乃至若名于能取相义转，此名为于有义转耶，为于无义转耶？于有义转，且不应理，此不应理，如前观五事中已辨。若于无义转者，是则此名于无相义转，其理便至。若于无相义转，此非有义但能显示自所增益；若取增益，即是执着。是故如名如言于所诠事执着自性，道理成就。

【今译】

其次，[第四种表现是，外人认为：] 言语依名而起，名依义而起。其中，如果 [某一] 名能表示自相义，[此名] 就不能表示差别相义，就不能表示所取相义，就不能表示能取相义；或者，如果 [某一] 名能表示能取相义，[此名] 就不能表示 [所取相、差别相] 直至自相义。或者正是该名，在 [某事的] 自相体上生起，也在 [其差别相、所取相] 直至能取相体上生起，则该名之外的其他名，要各自在 [此事的] 自相体直至能取相体上一一相应生起，就不可能了。

[论主破：] 这种说法不合理。上述依 [诸法] 各自体生起的所有名中，如果名是依自相体生，[或是依差别相、所取相] 直至依能取相体生起，那么，此名是在有体上生起，还是在无体上生起？如果是在有体上生起，这是不合理的，这种不合理，如上文观五事中已充分说明。如果名是在无体上生起，既然此名是在无相体上生起，那道理也就明白了。即如果在无相体上生起，此 [实际] 非有之体能表示的只是自己 [思维] 增益的；而如果认取增益，就是执着。由此，[人们] 依据名称与言语，对所诠释的事，执着其 [实有] 自性，这一道理便成立了。

【评析】

此处论述依名执事实有自性的第四种表现，分两部分：前是外人观点，后是论主破斥。

这里外人的错误属上述第二种，即"相名相属"，也称相名相应、名义相应、名义相称。外人认为，"名于义转"，即名依义生起。此处的义，就是事的自体或实有自性，所以，名依事的实有自性而生起，与自性相应或相称。

对其的破斥，主要集中在名是"于有义转"还是"于无义转"的问题上，或者说，义（事之自体或自性）到底是有，还是没有。如果名是"于有义转"，即义（体）是有，名是依义而成，其错误上文已作过破斥，如一事可以有多名，如果名对应事的实体，那一事多名就意味着一事有多个实体。实际上，事并无实体，那样的话，名的施设是"于无义转"，即名与事的关系只是假施设的关系，名只是在事上假施设，由名而来的言说自性实际非有。执着"此非有义"，也就是增益执，即将（名言）自性执为实有。

【原文】

复次，一切愚夫于诸相中名言所缚故，当知如名如言于所诠事妄执自性。

问：何缘故知于诸相中名言所缚？

答：由理、教故。

云何由理？

谓若离名言，于诸事中熹乐不可得故；若名言俱，于诸事中熹乐可得故，是一道理。

又复展转相依而生。何以故？事为依止名言得生，名言为依事可得生故。谓诸世间要依有事方得生起名言分别，非于无事起此分别，如是当知事为依止名言得生。如静虑者内静虑时，如如意名言，作意思惟，如是如是有所知事同分影像生起，方便运转现在前故，如是当知名言为依事可得生。

又于名言修对治时，若安置心于无相界，一切诸相皆不现前；若不安心于无相界，不随所欲，便为诸相漂转其心。

由此道理，当知于相，名言是缚。

云何由教？

如世尊说：

"愚昧思凡夫，于相为言缚。
牟尼脱言缚，于相得自在。"

"清净见行者，安住于真智，
于自性无得，不见彼所依。"

"由真智清净，说彼为真明，
二执不相应，故号为无二。"

又如异生，于诸蕴中善知无我，虽观蕴中所建立我但是假有，非不于彼我执随转，由彼随眠未永断故。此中道理当知亦尔。

【今译】

其次，[第五种表现是，]由于一切愚夫在诸相中为名言所缚，由此可知[其]依据名称和言说对所诠事妄执存在[实有]自性。

问：怎么知道[愚夫]在诸相中为名言所缚？

答：由理和由教。

如何由理[了知相为名言所缚]？即[世人]若离名言，在诸事中，喜乐不可得；若[缘诸事]同时了知其名称并能言说表达，在诸事中，喜乐可得，这是第一重道理。

此外，[事与名]又是展转相依而生。为什么呢？[由]事为依止，名言可以生起；[由]名言为依止，事也可生起。即所有世人要依据存在的事，才能生起[对该事]的名言思维，并非没有其事而有对其事的名言思维，由此可知[以]事为依止，名言得以生起。[另一方面，]如修禅定者在入定时，按如意识思维的名言[按某种观法]，作意思维，就有与思维对象[即观法内容]相似的影像一一生起，按观法顺序运转，[影像一一]显现在当前，这就是名言为依止，事可得以生起。[这是第二重道理。]

此外，在对名言修对治时，若[名言得以对治而止息，]将心安置在[离言真如]无相界时，一切相都不显现；若[名言不得对治，]不能将心安置在[离言真如]无相界，那不由自主地，心就会[随名言而起思维，]随[名言所指称的]诸相漂移流转。[这是第三重道理。]

由上述[三方面]道理，当知对于相来说，名言是束缚。

如何由教[了知相为名言所缚]？如世尊说：

"愚昧思维的凡夫，在相上为名言所束缚。

圣者解脱了名言束缚，对相获得了大自在。"

"具有清净见的修行者，安住在［根本无分别］真智中，

不见［诸相即一切法实有］自性，不见自性所依［的名言］。"

"由［修行者安住的根本无分别］真智清净，说修行者为真明，

与［增益执和损减执］二执不相应，所以称无二。"

此外，就如凡夫，对五蕴明知无我，虽然观五蕴中建立的我只是假有，但还是随时生起我执，因为那我执种子并未永断。这里说的相为名言所缚的道理，当知也是如此。

【评析】

此处是论述依名执事实有自性的第五种表现，是从相为名缚来说明依名执事实有自性。此处是从理证、教证和比喻三方面来说明相为名缚。

理证有三点：第一，如果接触到某物，却不知其名，人们不会甘心，只有知道名称后才会满足。上文说，"于此色事，寻求色相不能得时，便生不乐，非求色名不能得时"，现在的说法可看作对上述说法的补充，即只有相与名俱得，才能生乐，即得到满足，由此可知相为名缚。第二，事与名的关系，可以是由事生名，也可以是由名生事。由事生名，是一般的现象，人们总是依据存在的事物来命名，即使龟毛兔角等不存在的事物，也是进入人们认识范围内的事物，完全没有进入认识范围内（即完全不知）的事物，是不可能对其命名的。由名生

事，则可举禅定中的例子，禅定中的观，是依佛陀教导的方法进行的。入定作观时，观法中的内容会一一呈现，这就是先有观法的教导（名言），然后才有所观的事物一一呈现。由此相与名展转相依而生，可知相为名缚。第三，若能止息名言活动，证入离言无相真如，一切相都不显现；若不能止息名言活动，则不能证入离言无相真如，则心会随相而漂移。由此可知相为名缚。

教证是佛所说的三首颂，具体出自什么经不详。第一首颂的大意是：愚者为名言所缚，于相不得自在。第二首颂的大意是：证得真智（根本无分别智）的圣者，不见诸相［即诸法的］自性，也不见自性所依的名言。第三首颂的大意是：证得真智的圣者，能断增益执和损减执：增益执就是在诸法上增益了言说自性，损减执就是在诸法上损减了离言自性。由此二执可知，相为名言所缚。

最后是比喻，就如学人虽知五蕴无我，我是假立，但由于我执种子未断，所以我执还是随时生起；同样，学人虽知名言是在相上假立，但名言种子未断，所以还是在相上为名言所缚。

（二）第二颂

【原文】

> 复次，嗢拖南曰：
>
> 摄无性知等，密意等所行，

通达与随入，差别依为后。

【今译】

其次，颂云：

摄无性知等，密意等所行，

通达与随入，差别依为后。

【评析】

此处是论述三自性的第二颂，包含九方面内容：第一是"摄"，第二是"无性"，第三是"知"，第四是"密意"，第五是"所行"，第六是"通达"，第七是"随入"，第八是"差别"，第九是"依止"。其具体含义，详见下文。

1. 三自性与相等五法

【原文】

问：三种自性，相等五法，初自性，五法中几所摄？

答：都非所摄。

问：第二自性，几所摄？

答：四所摄。

问：第三自性，几所摄？

答：一所摄。

问：若依他起自性亦正智所摄，何故前说依他起自性缘遍计所执自性执应可了知？

答：彼意唯说依他起自性杂染分，非清净分。若清净分，当知缘彼无执应可了知。

【今译】

问：三种自性与相等五法，最初的［遍计所执］自性，五法中有几法属［此性］？

答：［相等五法］都不属［此遍计所执自性］。

问：第二［依他起］自性，几法属［此性］？

答：［相、名、分别、正智］四法属［此依他起自性］。

问：第三［圆成实］自性，几法属［此性］？

答：［真如］一法属［此性］。

问：如果依他起自性也包括正智，为何前文说"依他起自性缘遍计所执自性执，应可了知"？

答：前文的意思，只是说依他起自性的杂染分，并非［说依他起自性的］清净分。如果是清净分，当知是缘遍计所执自性执无执，应该可以了知。

【评析】

此处论述三自性与五法（前文也称五事）的关系，在上述三自性第二颂中，是第一"摄"。

五法都不属于遍计所执自性，前四法属依他起自性，真如属圆成实自性。

关于正智也属依他起自性，有一种质疑：前文说依他起自性依遍计所执自性执而生起，那么，正智怎么属于依他起自性？本品解释，依他起自性有杂染分和清净分，前文的说法是依杂染分说的，依清净分则要说依他起自性是依遍计所执自性执无执而说，无执的，就是正智，所以正智也属依他起自性。

此外，三自性与五事（或称五法）的关系，各种经论中说法不一。如本论和《显扬论》说，相、名、分别、正智属依他起自性，真如属圆成实自性。《辩中边论》说，相和分别属依他起性，名属遍计所执性，正智和真如属圆成实性。《楞伽经》说，分别属依他起性，相和名属遍计所执性，正智和真如属圆成实性。世亲《摄论释》卷第五说，名属依他起自性，义属遍计所执自性。《成论》认为，本论（《瑜伽师地论》）"所说，不相杂乱"。[1]

2. 三无性

【原文】

复次，三种自性，三种无自性性，谓相无自性性、生无自性性、胜义无自性性，由相无自性性故，遍计所执自性说无自性；由生无自性性故，及胜义无自性性故，依他起自性说无自性，非自然有性故，非清净所缘性故。唯由胜义无自性性故，圆成实自性说无自性。何以故？由此自性亦是胜义，亦一切法无自性性之所显故。

---

[1] （唐）玄奘译《成唯识论》卷第八，《大正藏》第31册，第47页。

【今译】

其次，三种自性，[与]三种无自性性，即相无自性性、生无自性性、胜义无自性性[的关系是]，由相无自性性，遍计所执自性被说是无自性；由生无自性性和胜义无自性性，依他起自性被说是无自性，[其中，生无自性性说是依他起自性，是因为]非自然有性，[胜义无自性性说是依他起自性，是因为]非清净智所缘自性。只是由胜义无自性性，圆成实自性被说是无自性。为什么？因为此[圆成实]自性，也是胜义，也是一切法无自性性之所显示。

【评析】

此处论述三自性与三无性的关系，在上述三自性第二颂中，是第二"无性"。其中，相无性是依遍计所执自性而立，即遍计所执自性是不存在的东西，所以无相，就说是相无性。生无自性性和胜义无自性性是依依他起自性而立，其中，依生无自性性说依他起自性是无性，是由无自然生性，即依他起自性是由因缘而生，并非无条件地自然生起，就无自然生性来说，就是生无性，但依生无性说依他起自性无性，这不排除依他起自性有因缘生性；依胜义无自性性说依他起自性无性，这是因为依他起自性并非是清净智（根本无分别智）所认知的，也是由于在胜义中无依他起自性。此外，胜义无自性性还有一种，那就是圆成实自性，圆成实自性实际上有真实体性，说其无性，是因为圆成实自性是胜义，也是二空所显，即一切法无自性性所显。

所以，三无性实际是密意说，因为三无性依三自性而立，但三自性中，只有遍计所执自性是真正无性，所以相无性是真正无性；依他起自性和圆成实自性实际都是有性，只是从某一特定角度来说，此二自性是无性，由此说三无性是密意说。

3. 三自性的遍知、永断、证得

【原文】

问：三种自性，几应遍知？

答：一切。

问：几应永断？

答：一。

问：几应证得？

答：一。

【今译】

问：三种自性，几种是应遍知？

答：三种自性［都是应遍知］。

问：几［种自性］应永断？

答：［依他起自性］一种［应永断］。

问：几［种自性］应证得？

答：［圆成实自性］一种［应证得］。

【评析】

此处论述三自性的应知、永断、证得,在上述三自性第二颂中,是第三"知等"。如论中所说,三自性都是应遍知,依他起自性应永断,圆成实自性应证得。

关于三自性应遍知,《瑜伽论记》解释说:"三种自性有无之理,一切学者皆应遍知。"[1] 即三自性说明了一切法的有无之理,所以这是一切学习者都应该了知的。但下文说,遍计所执,是圣智了知,还是凡智了知?回答是,"非智所行",即凡圣智都不以遍计所执自性为所缘境。既然如此,为何说遍计所执自性也应遍知?这是因为,"遍计所执无有体相,不成缘缘故",[2] 即遍计所执自性是不存在的东西,是无,所以不能成为所缘缘,这样,遍计所执自性就是"非智所行"。但在一切法有无之理中,遍计所执自性就是无,这一道理,一切学习者都应了知。

而依他起自性永断,是指染分依他起自性应永断,净分依他起自性不断,以五事来说,分别应断,正智不断。本论卷第五十一甚至说,"此杂染根本阿赖耶识,修善法故方得转灭"[3],即阿赖耶识由于是染分,所以也要转灭;但第八识体不灭,染分第八识灭,清净第八识不灭。其他的识法、心所法、色法等也是如此,染分灭,净分不灭。

---

[1] (唐)遁伦集撰《瑜伽论记》卷第二十,《大正藏》第42册,第761页。
[2] (唐)遁伦集撰《瑜伽论记》卷第二十,《大正藏》第42册,第761页。
[3] (唐)玄奘译《瑜伽师地论》卷第五十一,《大正藏》第30册,第581页。

4. 三自性与无生法忍、三解脱门

【原文】

复次，由此三种自性，一切不了义经诸隐密义皆应决了。谓诸如来秘密语言，及诸菩萨随无量教秘密语言所有要义，皆由如是三种自性，应随决了。

问：如经中说无生法忍，云何建立？

答：由三自性而得建立。谓由遍计所执自性故，立本性无生忍；由依他起自性故，立自然无生忍；由圆成实自性故，立烦恼苦垢无生忍。当知此忍无有退转。

复次，三种解脱门亦由三自性而得建立。谓由遍计所执自性故，立空解脱门；由依他起自性故，立无愿解脱门；由圆成实自性故，立无相解脱门。

【今译】

其次，由此三种自性，一切不了义经的诸隐密义，都应能抉择了知。即诸如来秘密语言，及诸菩萨随［佛的］无量教法［说的］秘密语言的所有要义，都由如此三种自性，应能随之抉择了知。

问：如经中说的无生法忍，是如何建立的？

答：由三自性而得以建立。即由遍计所执自性，建立本性无生忍；由依他起自性，建立自然无生忍；由圆成实自性，建立烦恼苦垢无生忍。当知此［三种］无生忍没有退转。

其次，三种解脱门也由三自性而得以建立。即由遍计所执自性，建立空解脱门；由依他起自性，建立无愿解脱门；由圆成实自性，建立无相解脱门。

【评析】

此处论述用三自性抉择不了义经的隐密义，在上述三自性第二颂中，是第四"密意"。此处密意说，包括无生法忍和三解脱门。

首先是无生法忍。无生法忍是各种忍中的一种。忍是六波罗蜜之一，在行为上，忍是忍耐，无论顺境逆境都能安心忍受；在认知上，忍是对真理确认，安住于真理而不动心。无生法忍就是对诸法本性不生不灭之真理确认，并安住于此真理不动心。能对此无生真理确认，是在见道位根本无分别智生起，所以此忍是在菩萨地。

本品进而用三自性对无生法忍作了诠释。三自性对应三种无生法忍，即由遍计所执自性立本性无生忍，因为遍计所执自性是本性无，对此确认，就是本性无生忍；由依他起自性建立自然无生忍，因为依他起自性是无自然生性，对此确认，就是自然无生忍；由圆成实自性建立烦恼苦垢无生忍，因为证圆成实自性是在见道位，地上菩萨已无烦恼和苦，对此确认，就是烦恼苦垢无生忍。三种忍都是在初地以上，而证入初地见道位就不再退转，所以三种无生忍没有退转。

其次是三解脱门。三解脱门是指空解脱门、无相（或无想）解脱门、无愿（或无作）解脱门。三解脱门有多种解释。据《佛说法印经》，空解脱门是指，观五蕴苦、空、无常，"如是了知即正解脱，正解脱已离诸知见"。无想（相）解脱门是指，观色、声、香、味、触、法诸境"皆灭尽，离诸有想"，得知见清净，灭尽贪、嗔、痴，住平等见，离我见和我所见。无作（愿）解脱门是指，离我见后，无见闻觉知，诸识空，无所造作，由此"知法究竟，于法无着，证法寂灭"。[1]

本品进而用三自性对三解脱门作了诠释。三自性对应三解脱门，即由遍计所执自性建立空解脱门，因为遍计所执自性是空；由依他起自性建立无愿解脱门，因为（染分）依他起自性虚幻不实，无可愿求；由圆成实自性建立无相解脱门，因为圆成实自性无相。

5. 三自性与凡圣智

【原文】

问：遍计所执自性，何等智所行？为凡智耶？为圣智耶？

答：都非智所行，以无相故。

问：依他起自性，何等智所行？

答：是二智所行。然非出世圣智所行。

问：圆成实自性，何等智所行？

答：唯圣智所行。

---

[1]（宋）施护译《佛说法印经》，《大正藏》第2册，第500页。

【今译】

问：遍计所执自性，是什么智的认知范畴［即所缘缘］？是凡智，还是圣智？

答：［遍计所执自性］不是任何智的认知范畴［即所缘缘］，因为是无相。

问：依他起自性，是什么智的认知范畴？

答：是［凡夫智和圣者后得智］二智的认知范畴。但不是出世圣智［即根本无分别智］的认知范畴。

问：圆成实自性，是什么智的认知范畴？

答：只是圣智［即根本无分别智］的认知范畴。

【评析】

此处论述三自性与凡圣智的关系，在上述三自性第二颂中，是第五"所行"。

首先，遍计所执自性既不是凡智更不是圣智的认知范畴（"所行"）。这里说的认知范畴，是从所缘缘来说，所缘缘必定是有体，即有存在性的事物；遍计所执自性无体，是不存在的东西，所以不能作为所缘缘。由此而说，遍计所执自性不是"二智所行"。

但另一方面，上文说，三种自性都是"应遍知"，遍计所执自性也是"应遍知"，所以，遍计所执自性不是不能认知。但既然遍计所执自性"非智所行"，又怎样"应遍知"？对遍计所执自性的认知，实际上是第六意识的认知。如实我和实法,是与烦恼相应的第六识遍计所执所形成的认知;对我执和法执现行的制伏,是与有漏善相应的第六识闻思教法所形成的认知;断分别二执的种子,证我空法空,是无漏第六识所形成的认知。此外,对其他无(体)法的认知,也是第六识(独散意识)的认知,如龟毛兔角是无(体)法,不能作为所缘缘,但独散意识能缘龟毛兔角之名,在自己的相分中构画出龟毛兔角的影像,这就是对龟毛兔角的认知。所以,遍计所执自性不是二智(凡智和圣智)的认知范畴(所缘缘),但是二智的认知对象(所缘)。

依他起自性是凡智的认知范畴,也是圣智中后得智的认知范畴。依他起性有实法有假法,实法如青黄赤白,假法如桌子椅子、山河大地。以凡智为例,实法是由五识、五俱意识和第八识认知,是现量认知,认知的是实法的自相;假法是由独散意识认知,是比量认知,认知的是假法的共相。独散意识对依他起性假法的认知与对遍计所执自性的认知不同,因为依他起自性的假法仍是有法,而遍计所执自性是无法。

圆成实自性是圣智的根本无分别智的认知范畴,因为唯识论认为,圆成实自性是实有,有其体性,只是圆成实自性离言,所以其实有体性无可言说,无法诠表。

6. 三自性的悟入、随入与除遣

【原文】

问:诸观行者通达遍计所执自性时,当言行于相耶?

当言行于无相耶?

答：若以世间智而通达时，当言行于相。若以出世智而通达时，当言行于无相。

如遍计所执自性，依他起自性、圆成实自性，当知亦尔。

问：若观行者如实悟入遍计所执自性时，当言随入何等自性?

答：圆成实自性。

问：若观行者随入圆成实自性时，当言除遣何等自性?

答：依他起自性。

【今译】

问：诸修观者通达遍计所执自性时，应当说认知的是相？应当说认知的是无相？

答：如果是以世间智而通达[遍计所执自性]时，应当说认知的是相。如果是以出世智而通达[遍计所执自性]时，应当说认知的是无相。

如同对遍计所执自性[的认知]一样，对依他起自性和圆成实自性[的认知]，当知也是如此。

问：若观行者如实悟入遍计所执自性时，应当说随即证入什么自性?

答：圆成实自性。

问：若观行者随即证入圆成实自性时，应当说除遣什么自性?

答：依他起自性。

【评析】

此处论述凡圣智通达和证入三自性的特征，在上述三自性第二颂中，是第六"通达"和第七"随入"。

首先是对遍计所执自性的通达，此通达有世俗智（有漏智）与出世智（无漏智）的差别。世俗智通达主要是在加行位，此位中，修行者以世俗智思维并通达遍计所执自性为无时，有空相现起，所以说是"行于相"。进而，在见道位，修行者以出世智通达（即除）遍计所执自性时，如论文所说，观行者如实悟入遍计所执自性时，随即证入圆成实自性，即证得真如，真如无相，所以说是"行于无相"。

对依他起自性的通达也有世俗智和出世智的差别。加行位世俗智通达依他起自性，如《三十颂》所说："现前立少物，谓是唯识性，以有所得故，非实住唯识。"[1] 所以，加行位世俗智通达依他起自性，仍"有所得"，有相（"立少物"）。见道位出世智通达依他起自性，就是在悟入（即除）遍计所执自性、证入圆成实自性时，此时除遣的是依他起自性，依他起自性的相被遣除，出世智所证是无相真如，所以也是"行于无相"。但这里说的除遣依他起自性，不是断依他起自性，而只是根本无分别智只观真如，不观依他起一切法（证入见道位是不观依他起

---

[1]（唐）玄奘译《唯识三十论颂》,《大正藏》第31册，第61页。

性；证入佛位则是遣一切有漏依他起性及十地所得劣无漏法)。

对圆成实自性的通达也有世俗智和出世智的差别。加行位世俗智通达圆成实自性，仍"有所得"，有相，即变现真如相而缘。见道位出世智通达圆成实自性，则是缘无相真如，所以"行于无相"。

7. 三自性的类别

【原文】

问：遍计所执自性有几种？

答：随于依他起自性中施设建立自性差别所有分量，即如其量，遍计所执自性亦尔，是故当知遍计所执自性无量差别。

又于依他起自性中，当知有二种遍计所执自性执：一者随觉，二者串习习气随眠。

问：依他起自性有几种？

答：当知如相品类差别。复有二种依他起自性：一遍计所执自性执所起，二即彼无执所起。

问：圆成实自性有几种？

答：于一切处皆一味故，圆成实自性无有安立品数差别。

【今译】

问：遍计所执自性有几种？

答：根据在依他起自性中施设建立的自性和差别的所有数量，就如同其数量，遍计所执自性也是如此［数量］，因此可知遍计所执自性有无量不同种类。

此外，在依他起自性中，当知有二种遍计所执自性执：一是随觉，二是串习习气随眠。

问：依他起自性有几种？

答：当知如同相的不同种类［那样有无数种类］。又有二种依他起自性：一是由遍计所执自性执所起，第二就是由那遍计所执自性无执所起。

问：圆成实自性有几种？

答：因为在一切处都是一味，圆成实自性没有安立不同种数［而只有一种］。

【评析】

此处论述三自性的种类与数量，在上述三自性第二颂中，是第八"差别"。就依他起自性来说，有情与器世间就是依他起性，有情数量无限，器世间物体数量无限，遍计所执自性依依他起自性而起，所以，遍计所执自性也数量无限。

此外，作为能执的遍计所执（实际属性是依他起自性）也有两种：随觉执与随眠执。随觉执是指有言语能力的人、天等，随言说觉知而起的执着。随眠执是指没有言语能力的婴儿、动物等，由于过去世曾做过人、天，所以由过去世的语言能力熏成了种子，此世由种子的力量，仍对诸法生起遍计所执。

依他起自性，如上所说，数量无限，但究其起因，主要有两类。一是染分依他起自性，这是由遍计所执自性执而起，即如前所说，遍计所执自性是言说自性，对此的执着是心的现行，心生起的现行执着就是执着诸法的名称并熏成诸法种子，诸法种子遇缘生起诸法现行，诸法种子和现行都是依他起自性，所以，依他起自性由遍计所执自性执而起。二是净分依他起自性，如正智，正智是在见道位断（除）了遍计所执（性）而生起，此时已无遍计所执，故称遍计所执自性执无执（这是指见道位，见道位无遍计所执现行；而在十地中，仍有法执等现行）。

8. 三自性的依止

【原文】

问：遍计所执自性，当言何所依止？

答：当言依止三事，谓相、名、分别。

问：依他起自性，当言何所依止？

答：当言即依遍计所执自性执，及自等流。

问：圆成实自性，当言何所依止？

答：当言无所安住，无所依止。

【今译】

问：遍计所执自性，应当说以什么为所依止？

答：应该说依止三事，即相、名、分别。

问：依他起自性，应当说以什么为所依止？

答：应当说就是依遍计所执自性执，以及自己的等流。

问：圆成实自性，应当说以什么为所依止？

答：应当说无所安住，无所依止。

【评析】

此处论述三性的依止，在上述三自性第二颂中，是第九"依止"。

论中说，遍计所执自性依止相、名、分别三法。即能缘的分别（心），缘作为所缘的相与名，由此而起遍计所执，形成遍计所执自性。此处，能执是分别（心），所执的遍计所执自性，即假说自性或言说自性。《摄论》据此，将遍计所执分为三部分：能遍计（分别心）、所遍计（依他起性）与遍计所执自性。[1] 前文所缘门说，遍计所执自性缘相名相属，没说分别，那只是据所缘或所执而言，如全面说，应包括能缘和所缘，或能执或所执两方面。

其次，依他起自性的依止，经中说是依遍计所执自性执及自等流。其中，依遍计所执自性执，如前所说，是指能执心熏种及种生现行。而能执心的种子相续与现行相续，则称为自等流。

最后，圆成实自性，无所依止，因圆成实自性无为常住，无所依托。前文所缘门中说，圆成实性缘遍计所执于依他中毕

---

[1] 参见（唐）玄奘译《摄大乘论本》卷中，《大正藏》第31册，第139页。

竟不实,《瑜伽论记》说,这是据加行智而说,即在加行位观遍计所执自性不实,[1] 由此可引入见道位,但还不是见道位所证。见道位所证,即圆成实性无所依止。

(三)第三颂

【原文】

复次,嗢拖南曰:
若无有作业,微细等无体,
生执等了知,染苦喻分别。

【今译】

其次,颂云:
若无有作业,微细等无体,
生执等了知,染苦喻分别。

【评析】

此处是论述三自性的第三颂,包含十一方面内容:第一是"若无有",第二是"作业",第三是"微细等",第四是"无体",第五是"生",第六是"执等",第七是"了知",第八是"染",第九是"苦",第十是"喻",第十一是"分别"。其具体含义,详见下文。

---

[1] 参见(唐)遁伦集撰《瑜伽论记》卷第二十,《大正藏》第42册,第762页。

1. 三自性若无之过

【原文】

问：若无遍计所执自性，当有何过？

答：于依他起自性中，应无名言，无名言执。此若无者，应不可知杂染清净。

问：若无依他起自性，当有何过？

答：不由功用，一切杂染皆应非有。此若无者，应无清净而可了知。

问：若无圆成实自性，当有何过？

答：一切清净品皆应不可知。

【今译】

问：若无遍计所执自性，会有什么过失？

答：在依他起自性中，应无名言，无名言执。名言和名言执若无，应当不可知杂染和清净。

问：若无依他起自性，会有什么过失？

答：不用作什么功夫，一切杂染法也都应当没有。杂染法如果没有，应可了知清净法也没有。

问：若无圆成实自性，会有什么过失过？

答：一切清净品都应不可知〔即不存在〕。

【评析】

此处论述若无三自性的过失，在上述三自性第三颂中，是第一"若无有"。

关于若无遍计所执自性的过失，本品说是"应无名言，应无名言执"，这样就"不可知杂染清净"。这是因为，由名言而来的是言说自性，名言执就是对言说自性的执着，也就是遍计所执自性执。诸有情无始以来一直依名言生起执着，由执着而生死轮回，由断执而证得清净。因此，若无名言和名言执，就没有轮回（杂染），也没有证得清净（解脱）。

若无依他起自性的过失，诸有情的依他起自性就是杂染法，没有依他起自性就没有杂染法，没有杂染法也就没有清净法，因为清净法是断杂染而证得。

若无圆成实自性，要证什么清净法就不知道了。进而可说，若无清净法，就无证得清净法的佛菩萨。

2. 三自性作用

【原文】

问：遍计所执自性能为几业？

答：五。一能生依他起自性，二即于彼性能起言说，三能生补特伽罗执，四能生法执，五能摄受彼二种执习气粗重。

问：依他起自性能为几业？

答：亦五。一能生所有杂染法性，二能为遍计所执自性及圆成实自性所依，三能为补特伽罗执所依，四能为法执所依，五能为二执习气粗重所依。

问：圆成实自性能为几业？

答：亦五。由是二种五业，对治生起，所缘境界性故。

【今译】

问：遍计所执自性能有几种作用？

答：有五种。一是能生依他起自性，二是就在那［遍计所执自］性上能起言说，三是能生我执，四是能生法执，五是能摄受那［我执和法执］二种执的种子和粗重。

问：依他起自性能有几种作用？

答：也是五种。一是能生所有杂染法性，二是能作为遍计所执自性及圆成实自性的所依，三是能作我执的所依，四是能作法执的所依，五是能作为上述二执的种子和粗重的所依。

问：圆成实自性能有几种作用？

答：也是五种。由［清净智］对治上述遍计和依他的五种作用而生起，是［清净智］所缘的境界的自性。

【评析】

此处论述三自性的作用，在上述三自性第三颂中，是第二"作业"。

遍计所执自性的作用有五种。一是能生依他起自性，如前所说，依他起自性由遍计所执自性执生起。根本上说，遍计所执自性是无，无不能生有（依他起自性），这里说遍计所执自性能生依他起自性，实际是就遍计所执自性执而说的。二是依此性能起言说，因为遍计所执自性就是依名而执着言说自性，故由名而能起言说。或者说，遍计所执自性就是实我实法，给我和法安立种种名称，就是能起言。三是能生人执，四能生法执，即遍计所执表现为我执和法执。五是能摄受我执和法执二种执的种子和粗重，粗重是指非现行非种子的烦恼气分。

依他起性的作用也有五种。一是能生所有杂染法，染分依他起自性就是杂染法，杂染法由现行熏种子，由种子再生现行，所以能生起一切杂染法。二是能作遍计所执自性及圆成实自性的所依，即遍计所执自性是在依他起自性上生起执着，所以依他起自性是遍计所执自性的所依；而圆成实自性（真如）是一切有为法的本性，真如就在一切有为法中，并非脱离有为法而独立存在，所以，依他起自性是圆成实自性的所依。三是能作我执的所依，四是能作法执的所依，五是能作二执的种子和粗重的所依，即我执和法执都是在依他起自性上形成的执着，所以，无论是二执的现行，还是种子，还是粗重，都是依他起自性。

圆成实自性的作用也是五种。因为圆成实自性（真如）是清净智对治上述遍计和依他的五种作用而证得，圆成实自性（真如）是清净智（根本无分别智）所缘境的自性。

3. 三自性粗细

【原文】

问：遍计所执自性，当言微细？当言粗耶？

答：当言微细。

如微细，难见难了当知亦尔。

问：依他起自性，当言微细？当言粗耶？

答：当言是粗，然难见难了。

问：圆成实自性，当言微细？当言粗耶？

答：当言极微细。

如极微细，极难见极难了当知亦尔。

【今译】

问：遍计所执自性，应当说是微细？应当说是粗？

答：应当说是微细。

如同微细，其难见难了，当知也是如此。

问：依他起自性，应当说是微细？应当说是粗？

答：应当说是粗，但难见难了。

问：圆成实自性，应当说是微细？应当说是粗？

答：应当说是极微细。

如同极微细，其极难见极难了，当知也是如此。

【评析】

此处论述三自性的粗细，在上述三自性第三颂中，是第三"微细等"。

遍计所执自性由遍计所执而起，遍计所执（我执和法执）随时生起，难以觉察，无始以来一直存在，难以断除，所以微细,难见,难了知。

依他起自性是一切有为法,六识能缘,所以是粗。但对依他起性如幻,凡夫难见难了知,如《成论》卷第八说,"非不见真如,而能了诸行,皆如幻事等,虽有而非真"[1],即只有见道后才能了知依他起自性的如幻性,所以依他起自性难见难了知。

此外,遍计所执自性与依他起自性的粗细相比较,《瑜伽论记》说:"色心等诸法有体,故言粗。遍计所执无体,故名细。"[2]

而圆成实自性只有圣者能证得,所以是极微细,极难见极难了知。

4. 三自性有体、无体转

【原文】

问:此三自性,几是无体能转有体?

答:一。

问:几是有体能转有体无体?

答:一。

问:几是有体而非能转?

答:一。

---

[1] (唐) 玄奘译《成唯识论》卷第八,《大正藏》第31册,第46页。
[2] (唐) 遁伦集撰《瑜伽论记》卷第二十,《大正藏》第42册,第763页。

【今译】

问：此三自性，几种是无体能转生有体？

答：［遍计所执自性］一种。

问：几种是有体能转生有体和无体？

答：［依他起自性］一种。

问：几种是有体而非能转生？

答：［圆成实自性］一种。

【评析】

此处论述三自性有无体性及是否能生，在上述三自性第三颂中，是第四"无体"。

遍计所执自性是无体，如前所说，遍计所执自性并无存在性。但遍计所执自性能生起依他起自性，为什么无体能转生其他法？实际上，严格说，无体不是能生，但如前所说，本论说遍计所执自性生依他起性诸法，实际是说遍计所执自性执生依他起性诸法，此遍计所执自性执，实际是依他起自性，是有体，是心的现行执着，能熏成种子，种子能生现行。如此，依遍计所执自性执，就说遍计所执自性能转生依他起自性。

依他起自性是有体，依他起自性虽属虚幻，但有其存在性，依其存在性，就说其有体，但此体如幻，刹那生灭。依他起自性能转生有体和无体。依他起自性转生有体，就是生依他起自性，如就因缘来说，种子生现行，现行熏种子；就等无间缘来说，前一识生后一识等，都可说依他起自性转生依他起自性。依他起自性转生无体，就是生遍计所执自性，对任何有为法执着其实有自性，就是遍计所执自性，这就是依他起自性转生遍计所执自性。

圆成实自性是有体，此体实有，不生不灭；但此体离言，因此，用语言来表述，无论说真如有体无体都无法说。圆成实自性是无为法，所以是非能生。

5. 三自性生与不生

【原文】

问：此三自性，几是不生，能生于生？

答：一。

问：几是生，能生生、不生？

答：一。

问：几是非生，不能生生及不生？

答：一。

【今译】

问：此三自性，几种是不生，能生起生？

答：[遍计所执自性]一种。

问：几种是生，能生起生和不生？

答：[依他起自性]一种。

问：几种是非生，不能生起生及不生？

答：[圆成实自性]一种。

【评析】

此处论述三自性的生与生生等，在上述三自性第三颂中，是第五"生"。

论中说，遍计所执自性是不生；依他起自性是生，能生起生（依他起自性）和不生（遍计所执自性）。这里的问题是，既说遍计所执自性是不生，又说依他起自性能生遍计所执自性，怎么理解？《瑜伽论记》解释说："据无体义故名不生，随计性故亦名为生。"[1] 即依据遍计所执自性无体，所以说其不生；但据其是遍计而有，说其为生。

至于遍计所执自性是能生，就是上文所说，遍计所执自性是无体法，本不是能生；但据其遍计所执自性执，说其是能生。

圆成实自性是"非生"，因为此性是诸法本性，永恒存在，不由其他法生起；又因其是无为法，所以不生依他起自性（生）和遍计所执自性（不生）。

本品此处论述与上段大体相同，其差异，据《瑜伽论记》："前据有体无体辨能相生，今据生不生法辨能相生。"至于上文说"能转"，此处说"能生"，《瑜伽论记》解释说："转者转变之义，生者生起之义也。"[2]

---

[1] （唐）遁伦集撰《瑜伽论记》卷第二十，《大正藏》第42册，第763页。
[2] （唐）遁伦集撰《瑜伽论记》卷第二十，《大正藏》第42册，第763页。

6. 三自性有执、无执

【原文】

问：遍计所执自性执、无执相，云何应知？

答：此有二种，一彼觉悟执或无执，二彼随眠执或无执。若由言说假立名字，遍计诸法决定自性，当知是名彼觉悟执。若善了知唯有名者，知唯名故，非彼诸法有决定性，当知是名于彼无执。若未拔彼习气随眠，当知于彼有随眠执，乃至未舍习气粗重；若永断已，当知无执。

问：依他起自性执、无执相，云何应知？

答：若由遍计所执自性觉悟执故，复遍计彼所成自性，是名初执。若善了知唯有众相，不遍计彼所成自性，是名无执。若于相缚未永拔者，于诸相中有所得时，名第二执。若于相缚已永拔者，于无相界正了知故，于相无得；或于后时，如其所有，而有所得，当知无执。

问：圆成实自性执、无执相，云何应知？

答：此无有执，此界非执安足处故。若于此界未得、未触、未作证中，起得、触、证增上慢者，当知即是遍计所执，及依他起自性上执。

【今译】

问：遍计所执自性的有执相与无执相，如何可知？

答：此［有执和无执］有二种，一是彼觉悟执或无执，二是彼随眠执或无执。若由言说假立名称，［由此］遍计诸法［有］确定的自性，当知此称为彼觉悟执。若完全了知只有名，由知只有名，因此并非诸法有确定的自性，当知此称为对其无执。若未断除那习气［即烦恼］的随眠［即种子］，当知对其有随眠执，直至未舍习气的粗重［即非现行非种子状态，当知对其有随眠执］；若永断了［习气的随眠和粗重］，当知是无执。

问：依他起自性有执相和无执相，应如何了知？

答：若由遍计所执自性觉悟执，遍计由觉悟执所成的自性，此称第一类执［即觉悟执］。若完全了知只有众相，不遍计那所成的自性，此称无执。若对相缚未永断者，在诸相中有所得时，称第二类执［即随眠执］。若对相缚已永断，对无相界正确了知，对相无所得；或在后得智时，按其本来面貌正确认知，当知无执。

问：圆成实自性的有执相和无执相，应如何了知？

答：圆成实自性［本身］没有执，此清净法界非执的安足处。若对此法界未得、未触、未作证中，起得、触、证的错误认知，当知就是遍计所执，及依他起自性上执。

【评析】

此处论述三自性有执无执相状，在上述三自性第三颂中，是第六"执等"。

首先，遍计所执自性的有执，包括觉悟执和随眠执，据《瑜伽论记》，此二执有两种解释。

一是依有无语言能力区分。有语言能力的有情（人、天）所起的遍计所执，称为觉悟执；断除了遍计所执，称无执（无觉悟执）。无语言能力的有情（婴儿、动物等）所起的遍计所执，是依随眠（即种子）而起，称随眠执。

二是依我执分。分别我执由言说起，称觉悟执。俱生我执，不由言说而以习气力量任运生起，称随眠执。随眠执又有两种情况。凡夫修学人未断俱生我执种子，是有随眠执。圣者（直至阿罗汉）若还未断俱生我执粗重，在三性法种子中，圣者虽断烦恼性（恶性）种子，但善性和无记性种子上仍有俱生我执的粗重，所以仍称为有我执。只有佛完全断了我执的种子和粗重，是无随眠执。[1]

其次，依他起自性的有执和无执，据《瑜伽论记》："备引三藏解，此亦四种，如遍计中解。"[2] 即按玄奘法师的解释，依他起自性的有执和无执，大体与遍计所执自性的有执和无执相仿。先看觉悟执，觉悟执就是对遍计所执自性，作遍计和执着；无觉悟执就是不对遍计所执自性，作遍计和执着。随眠执就是相缚种子未永断，对诸相有执着；无随眠执就是已断相缚种子，根本智证无相真如，后得智如实了知诸法，就是无随眠执。

最后，圆成实自性的有执和无执，圆成实自性本身无执，但未证谓证时，也是有执。

---

[1] （唐）遁伦集撰《瑜伽论记》卷第二十,《大正藏》第42册，第763页。
[2] （唐）遁伦集撰《瑜伽论记》卷第二十,《大正藏》第42册，第763页。

7. 三自性本质和类别

【原文】

问：遍计所执自性，当云何知？

答：当正了知唯有其名，唯遍计执，无相无性，无生无灭，无染无净，本来寂静自性涅槃，非过去非未来非现在，非系非离系，非缚非解脱，非苦非乐非不苦不乐，唯是一味遍一切处，皆如虚空，以如是等无量行相，应正了知遍计所执自性。

问：依他起自性，当云何知？

答：当正了知一切所诠有为事摄。云何一切所诠事耶？所谓蕴事，界事，处事，缘起事，处非处事，根事[1]；业事[2]，烦恼事，随烦恼事，生事[3]；恶趣事，善趣事，产生事，色类事[4]，四大王众天事乃至他化自在天事，梵众天事乃至色究竟天事，空无边处事乃至非想非非想处事；随信行事，随法行事，顺决择分善根事，见道事，修道事；预流果事乃至阿罗汉果事，独觉事，等正觉事；灭想受事，到彼岸事，念住事乃至道支事，静虑、无量、无色定事，修想事，修随念事，解脱、胜处、遍处事；力、无所畏、愿智、不护、念住、大悲、永害习气、诸相随好、一切种妙智、一切不共佛法事。又当了知，同于幻梦、光影、谷响、水月、影像及变化等，犹如聚沫，犹如水泡，犹如阳焰，犹如芭蕉，如狂如醉，如害如怨，如饮尿友喻[5]，如假子喻[6]、毒蛇箧[7]，是空、无愿、远离、无取、虚伪、不坚,如是等类差别无量。

问:圆成实自性,当云何知?

答:当正了知如先所说差别之相,所谓真如、实际、法界如是等类无量差别。复当了知所余差别,谓无形色、不可睹见、无所依住、无所攀缘、不可显现、不可了别、不可施为、不可宣说、离诸戏论、无取无舍,如是等类差别无量。

【简注】

[1] 根事:从蕴事到根事,是六善巧。佛典中说善巧,有五善巧、六善巧、七善巧、十善巧等。

[2] 业事:《瑜伽论记》卷第二十作"业无事",《大正藏》校勘注为:"'无',甲本作'果'"。显然"无"为衍字,《瑜伽论记》将本论的"业事"释作业果事。但比较业事与业果事,原文后(趣)生事"相当于业果事,故此处还是以(造)业事为宜。

[3] 生事:即趣生事或轮回事。轮回由造业始,尤其是造恶业,所以最先是"(造)业事",继之是烦恼事和随烦恼事,由此而来是趣生事。

[4] 色类事:由趣生事而来的是善趣事和恶趣事,欲界众生有善趣和恶趣,以胎生或人道为例,胎生有出生("产生事")及胎儿的物质身("色类事")。所以从善恶趣到"产生事",可代表欲界六道众生。其后的四大天王天到非想非非想处,是三界天道众生。

[5] 饮尿友喻:《瑜伽论记》卷第二十说了两个典故,都是让朋友饮尿。此喻意谓,依他起自性如损友,具有欺骗性,人们会被其蒙蔽,认假为实。

[6] 假子喻:即将依他起自性比作心怀叵测的养子,也是想说依他起

自性具有欺骗性。

[7] 毒蛇箧：即装有毒蛇的小箱子，意谓依他起自性具有毒害性，能让人沉沦生死苦海。

【今译】

问：遍计所执自性，应当如何了知？

答：应当正确了知［遍计所执自性］只有其名，只是遍计执，无显现相，无实性，无生无灭，无染无净，本来寂静自性涅槃，非过去非未来非现在，非系非离系，非缚非解脱，非苦非乐非不苦不乐，只是一味遍一切处，都如虚空，应以诸如此类的无量行相，正确了知遍计所执自性。

问：依他起自性，应当如何了知？

答：应当正确了知［依他起自性］属一切所诠有为事。什么是一切所诠事？所谓五蕴事，十八界事，十二处事，缘起事，处非处事，根事［等善巧事］；造业事，烦恼事，随烦恼事，趣生事［等因果轮回事］；恶趣事，善趣事，出生事，色类事，四大王众天事直至他化自在天事，梵众天事直至色究竟天事，空无边处事直至非想非非想处事［等三界六道事］；随信行事，随法行事，顺决择分善根事，见道事，修道事［等修行事］；预流果事直至阿罗汉果事，独觉事，等正觉事［等三乘果事］；灭尽定事，六波罗蜜事，四念住事直至［八正道等］道支事，四静虑、四无量、四无色定事，修十想事，修六随念事，解脱、胜处、遍处事［等修行方法事］；十力、四无所畏、愿智、三不护、三念住、大悲、永害习气、三十二相八十种好、一切种妙智、一切不共佛法事［等佛的共法和不共法事］。又应当了知，［依他起自性］如同幻梦、光影、谷响、水月、影像及变化等，犹如聚沫，犹如水泡，犹如阳焰，犹如芭蕉，如狂如醉，如害如怨，如给人饮尿的损友，如心怀叵测的养子，［如］藏在小箱子中的毒蛇，是空、无愿、远离、无取、虚伪、不坚，［依他起自性有］诸如此类无量差别［的显现相］。

问：圆成实自性，应当如何了知？

答：应当正确了知如前所说差别之相，所谓真如、实际、法界诸如此类无量差别。又应当了知其余的差别，即无形色、不可睹见、无所依住、无所攀缘、不可显现、不可了别、不可施为、不可宣说、离诸戏论、无取无舍，诸如此类的无量差别。

【评析】

此处论述如何正确了知三自性的本质和类别，在上述三自性第三颂中，是第七"了知"。

首先，遍计所执自性，其本质是只有名存在，无实质性存在；只是意识（包括第七识）上的一种错误观念，没有现象上的显现，等等。其类别或具体形式，如依他起自性，有无量无边。

其次，依他起自性，就是一切有为法，表现为六善巧事、因果轮回事、三界六道事、修行事、三乘果事、修行方法事、佛的共法和不共法事；还有比喻事（包括幻梦等八种比喻和聚沫等八种比喻），还有空等六种本质特点。依他起自性的六种本质特点：一是空，因为依他起性无自然生；二是无愿，因为依他起诸法可厌，故对其无所愿求；三是远离，对依他起诸法不应执着；四是无取，依他起性虚幻，故能取和所取都幻，无实有的能取所取；五是虚伪，因依他起性无实体；六是不坚，依他起性终究会变坏。所以，依他起自性，本性如幻，其存在是虚幻不实，其表现形式无量无边。

最后，圆成实自性，虽可根据需要施设各种名称，如真如、实际、法界等，但本质上是离言的存在，凡智不能了知。

8. 三自性染净等

【原文】

问：此三自性，几自非染，能令他染？

答：一。

问：几唯自染？

答：一。

问：几自清净，令他清净？

答：一。

如染，当知苦亦尔。

问：遍计所执自性，以何为喻？

答：譬如虚空。

问：依他起自性，以何为喻？

答：如害如怨。

问：圆成实自性，以何为喻？

答：譬如无尽大宝伏藏。

【今译】

问：此三自性，几种是自己非染，能使其他法染？

答：[遍计所执自性]一种。

问：几种只是自己染？

答：[依他起自性]一种。

问：几种是自己清净，使其他法清净？

答：[圆成实自性]一种。

如同染，当知[三自性与]苦[的关系]也是如此。

问：遍计所执自性，可用什么来譬喻？

答：譬如虚空。

问：依他起自性，可用什么来譬喻？

答：如害如怨。

问：圆成实自性，可用什么来譬喻？

答：譬如无尽大宝伏藏。

【评析】

此处论述三自性的染、苦和喻，在上述三自性第三颂中，是第八"染"、第九"苦"、第十"喻"。

遍计所执自性是"自非染，能令他染"。为什么遍计所执自性是"自非染"？《瑜伽论记》解释说："遍计所执无体，故非染。"[1] 即遍计所执自性是不存在的东西，所以本无染净。但遍计所执自性"能令他染"，因为心执着此自性，心就染污。

依他起自性"唯自染"，这是指染分依他起自性，染分依他起自性不能染遍计所执自性，因为遍计所执性"自非染"；也不能染圆成实自性，因为圆成实自性"自清净"，不受染污，所以依他起自性"唯自染"。

圆成实自性"自清净，令他清净"，"令他清净"不是指圆成实自性（真如）本身能使其他法清净，因为圆成实自性（真如）是无为法，没有任何作为，但证得圆成实自性时，依他起自性也转成清净。

同样道理，三自性与苦的关系也是如此。即遍计所执自性"自非苦，能令他苦"，依他起自性"唯自苦"，圆成实自性"自常乐，令他常乐"。

关于三自性最常见的譬喻，遍计所执自性"譬如虚空"，因为虚空无体，遍计所执自性也无体。

依他起自性"如害如怨"，因为依他起自性与无常相应，众生受无常逼迫，犹如怨害；又因依他起自性是染法，与贪嗔痴烦恼常相应，贪嗔痴烦恼，违损善法，妨碍修道，故如怨害。

圆成实自性譬如"无尽大宝伏藏"，《瑜伽论记》解释说："若证得时利益无穷故。"关于此譬喻，《瑜伽论记》对相关观点作了介绍。北朝依《十地经论》成立的地论宗，分南道和北

---

[1] （唐）遁伦集撰《瑜伽论记》卷第二十，《大正藏》第42册，第764页。

道两派。南道诸师引《楞伽经》《涅槃经》等经文，认为"如来藏性具足一切恒沙功德，本自有之，非适今也"，并认为北道说没有本来一切功德，"便同外道断见过失"。而北道诸师认为，南道"立本有一切功德不从因生，先来自有者，全同僧伽自体之过"，即南道与外道数论的观点相同。为什么没有本有一切功德？北道诸师也引《楞伽经》文："我为断见众生，故说本来具诸功德。"北道诸师将此说法推广到一切佛经，认为说本有功德，都是权宜之说。神泰法师认为，依本论此处说法，"圆成实理成于万德之本，故说伏藏"，这样就不能说真如具足万德。[1]

实际上，《成论》对此也有自己的说法：《成论》说有四种涅槃，第一种是"本来自性清净涅槃，谓一切法相真如理……具无数量微妙功德"[2]，所以此涅槃和真如，确实具有无量功德。但由于此涅槃就是真如，真如是无为法，所以其所蕴藏的无量功德也都是无为功德。无为功德并不起现行作用，能起现行作用的是有为功德，而有为功德是依修行而证得，并非本自具有。

9. 三自性所由等
【原文】

问：遍计所执自性，由何故遍计？

---

[1] （唐）遁伦集撰《瑜伽论记》卷第二十，《大正藏》第42册，第764页。
[2] （唐）玄奘译《成唯识论》卷第十，《大正藏》第31册，第55页。

答：由依他起自性故。

问：依他起自性，由何故依他？

答：由因缘故。

问：圆成实自性，由何故圆成实？

答：由一切烦恼众苦所不杂染故，又由常故。

问：如说能取真实义慧是无分别，云何应知无分别相？为由不作意故，为由超过彼故，为由无所有故，为由是彼性故，为由于所缘境作加行故？若由无作意故者，彼与如理作意相应不应道理，熟眠狂醉应成此过。若由超过彼故者，云何不与圣教相违？如说三界所有诸心心所皆是分别。若由无所有故者，云何此慧非成非心所？若由是彼性故者，云何此慧非成色自性及非贯达相？若由于所缘境作加行故者，云何不谤无分别慧离加行性？若如是等皆不应理，云何当知无分别慧？

答：于所缘境离加行故，此所缘境离有无相诸法真如，即此亦是离诸分别，由先势力所引发故，虽离加行，若于真如等持相应妙慧生时，于所缘相能现照取，是故此慧名无分别。

【今译】

问：遍计所执自性，由什么而成遍计？

答：由依他起自性。

问：依他起自性，由什么而成依他？

答：由因缘。

问：圆成实自性，由什么而成圆成实？

答：由一切烦恼和苦所不杂染，又由恒常不变。

问：就如说能认取真实义的慧是无分别的，怎么知道它是无分别的？是由于［此无分别慧］不作意？是由于［此慧］超过了分别？是由于［此无分别慧］无所有？是由于［此慧］是以无分别为本性？是由于对所缘境作加行？如果是由于［此无分别慧］无作意，那就与［经中说无分别慧与］如理作意相应［这一说法］相违背了，另外，熟睡和烂醉也是无作意的。如果是由于［此无分别慧］超过了分别，［这样的说法］为什么不是与圣教相违？如［圣教］说三界所有心和心所都是分别。如果是由于［此无分别慧］无所有，为何此慧不成非心所？如果是由于［此无分别慧］是以无分别为本性，［那与色法有何差别，色法也是无分别，］为何此慧［自性是心所而不是］色自性，以及［为何此慧具有了别通达诸法功能，而非如色法那样］不具有了别通达功能？如果是由于对所缘境作加行，［这样的说法］如何不违背"无分别慧离加行性"的结论？而如果上述各种说法都不合理，［那么，究竟］应当如何理解无分别慧？

答：［此无分别慧］对所缘境离加行，此所缘境［就是］离有离无的诸法真如，就此来说［无分别慧］也是离一切分别，［是］由过去修行的力量所引发，虽然［证真如］没有加行，若在与真如定境相应的妙慧生时，［此慧］对所缘的［真如］相能现行观照认取，故而此慧称无分别。

【评析】

此处论述三自性所由及无分别慧的含义，在上述三自性第三颂中,是第十一"分别"。

本品此处说,遍计所执自性由依他起自性而成。如上文所说,遍计所执自性依止相、名、分别,此三事都是依他起自性,所以遍计所执自性依依他起自性而成。

依他起自性由因缘而成,如前所说,依他起自性非自然而有,而是由因缘而有。

圆成实自性由一切烦恼众苦所不杂染,即圆成实自性由断烦恼和苦而证得,本身恒常不变。

此外,能证真实义的是无分别慧,但无分别慧究竟是什么含义?第一,是此慧不作意?但经中说无分别慧与如理作意相应。此外,熟睡和烂醉也是无作意的,是否也可称作无分别慧?第二,是此慧超过分别?但经中说三界所有心和心所都是分别。第三,是此慧无所有?但慧不是心所吗?心所是无所有?第四,是此慧以无分别为本性?那与色法有何差别,色法不也是无分别?难道此慧不是心所而是色?此外,为什么都是无分别,此慧具有了别通达诸法功能,而色法不具有了别通达功能?第五,是此慧对所缘境作加行?难道此慧不是离加行?

对这些问题,本品的回答是:此无分别慧(也就是根本无分别智)对所缘境是离加行,此所缘境就是真如;此无分别慧也是离一切分别,其由过去修行的力量所引发;虽然证真如没有加行,但在定境中,此慧能对所缘的真如现行观照认取,故而此慧称无分别。

参考文献

（依编撰者姓氏或书名拼音为序）

B

宝臣. 注大乘入楞伽经［M］.《大正藏》册 39.

波罗颇蜜多罗译. 大乘庄严经论［M］.《大正藏》册 31.

D

达摩流支译. 佛说宝雨经［M］.《大正藏》册 16.

遁伦集撰. 瑜伽论记［M］.《大正藏》册 42.

H

韩清净科记. 瑜伽师地论科句披寻记［M］. 纽约：科学出版社纽约公司，1999.

J

J. 丹西著. 当代认识论导论［M］. 周文彰、何包钢译. 北京：中国人民大学出版社，1990.

鸠摩罗什译. 大智度论［M］.《大正藏》册 25.

K

窥基撰.辩中边论述记[M].《大正藏》册44.

窥基撰.成唯识论述记[M].《大正藏》册43.

窥基撰.成唯识论掌中枢要[M].《大正藏》册43.

窥基撰.大乘法苑义林章[M].《大正藏》册45.

窥基撰.瑜伽师地论略纂[M].《大正藏》册43.

L

李汉松著.意识心理学:探索冰山之上的力量[M].北京:中国法制出版社,2017.

灵泰撰.成唯识论疏抄[M].《卍新续藏》册50.

罗素著.西方哲学史[M].何兆武、李约瑟译.北京:商务印书馆,1963.

M

M.石里克著.普通认识论[M].李步楼译.北京:商务印书馆,2005.

P

普光述.俱舍论记[M].《大正藏》册41.

Q

清素述.瑜伽师地论义演[M].《金藏》册120.

R

如理集. 成唯识论疏义演 [M].《卍新续藏》册 49.

S

阇那崛多译. 佛本行集经 [M].《大正藏》册 3.

施护译. 佛说法印经 [M].《大正藏》册 2.

实叉难陀译. 大乘入楞伽经 [M].《大正藏》册 16.

实叉难陀译. 大方广佛华严经 [M].《大正藏》册 10.

X

玄奘译. 阿毗达磨大毗婆沙论 [M].《大正藏》册 27.

玄奘译. 阿毗达磨集异门足论 [M].《大正藏》册 26.

玄奘译. 阿毗达磨俱舍论 [M].《大正藏》册 29.

玄奘译. 阿毗达磨品类足论 [M].《大正藏》册 26.

玄奘译. 辩中边论 [M].《大正藏》册 31.

玄奘译. 成唯识论 [M].《大正藏》31.

玄奘译. 大般若波罗蜜多经 [M].《大正藏》册 5.

玄奘译. 大乘阿毗达磨集论 [M].《大正藏》册 31.

玄奘译. 大乘阿毗达磨杂集论 [M].《大正藏》册 31.

玄奘译. 解深密经 [M].《大正藏》册 16.

玄奘译. 摄大乘论本 [M].《大正藏》册 31.

玄奘译. 摄大乘论释 [M].《大正藏》册 31.

玄奘译. 唯识三十论颂 [M].《大正藏》册 31.

玄奘译. 显扬圣教论 [M].《大正藏》册 31.

玄奘译. 瑜伽师地论 [M].《大正藏》册 30.

Y

圆测撰. 解深密经疏 [M].《卍新续藏》册 21.

圆晖述. 俱舍论颂疏论本 [M].《大正藏》册 41.

Z

真谛译. 大乘唯识论 [M].《大正藏》册 31.

真谛译. 三无性论 [M].《大正藏》册 31.

真谛译. 摄大乘论释 [M].《大正藏》册 31.

真谛译. 摄大乘论释 [M].《大正藏》册 31.

真谛译. 中边分别论 [M].《大正藏》册 31.

中国大百科全书总编辑委员会《教育》编辑委员会、中国大百科全书出版社编辑部编. 中国大百科全书·教育 [M]. 北京: 中国大百科全书出版社, 1993.

佛典经论缩略名

《瑜伽师地论》:《瑜伽论》
《大乘庄严经论》:《庄严论》
《摄大乘论》:《摄论》
《成唯识论》:《成论》
《唯识三十颂》:《三十颂》
《大乘百法明门论》:《百法论》
《摄大乘论释》:《摄论释》
《瑜伽师地论略纂》:《略纂》
《阿毗达磨大毗婆沙论》:《大毗婆沙论》
《成唯识论述记》:《述记》
《成唯识论疏义演》:《疏义演》
《阿毗达摩俱舍论》:《俱舍论》
《大乘入楞伽经》:《楞伽经》
《大乘阿毗达磨杂集论》:《杂集论》
《摄大乘论本》:《摄论》
《成唯识论疏抄》:《疏抄》
《成唯识论掌中枢要》:《枢要》
《大乘阿毗达磨集论》:《集论》
《显扬圣教论》:《显扬论》

后　记

关于本品的"唯事"和"想事",有学者提出,梵文本中,两者是同一个词,所以两者应该是同样含义。笔者在感谢宝贵意见的同时,也对此问题作了进一步思考。

笔者认为,对此问题需从语言学和义理研究两方面来考虑。从语言学来看,对玄奘翻译,从语言学提出不同说法的,不止于此,如对"唯识"一词就有许多不同说法,但至今仍无定论。如日本学术界中,宇井伯寿认为玄奘对此词的"翻译偏离梵本原意",而山口益认为"玄奘并未严重偏离世亲或唯识论的基本立场"(参见刘宇光《汉语学界唯识学研究一甲子回顾：1949—2011年》,《汉语佛学评论》第三辑,上海古籍出版社,2013年)。故而本书仍依玄奘译本为准进行论述。此外,最近有研究者推荐给笔者一篇文章——《空性与法性》(作者刘威,载于《世界哲学》2020年第3期),认为此文引用的唯事与想事的相关梵文,确实是不同词。这个问题可留待相关专家来作进一步研判。

而从义理来看,在玄奘译本中,"唯事"与"想事"确实是两个不同概念。经统计,《真实义品》中,"唯事"出现了9

次,"想事"出现了 17 次(《瑜伽师地论》其他处不作统计)。这样,人们首先会想到的问题就是:如果两词同义,为何玄奘要将同一词多次作不同的表达?这些不同表达,是随意的,无特定含义的,还是有其意趣,表达了其相应观念?而两词是否同义,用一个简单方法来作判别,那就是,两词是否可互换而文意不变。

先看下面一段:

云何此经显如是义?谓于一切地等想事,诸地等名施设假立,名地等想。即此诸想,于彼所有色等想事,或起增益或起损减。若于彼事起能增益有体自性执,名增益想;起能损减唯事胜义执,名损减想。

由此段引文可见,想事的概念是与想心所的"名施设假立"相关,唯事的概念则与"胜义"相关。

再看《真实义品》其他处"唯事"与"想事"的用法。

先看"唯事":

又诸菩萨由能深入法无我智,于一切法离言自性如实知已,达无少法及少品类可起分别,唯取其事,唯取真如,不作是念,此是唯事,是唯真如,但行于义。

由此段引文来看,唯事属离言自性,是由法无我智所证。

此外，本品也常将"唯事"说成"实有唯事"，如"谓若于彼色等诸法实有唯事起损减执，即无真实，亦无虚假，如是二种皆不应理"。此"实有唯事"的表述，在《真实义品》中多达5处。

综上所述，唯事是胜义，是实有，是离言自性的一部分，是法无我智所证。

而《真实义品》中，"想事"的用法，大多是"色等想事"或"地等想事"，即想事一般用于表述"色等"法或"地等"法。

由此来作比较：唯事属胜义，是实有，属离言自性（因此唯事本身离言）。而想事与想心所的"名施设假立"有关，所以不是离言，不是实有；想事所表达的是色等法或地等法，所以不是胜义。

这样的话，在玄奘译本中，唯事与想事，是同义吗？

再看"唯事"与"想事"是否能互换，如"如是要有色等诸法实有唯事，方可得有色等诸法假说所表"，此句的"唯事"能换成"想事"吗？首先，想事能说是"实有"吗？其次，地等想事的"名假施设"不就是"假说所表"？由此可见，此句的唯事若换成想事，就成了"要有想事，方有假说所表"，而这完全是同义反复。

若再将唯事、想事与五法体系来比较，相、名、分别中，相与名都是独立的存在，所以相无名，即相离言，此离言相非凡夫智所能认识；相上安立名，则成了凡夫智的认识对象。同样可说，事本离言，离言事非凡夫智所能认识；事上安立了名，名言事则是凡夫智的认识对象。这样的话，离言事和名言事，是否有所不同？将离言事称为唯事，名言事称为想事，是否合理？

因此，除非认为玄奘法师用词极不讲究，对汉语文字的细微差别全无感觉，才会说玄奘是将"唯事"和"想事"作为同义词而随意使用，在这里信手安了个"唯事"，在那里信手安了个"想事"。

但如果认为，玄奘译本将梵文本同一词译成"唯事"和"想事"两个不同概念，并不符合梵文本原意，那么很希望能有一个全新的译本，新译本能更严谨地只用一个"事"字，来取代玄奘译本的所有"唯事"和"想事"，且没有语言和义理上的任何问题。

非常期待这样一个全新译本。

林国良

2020 年 11 月